꿈을 향한 도전,
김앤북이 함께 합니다!

「김앤북」은 **편입** 교재 외에 **컴퓨터/IT** 관련 교재,
전기/소방, 미용사/사회복지사 등 전문 **자격 수험서**까지
다양한 분야의 도서를 출간하는 **종합 출판사로 성장하고 있습니다.**

편입수험도서
출판전문 ✗ **취업실용도서**
출판전문

대학편입은 김영, 편입수험서는 김앤북!
편입수험서 No.1 김앤북

김영편입 **영어** 시리즈

| 어휘시리즈 |

| 기출 1단계(문법, 독해, 논리) |

| 워크북 1단계(문법, 독해, 논리) |

| 기출 2단계(문법, 독해, 논리) |

| 워크북 2단계(문법, 독해, 논리) |

| 기출 3단계(연도별 기출문제 해설집) |

김영편입 **수학** 시리즈

1단계 이론서(미분법, 적분법, 선형대수, 다변수미적분, 공학수학)

2단계 워크북(미분법, 적분법, 선형대수, 다변수미적분, 공학수학)

| 3단계 기출문제 해설집 |

축적된 **방대한 자료**와 **노하우**를 바탕으로 **전문 연구진**들의 교재 개발,
실제 시험과 **유사한** 형태의 **문항**들을 개발하고 있습니다.
수험생들의 **합격을 위한 맞춤형 콘텐츠**를 제공하고자 합니다.

내일은 시리즈 (자격증/실용 도서)

자격증

정보처리기사 필기, 실기

컴퓨터활용능력 1급, 2급 실기

빅데이터분석기사 필기, 실기

데이터분석 준전문가(ADsP)

GTQ 포토샵 1급

GTQi 일러스트 1급

리눅스마스터 2급

SQL개발자

실용

코딩테스트

파이썬

C언어

플러터

SQL

자바

코틀린(출간예정)

스프링부트(출간예정)

머신러닝(출간예정)

전기/소방 자격증

2024 전기기사 필기
필수기출 1200제

2025 소방설비기사 필기 공통과목
필수기출 400제

2025 소방설비기사 필기 전기분야
필수기출 400제

김앤북의 가치

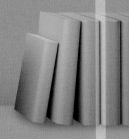

도전 신뢰

끊임없이 개선하며 **창의적인 사고**와 **혁신적인 마인드**를 중요시합니다. **정직함**과 **도덕성**을 갖춘 사고를 바탕으로 회사와 고객, 동료에게 **믿음**을 줍니다.

함께 성장

자신과 회사의 **발전**을 위해 **꾸준히 학습**하며, 배움을 나누기 위해 노력합니다. 학생, 선생님 **모두 만족**시킬 수 있는 **최고의 교육 콘텐츠**와 **최선의 서비스**를 위해 노력합니다.

독자 중심

한 명의 독자라도 **즐거움**과 **만족**을 느낄 수 있는 책, 많은 독자들이 함께 **교감**하는 책을 만들기 위해 노력합니다. **분야를 막론**하고 **독자들의 마음속**에 오래도록 깊이 남는 **좋은 콘텐츠**를 만들어가겠습니다.

김앤북은 메가스터디 아이비김영의 다양한 교육 전문 브랜드와 함께 합니다.

김영편입   김영평생교육원   미대편입 **Changjo**

UNISTUDY   더조은아카데미   메가스터디아카데미

메가스터디교육그룹 **아이비**원격평생교육원   엔지니어랩

더 멋진 내일 Tomorrow 을 위한 내일 My Career

내일은

Jade Jeong 지음

데이터분석
준전문가 (ADsP)

김앤북
KIM & BOOK

내일은,
데이터분석 준전문가(ADsP)

초판1쇄 인쇄 2024년 7월 5일
초판1쇄 발행 2024년 7월 11일
지은이 Jade Jeong
기획 김응태, 신종규, 손혜인, 정다운
디자인 서제호, 서진희, 조아현
판매영업 조재훈, 김승규, 남권우

발행처 ㈜아이비김영
펴낸이 김석철
등록번호 제22-3190호
주소 (06728) 서울 서초구 서운로 32, 우진빌딩 5층
전화 (대표전화) 1661-7022
팩스 02)3456-8073

ISBN 978-89-6512-951-6 13000
정가 22,000원

잘못된 책은 바꿔드립니다.

<내일은 시리즈>란?

'내일(Tomorrow)의 내일(My Career)을 위해!'라는 중의적인 의미를 담은, 김앤북 출판사의 '취업 실무&자격증 시리즈' 도서입니다.

<내일은 데이터분석 준전문가(ADsP)> 이렇게 만들었습니다.

1. 2주만에 초단기 합격!

데이터분석 준전문가는 응시자격에 제한이 없고, 총점 60점을 받으면 합격하는 자격시험입니다. 데이터 관련 자격증 중에서는 고난도 시험이 아니므로, 전략적으로 학습계획을 짜서 2주만에 단기에 합격할 수 있는 교재를 구성했습니다.

2. 기출 중심 핵심이론과 기출복원문제 수록!

광범위한 이론 중 시험에 출제되었던 기출을 기반으로 핵심이론만을 정리했습니다. 또한 최신 기출복원문제 5회분을 상세한 해설까지 포함하여 수록, 기출문제를 반복하며 학습할 수 있도록 구성했습니다.

3. 실전 감각 업그레이드, 모의고사!

자격증 시험에 합격하기 위해 실제 시험처럼 준비하여 실전 감각을 키우는 것이 중요합니다. 핵심이론 학습 후 기출복원문제를 반복적으로 학습한 다음 모의고사를 통해 완벽하게 마무리할 수 있도록 구성했습니다.

혜택 안내
제41회 기출복원문제 다운로드(PC)

김앤북(www.kimnbook.co.kr) 사이트 접속
〉상단 카테고리 중 '자료실'의 자료 다운로드 클릭
〉도서명 '내일은 데이터분석 준전문가(ADsP)' 클릭
〉첨부파일 다운로드

◀ 김앤북 홈페이지
　　바로가기

합격을 위해 이 책이 도움이 되길 바랍니다.

'데이터의 시대'인 현재, 도메인 지식 기반의 데이터 분석 능력을 갖춘 데이터 전문인력의 수요는 끊임없이 증가하고 있습니다. 데이터 분석은 어떠한 업종 및 직종에서나 활용되는 분야이고, 기술이 발전함에 따라 그 중요성은 날로 커지고 있습니다. 자격증 취득이 해당 업무에 필수 요소는 아니나, '자격증'은 새로운 시작에 있어서 자신의 관심사 및 실력을 증명할 수 있는 방법 중 하나입니다.

또한 데이터 분석은 분석가의 역량에 좌우되는 요소가 많습니다. 해당 자격증은 데이터 분석 프로세스를 올바르게 구성하는 기본 개념을 갖추는 데 도움이 될 것입니다. 기본이 되는 데이터의 구성요소와 함께 대표적인 알고리즘 또한 습득할 수 있으므로 테이터 분석 관련 실무의 여부와 관계없이 도움이 될 것입니다.

데이터분석 준전문가(ADsP; Advanced Data Analytics Semi-Professional)란 국가 공인자격으로 데이터 이해에 대한 기본지식을 바탕으로 데이터 분석 기획 및 데이터 분석 등의 직무를 수행합니다. 통계학을 기반으로 한 데이터 분석 이론 및 데이터 처리와 분석은 비전공자에게는 다소 어렵게 느껴질 수도 있습니다.

〈내일은 데이터분석 준전문가(ADsP)〉는 각 데이터 분석 단계에 대한 깊이 있는 이해를 돕는 개념서이자 수험서로, 빅데이터 분야를 처음 접하는 분들에게 도움이 되기 위해 집필하였습니다. 데이터 분석가로서의 첫 시작이 너무 어렵게만 느껴지지 않도록 수험생들의 눈높이에서 쉽고, 친절하게 이론을 정리하고자 노력했습니다. 이를 위해 어려운 수식을 최대한 배제하고 꼭 필요한 부분만 기술했고, 그림이나 도식을 활용하여 한눈에 이해할 수 있도록 정리했습니다. 여러분들의 합격을 응원합니다.

저자 Jade Jeoung

실무자들의 추천사

회사에서 데이터를 다루는 업무를 하다가 자격증 공부를 시작했는데 필요한 내용이 보기 좋게
잘 요약되어 있어 효율적으로 자격증을 취득할 수 있었습니다. 난이도도 실제 시험과 유사하여
시험장에서 익숙하게 문제를 풀 수 있었습니다.

— 직장인/금융 계열 한*원

공부할 시간이 부족했는데 두꺼운 이론서를 요약한 〈내일은 데이터분석 준전문가〉로 핵심만
한눈에 볼 수 있어서 좋았습니다. 이론을 공부하고 연습문제와 기출복원문제로 반복 학습하여
좋은 결과를 얻을 수 있었습니다.

— 대학생/경영학과 최*우

처음 데이터 분야를 공부하는 비전공자 눈높이에 맞는 많지 않은 분량과 상세한 해설이 좋았습
니다. 어려웠다면 포기했을 법도 한데, 가볍고 쉽게 새로운 분야의 공부를 시작하기에 좋았던
책이라 추천드립니다.

— 직장인/공기업 김*원

파이썬만 다루고 R 코드는 몰랐는데 코드 예시까지 보여주어 좋았던 책입니다. 다양한 예시가
있어 시험도 무난하게 합격했습니다.

— 대학생/통계학과 정*현

데이터 분석의 기본인 ADsP를 처음 공부하기 좋은 교재입니다. 합격에 꼭 필요한 내용만을 담
고 있어서 공부하기가 부담스럽지 않았습니다. 자격증을 취득하면서 유용한 지식도 함께 획득
할 수 있었습니다.

— 대학생/경영학과 성*은

시험 안내

데이터분석 준전문가란?

데이터분석 준전문가(ADsP : Advanced Data Analytics Semi-Professional)란 데이터 이해에 대한 기본지식을 바탕으로 데이터분석 기획 및 데이터 분석 등의 직무를 수행하는 실무자를 말한다.

데이터분석 준전문가의 직무

데이터 기획	비즈니스 목표 달성을 위해 내부 업무 프로세스를 기반으로 다양한 분석기회를 발굴하여 분석의 목표를 정의하고, 분석대상 도출 및 분석 결과 활용 시나리오를 정의하여 분석과제를 체계화 및 구체화하는 빅데이터분석과제 정의, 분석로드맵 수립, 성과 관리 등을 수행한다.
데이터 분석	분석에 대한 요건을 구체적으로 도출하고, 분석과정을 설계하고, 요건을 실무담당자와 합의하는 요건정의, 모델링, 검증 및 테스트, 적용 등을 수행한다.

2024 시험일정(연 4회 시행)

구분	접수기간	수험표발급	시험일	사전점수 공개 (재검토 접수)	결과발표
제40회	1.22~26	2.8	2.24(토)	3.15~19	3.22
제41회	4.8~12	4.26	5.11(토)	5.31~6.4	6.7
제42회	7.1~5	7.26	8.10(토)	8.30~9.3	9.6
제43회	9.30~10.4	10.18	11.3(일)	11.22~26	11.29

※ 시험 일정은 매년 변동되므로 매해 데이터 자격검정 홈페이지(www.dataq.or.kr)에서 반드시 확인해야 합니다.

응시자격 및 합격기준

응시자격	제한 없음
합격기준	총점 60점 이상
과락기준	과목별 40% 미만 취득

출제 문항 수 및 배점

데이터분석 준전문가 자격시험은 실기시험은 없으며 필기시험은 PBT(Paper Based Test) 방식으로 자격을 검정하며, 필기시험 합격 기준 요건을 충족하면 최종 합격자로 분류되어 데이터분석 준전문가 자격이 부여된다

구분	과목명	문항 수	배점	검정시험 시간
		객관식	객관식	
필기	데이터 이해	10	100(각 2점)	90분 (1시간 30분)
	데이터분석 기획	10		
	데이터 분석	30		
	계	50	100	

과목 및 내용

데이터분석 준전문가 자격검정 시험의 과목은 총 3과목으로 구성되어 있으며 데이터 이해 과목을 바탕으로 데이터를 분석하는 능력을 검정한다.

【1과목 데이터의 이해】

주요항목	세부항목
데이터의 이해	• 데이터와 정보 • 데이터베이스의 정의와 특징 • 데이터베이스 활용
데이터의 가치와 미래	• 빅데이터의 이해 • 빅데이터의 가치와 영향 • 비즈니스 모델 • 위기 요인과 통제 방안 • 미래의 빅데이터
가치 창조를 위한 데이터 사이언스와 전략 인사이트	• 빅데이터분석과 전략 인사이트 • 전략 인사이트 도출을 위한 필요 역량 • 빅데이터 그리고 데이터 사이언스의 미래

핵심키워드

#데이터와 정보 #데이터베이스
#비즈니스 모델_위기요인과 통제방안
#전략 인사이트 #데이터사이언스

【2과목 데이터 분석 기획】

주요항목	세부항목
데이터분석 기획의 이해	• 분석 기획 방향성 도출 • 분석 방법론 • 분석 과제 발굴 • 분석 프로젝트 관리 방안
분석 마스터 플랜	• 마스터 플랜 수립 • 분석 거버넌스 체계 수립

핵심키워드

#분석 기획 방향성 #분석방법론
#분석과제 발굴 #분석 프로젝트 관리 방안
#마스터 플랜 수립 #분석 거버넌스 체계

【3과목 데이터 분석】

주요항목	세부항목
R 기초와 데이터 마트	• R 기초 • 데이터 마트 • 결측값 처리와 이상값 검색
통계분석	• 통계학 개론 • 기초 통계분석 • 다변량 분석 • 시계열 예측
정형 데이터 마이닝	• 데이터 마이닝 개요 • 분류분석(Classification) • 군집분석(Clustering) • 연관분석(Association Analysis)

핵심키워드

#데이터분석 기법 #R 프로그래밍
#데이터의 변경·요약·가공
#기초통계 #추론통계 #기술통계
#상관분석 **#회귀 분석**
#시계열분석 #다차원 척도법
#주성분 분석 #데이터 마이닝
#의사결정나무 #앙상블 기법
#모형 평가 #인공신경망
#군집분석 #연관분석

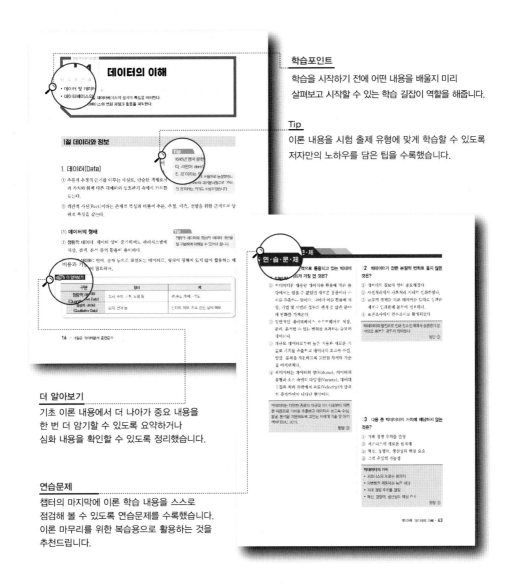

도서 구성

【핵심이론】

학습포인트
학습을 시작하기 전에 어떤 내용을 배울지 미리
살펴보고 시작할 수 있는 학습 길잡이 역할을 해줍니다.

Tip
이론 내용을 시험 출제 유형에 맞게 학습할 수 있도록
저자만의 노하우를 담은 팁을 수록했습니다.

더 알아보기
기초 이론 내용에서 더 나아가 중요 내용을
한 번 더 암기할 수 있도록 요약하거나
심화 내용을 확인할 수 있도록 정리했습니다.

연습문제
챕터의 마지막에 이론 학습 내용을 스스로
점검해 볼 수 있도록 연습문제를 수록했습니다.
이론 마무리를 위한 복습용으로 활용하는 것을
추천드립니다.

【기출복원문제】

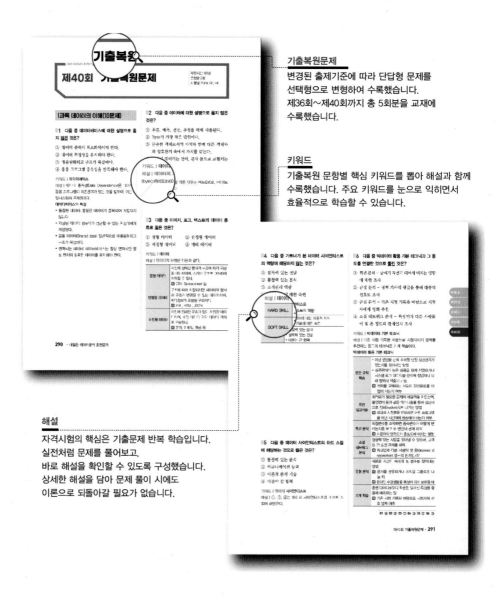

기출복원문제
변경된 출제기준에 따라 단답형 문제를
선택형으로 변형하여 수록했습니다.
제36회~제40회까지 총 5회분을 교재에
수록했습니다.

키워드
기출복원 문항별 핵심 키워드를 뽑아 해설과 함께
수록했습니다. 주요 키워드를 눈으로 익히면서
효율적으로 학습할 수 있습니다.

해설
자격시험의 핵심은 기출문제 반복 학습입니다.
실전처럼 문제를 풀어보고,
바로 해설을 확인할 수 있도록 구성했습니다.
상세한 해설을 담아 문제 풀이 시에도
이론으로 되돌아갈 필요가 없습니다.

【기출변형 모의고사】

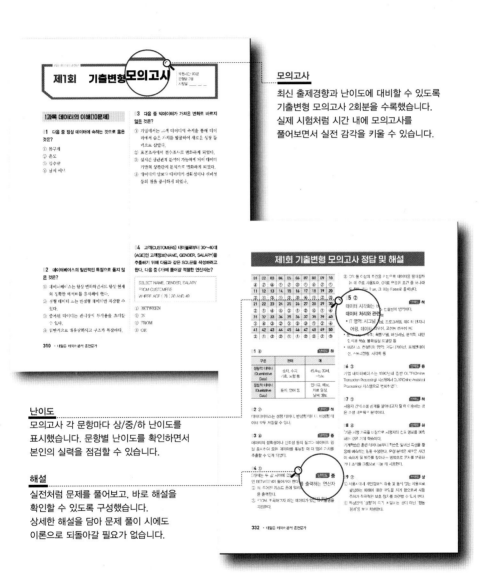

모의고사
최신 출제경향과 난이도에 대비할 수 있도록
기출변형 모의고사 2회분을 수록했습니다.
실제 시험처럼 시간 내에 모의고사를
풀어보면서 실전 감각을 키울 수 있습니다.

난이도
모의고사 각 문항마다 상/중/하 난이도를
표시했습니다. 문항별 난이도를 확인하면서
본인의 실력을 점검할 수 있습니다.

해설
실전처럼 문제를 풀어보고, 바로 해설을
확인할 수 있도록 구성했습니다.
상세한 해설을 담아 문제 풀이 시에도
이론으로 되돌아갈 필요가 없습니다.

CONTENTS

더 멋진 내일(Tomorrow)을 위한 내일(My Career)

내 일 은 데 이 터 분 석 준 전 문 가

1 과목

데이터의 이해

01 데이터의 이해

- 데이터 및 데이터베이스의 정의와 특징을 이해한다.
- 데이터베이스의 변화 과정과 활용을 파악한다.

1절 데이터와 정보

1. 데이터(Data)

① 추론과 추정의 근거를 이루는 사실로, 단순한 객체로서의 가치와 함께 다른 객체와의 상호관계 속에서 가치를 갖는다.

> **Tip**
> 1646년 영국 문헌에 처음으로 등장했습니다. 라틴어 dare의 과거분사형으로 '주어진 것'이라는 의미로 사용되었습니다.

② 객관적 사실(Fact)이라는 존재적 특성과 더불어 추론, 추정, 예측, 전망을 위한 근거로써 당위적 특징을 갖는다.

(1) 데이터의 형태

① **정량적 데이터**: 데이터 양이 증가하여도 관리시스템에 저장, 검색, 분석 등의 활용이 용이하다.

> **Tip**
> 정량적 데이터와 정성적 데이터 개념을 잘 구분하여 이해할 수 있어야 합니다.

② **정성적 데이터**: 언어, 문자 등으로 표현되는 데이터로, 형식이 정해져 있지 않아 활용하는 데 비용과 기술이 필요하다.

> **더 알아보기**

구분	형태	예
정량적 데이터 (Quantitative Data)	숫자, 수치, 기호, 도형 등	45.4kg, 30세, −15도
정성적 데이터 (Qualitative Data)	문자, 언어 등	인터뷰, 메모, 자료 영상, 날씨 예보

(2) 데이터의 유형

유형	내용
정형 데이터 (Structured Data)	• 사전에 정해진 형식과 구조에 따라 저장된 데이터이다. • 스키마 구조로 DBMS에 저장할 수 있다. 예 CSV, Spreadsheet 등
반정형 데이터 (Semi-Structured Data)	• 구조에 따라 저장되며, 형식과 구조가 변경될 수 있는 데이터이다. • 메타 정보가 포함된 구조이다. 예 XML, HTML, JSON 등
비정형 데이터 (Unstructured Data)	• 사전에 정해진 구조가 없이 저장된 데이터이다. • 수집 데이터 각각 데이터 객체로 구분된다. 예 문자, 이메일, 영상 등

(3) 암묵지와 형식지의 상호작용: 지식경영의 핵심 이슈

암묵지 (Tacit Knowledge)	• 학습과 경험을 통하여 개인에게 습득되어 있지만 겉으로 드러나지 않는 지식이다. • 시행착오와 오랜 경험을 통해 개인에게 습득된 무형의 지식이다. • 각 개인만 아는 지식으로 전달과 공유가 어렵다. 예 김장하기, 스키 타기 등	공통화 내면화
형식지 (Explicit Knowledge)	• 유형의 대상인 문서나 메뉴얼로 작성된 지식으로 공유가 쉽다. 예 교과서, 매뉴얼, 비디오 등	표출화 연결화

(4) 지식창조의 메커니즘

상호작용	내용 및 예시
공통화 (Socialization)	경험을 공유하는 등의 타인과의 상호작용을 통해 개인이 암묵지를 습득하는 단계 예 대화, OJT, 회의, 제자 양성
표출화 (Externalization)	개인이나 집단에 내재된 암묵지를 언어, 기호, 숫자 등의 형태로 표현하는 과정 예 회의록 작성, 매뉴얼 작성
연결화 (Combination)	개인 또는 집단이 형식지를 본인의 지식에 연결해 새로운 형식지를 창조하는 것 예 공식 업무방법서 배포 및 출간
내면화 (Internalization)	형식지가 개인의 암묵지로 변환되어 내재되는 단계 예 개인의 습득

암기 Tip

지식창조 메커니즘은 **공표연내**(공포였네)!

2. 정보(데이터와 정보의 관계)

(1) DIKW 피라미드

개별 데이터 자체로는 그 의미가 중요하지 않지만, 데이터·정보·지식·지혜의 상호관계 속에서 역할을 수행하면서 인간이 사회활동에서 추구하는 가치 창출을 위한 일련의 프로세스로 기능한다.

DIKW 피라미드

(2) 데이터·정보·지식·지혜

데이터 (Data)	• 현실에서 관찰된 값 • 다른 데이터와 상관관계가 없는 가공하기 전의 순수한 수치나 기호 • 개별 데이터 자체로는 의미가 중요하지 않은 객관적 사실 **예** A 마트는 노트가 1,000원, B 슈퍼는 노트가 3,000원이다.
정보 (Information)	• 데이터를 처리·가공하여 데이터 간의 연관관계와 그 의미가 도출된 요소 **예** A 마트의 노트가 B 슈퍼보다 저렴하다.
지식 (Knowledge)	• 상호 연결된 정보를 이해하고, 이를 토대로 예측한 결과물 • 데이터를 통해 도출된 다양한 정보를 구조화하여 유의미한 정보를 분류하고 개인적 경험을 결합하여 고유의 지식으로 내재화된 것 **예** A 마트에서 노트를 구매해야겠다고 생각했다.
지혜 (Wisdom)	• 근본 원리에 대한 이해를 바탕으로 도출되는 창의적 아이디어 • 상황이나 맥락에 맞게 규칙을 적용하는 요소 **예** A 마트의 다른 상품도 B 슈퍼보다 저렴할 것이다.

2절 데이터베이스의 정의와 특징

1. 데이터베이스

(1) 용어의 연역

① 1950년대에 미국 정부가 군비 상황을 집중적으로 관리하기 위하여 컴퓨터 기술로 구현한 도서관을 설립하면서 수집된 자료를 일컫는 '데이터(Data)의 기지(Base)'라는 뜻으로 데이터베이스(Database)가 탄생했다.

② 1963년 6월 미국 SDC가 개최한 '컴퓨터 중심의 데이터베이스 개발과 관리' 심포지엄에서 공식적으로 사용되었으며, 초기 개념인 '대량의 데이터를 축적하는 기지'라는 의미에 머물렀다.

③ 1963년 GE의 C. 바크만은 최초의 현대적 의미의 데이터베이스 관리 시스템인 IDS(Integrated Data Store)를 개발하였다.

④ 1965년 2차 심포지엄에서 시스템을 통한 체계적 관리와 저장 등의 의미를 담은 '데이터베이스 시스템'이라는 용어가 등장하였다.

⑤ 1970년대 초반 유럽에서 '데이터베이스(Database)'라는 단일어가 일반화되었다.

⑥ 1970년대 후반에는 미국 주요 신문 등에서 흔히 사용하게 되었다(Wikipedia).

> **더 알아보기**
>
> **우리나라의 데이터베이스**
> - 1975년 미국의 CAC가 KORSTIC(한국과학기술정보센터)을 통해 서비스되면서 데이터베이스를 이용하기 시작했다. CAC 데이터베이스를 자기 테이프 형태로 들여와 배치(Batch) 방식으로 제공했다.
> - 1980년에는 'TECHNOLINE'이라는 온라인 정보 검색 서비스를 개시하여 본격적인 데이터베이스 서비스 시대를 맞이했다.
> - 1980년대 중반부터 국내의 데이터베이스 관련 기술의 연구·개발이 이루어졌다.

(2) 데이터베이스의 정의

① 체계적이거나 조직적으로 정리되고 전자식 또는 기타 수단으로 개별적으로 접근할 수 있는 독립된 저작물, 데이터 또는 기타 소재의 수집물을 말한다(EU: 데이터베이스의 법적 보호에 관한 지침).

② 소재를 체계적으로 배열 또는 구성한 편집물로서 개별적으로 그 소재에 접근하거나 검색할 수 있도록 한 것(국내 저작권법)이다. 법률적으로 데이터베이스는 기술을 기반으로 한 일종의 저작물로서 인정함을 알 수 있다.

③ 동시에 복수의 적용 업무를 지원할 수 있도록 복수 이용자의 요구에 대응해서 데이터를 받아들이고 저장·공급하기 위해 일정한 구조에 따라서 편성한 데이터의 집합을 말한다(정보통신 용어사전).

④ 관련된 레코드의 집합, 소프트웨어로는 데이터베이스 관리시스템(DBMS; Database Management System)을 의미한다(Wikipedia).

⑤ 문자, 기호, 음성, 화상, 영상 등 상호 관련된 다수의 콘텐츠를 정보처리 및 정보통신 기기에 의하여 체계적으로 수집·축적하여 다양한 용도와 방법으로 이용할 수 있도록 정리한 정보의 집합체를 말한다(한국데이터산업진흥원 데이터 분석 전문가 가이드).

(3) 데이터베이스의 특징

> **암기 Tip**
> 데이터베이스의 특징은 '**공통저변**'이다.

① 공용 데이터(Shared Data)

- 여러 사용자가 서로 다른 목적으로 데이터베이스의 데이터를 공동으로 이용한다.
- 일반적으로 대용량화되고 구조가 복잡하다.

② 통합된 데이터(Integrated Data)

- 동일한 데이터가 중복되어 저장되지 않는다.
- 중복된 데이터는 관리상의 부작용을 초래할 수 있다.

③ 저장된 데이터(Stored Data)

- 컴퓨터가 접근할 수 있는 저장매체에 저장된다.

④ 변화되는 데이터(Changed Data)

- 데이터는 현시점의 정확한 데이터를 유지하면서 지속적으로 갱신된다.
- 데이터베이스는 항상 변화하지만 항상 현재의 정확한 데이터를 유지해야 한다.

(4) 다양한 측면에서의 데이터베이스 특성

측면	특성
정보의 축적 및 전달	기계 가독성, 검색 가능성, 원격 조작성을 갖는다.
정보 이용	이용자의 정보요구에 따라 다양한 정보를 신속하고 경제적으로 획득할 수 있다.
정보 관리	방대한 정보를 체계적으로 축적하고 새로운 내용을 추가나 갱신하는 데 용이하다.
정보기술 발전	정보 처리, 검색 및 관리 소프트웨어, 하드웨어 등의 기술 발전을 견인할 수 있다.
경제 및 산업	다양한 정보를 필요에 따라 신속하게 제공하고 이용할 수 있는 인프라로서의 특성을 가지고 있으므로 사회 전반의 효율성과 국민 편의를 증진하는 수단으로서 의미가 있다.

> **더 알아보기**
> - 기계 가독성: 컴퓨터 등의 정보처리 기기가 읽고 쓸 수 있다.
> - 검색 가능성: 다양한 방법으로 필요한 정보를 검색할 수 있다.
> - 원격 조작성: 원거리에서도 즉시 온라인을 이용할 수 있다.

2. 데이터 웨어하우스(DW; Data Warehouse)

① 데이터베이스의 일종이나, 일반적인 데이터베이스 소프트웨어로 저장, 관리, 분석할 수 있는 범위를 초과하는 규모의 데이터를 말한다.

② 다양한 종류의 대규모 데이터로부터 저렴한 비용으로 가치를 추출하고 데이터를 초고속으로 수집, 발굴, 분석하도록 고안된 차세대 기술 및 아키텍처이다.

③ 대용량 데이터를 활용해 새로운 통찰이나 가치를 추출하고, 이를 활용해 많은 분야에 변화를 이루었다

3절 데이터베이스의 활용

1. 기업 내부 데이터베이스(인하우스 DB)

(1) 데이터베이스 활용의 변화

① 1990년대

기업 내부 데이터베이스는 기업의 경영 전반에 관한 인사, 조직, 생산, 영업 활동을 포함한 모든 자료를 연계하여 일관된 체계로 구축·운영하는 경영활동의 기반이 되는 전사 시스템으로 확대되었다.

② 1990년대 중반

- 데이터 마이닝 등의 기술이 등장했다.

- 이전에는 정보의 '수집'과 이를 조직 내에서 공유하기 위한 경영정보시스템(MIS), 생산 자동화, 통합 자동화 등 기업활동의 영역별로 구축되던 시스템들이 '분석'이 중심이 되는 시스템 구축으로 변화하게 되었다.

- OLTP(Online Transaction Processing) 시스템에서 OLAP(Online Analytical Processing) 시스템으로 변화하였다.

OLTP	• 현재 시점의 데이터만을 데이터베이스가 관리한다. • 데이터를 직접 비즈니스에 활용하며, 단순히 트랜잭션의 결과물로 본다.
OLAP	• 정보 위주의 분석 처리로 다양한 비즈니스 관점에서 쉽고 빠르게 다차원적인 데이터에 접근하여 정보를 얻을 수 있게 하는 기술이다. • 기업이나 데이터 자체에 대한 측정, 평가, 분석 등을 목적으로 이용한다.

- 1995년 킴벌(Ralph Kimball) 박사는 데이터베이스 시장이 'OLTP 시장과 DW 시장으로 양분되고 있다'라고 언급하였다.

③ 2000년대

CRM(고객관계 관리)와 SCM(공급망 관리)가 대두되고 이는 상호 밀접한 관련을 갖는다.

CRM (Customer Relationship Management)	고객별 구매 이력 데이터베이스를 분석하여 고객에 대한 이해를 돕고 이를 바탕으로 각종 마케팅 전략을 펼치는 것이다.
SCM (Supply Chain Management)	• 기업이 외부 공급업체 또는 제휴업체와 통합된 것으로 연계하여 시간과 비용을 최적화시키기 위한 것이다. • 일반적으로 자재구매 데이터, 생산·재고 데이터, 유통·판매 데이터, 고객 데이터로 구성된다.

(2) 산업 부문별 변화

① 제조 부문

- 부품 테이블이나 재고관리 등의 영역에서의 데이터베이스 활용이 중점을 이루던 것이, 2000년을 기점으로 부품의 설계, 제조, 유통의 전 공정을 포함하는 범위로 확대되었다.

- 클라이언트/서버 기반의 내부 정보시스템을 웹 환경으로 전환하거나 ERP(Enterprise Resource Planning) 이후에 SCM으로 기능을 확장하는 등 기업 내부 인하우스 DB 구축이 이루어졌다.

- 2000년대 중반 이후에는 중소기업에 인하우스 DB 구축에 대한 투자의 증가가 이루어졌으며, 실시간 기업(RIB)이 화두에 올랐다.

- 최근에는 제조 부문에서의 BP 시스템 도입과 함께 DW, CRM, BI(Business Intelligence) 등의 진보된 정보기술을 적용한 기업 내부 인하우스 DB 구축이 주류를 이루고 있다.

② 금융 부문

- 1998년 IMF 외환 위기 이후 금융 부문의 업무 프로세스 효율화나 e비즈니스 활성화, 금융권 통합 시스템 구축 등이 크게 확산되었다.

- 2000년대 초반에는 EAI(Enterprise Applications Integration), ERP, e-CRM 등과 같이 데이터베이스 간의 정보 공유나 통합 등 고객 정보의 전략적 활용이 주된 테마였다. 은행, 보험, 증권사 등은 업무의 효율화와 고객 관리를 위한 시스템을 구축하기 시작하였다.

- 2000년대 중반 DW를 적극적으로 도입하여 관련 DB 마케팅을 증대시키기 위한 노력이 가시화되었다.

  예 인터넷뱅킹이 정착되고 방카슈랑스가 도입되어 차세대 거래 정보시스템으로 인한 선도적인 정보화 준거(레퍼런스)로 부상

  예 대용량 DW를 위한 최적의 BI 기반 시스템 구축의 가속화

- 향후 EDW(Enterprise Data Warehouse) 확장이 데이터베이스 시장의 확대에 기여할 것이다.

③ 유통 부문

- 2000년 이후 CRM과 SCM 구축과 함께 상거래를 위한 각종 인프라 및 KMS(Knowledge Management System)를 위한 별도의 백업시스템도 구축하였다.

- 2000년대 중반에 접어들면서 균형성과관리(BSC), 핵심성과지표(KPI), 웹 리포팅 등의 다양한 고객 분석을 통해 기존 데이터베이스와 연계하고 있다. 또한 사물과 주변 정보를 접촉 없이도 무선주파수로 전송·처리하는 인식 기술인 전자태그(RFID: Radio Frequency Identification)가 등장하였다.

- 향후 대용량 데이터베이스를 지원하는 플랫폼이 요구되는 상황이다.

상용 데이터베이스

- ORACLE DB: 오라클사의 관계형 데이터베이스 관리시스템(RDBMS)
- MS-SQL(Microsoft SQL Server): 마이크로소프트에서 개발한 관계형 데이터베이스 관리시스템(RDBMS)
- DB2: 1983년 IBM에서 발표한 상업용 관계 데이터베이스 관리시스템
- MYSQL: 오라클사에서 관리 및 지원 중인 관계형 데이터베이스 관리시스템

2. 사회 기반 구조로서의 데이터베이스

사회 기반 구조	발전 내용
물류	<ul><li>1995년 국가기간전산망 사업으로 출범한 종합물류정보망은 1998년에 서비스 개발을 완료하여 상용서비스로 제공</li><li>2000년 이후 민간 기업 물류 VAN이 활성화</li><li>2003년 이후 종합물류정보망의 이용 확대와 활성화를 위해 주요 물류 거점 시설의 지속적인 정보화를 추진하여 물류정보 공동 활용 체계 확대</li><li>최근에는 인터넷 기반의 데이터베이스 제공에 이어 전자태그를 활용한 사업으로 영역 확장</li></ul>
지리	<ul><li>1995년 시작된 국가지리정보체계(NGIS) 구축으로 국가 표준설정과 활용체계 개발</li><li>2000년 1단계 사업으로 국가 수치지형도가 구축되었다. 데이터 포맷인 DXF로 구축되어 지형지물의 속성과 위상관계를 표현하지 못하는 한계</li><li>2000년 이후 GIS 관련 기술의 비약적인 발전으로, 웹 GIS도 실현</li><li>2001~2005년 국가지리정보체계 기본 계획을 통해 기본 지리정보 구축과 함께 이를 기반으로 한 토지종합정보망(LMIS) 및 공공 제한 관련 정보, 7대 지하시설물 지리정보 등 다양한 활용 체계 사업 추진</li><li>2005년 2단계 국가지리체계 구축 사업으로 지리정보 공급기관의 유통용 메타 데이터와 지리정보를 저장하는 지리정보통합관리소를 운영하고 이를 통해 공공기관, 민간기업, 일반 국민 등 다양한 지리정보 수요자에게 정보를 제공하는 지리정보유통망 가시화</li></ul>
교통	<ul><li>1998년 공공근로 사업으로 전국 지역 간 교통량 조사사업으로부터 시작되어 지역 간 통행량을 데이터베이스로 구축</li><li>2000년 수도관 정보, 육상 교통 조사와 전국 신규도로에 대한 교통시설물 조사 진행</li><li>2001년 5개 광역시별 통행량, 대중교통 이용 실태, 교통유발원단위 및 주요 구간 교통량 조사로 세분화하여 양질의 교통 데이터베이스 서비스 제공</li><li>2002년 전국 교통 데이터베이스 구축 사업에서 국가교통 데이터베이스 구축 사업으로 변경하고 본격적인 활용 단계에 돌입</li><li>2003년~2007년까지는 2단계 국가교통 데이터베이스 사업*을 통해 데이터베이스의 활용성 및 신뢰성 제고에 역점을 둠</li><li>향후 민간 제공 확대 등 데이터베이스의 활용성을 극대화하는 방안을 마련할 예정</li></ul>

기초 용어 정의

* **국가교통 데이터베이스 사업**: 국가교통 데이터베이스 사업은 1998년 전국 지역 간 교통량 조사(공공근로사업)를 시작으로 교통 데이터베이스 구축, 전국 여객기 종점 통행량 조사 및 분석, 교통 유발원 단위 분석, 온실가스 배출량 조사 및 자동차 이용실태 조사 등 다양한 부문에 대한 국가교통 데이터베이스를 구축하고 있다.

의료	• 1990년대 추진된 각종 정보망 구축을 통해 의료정보망 구축 • 1996년 53개 기관을 대상으로 의료 EDI 상용서비스 제공 • 2002년 의료법 개정으로 전자의무기록이 법적 효력을 갖게 되어 의료정보시스템*은 궤도에 오름 • 2005년 국제 의료정보 전송 표준인 HL7의 국내 표준화 작업에 따라 전국적인 진료정보 공유 체계 구축 계획 수립 • 2005년 이후 유비쿼터스 컴퓨팅 기술의 발달로 의료정보 분야에서도 본격적으로 U-헬스(Ubiquitous- Heath) 시장 등장 • 최근에는 의료서비스에도 고객(환자) 중심의 경영이 도입되면서 환자 중심의 병원, ABC, BSC, 6시그마 등의 경영기법이 적극적으로 도입됨
교육	• 2001~2005년 교육정보화 종합 계획은 2단계 사업에서는 주로 첨단 정보통신기술(ICT)을 활용한 각종 교육 정보의 개발 및 보급, 정보 활용 교육, 대학 정보화 및 교육행정 정보화 위주로 사업 추진 • 대학도서관 소장자료의 데이터베이스 구축이 활발히 추진되어 서지 및 기사 색인을 비롯하여 2003년부터는 원문까지 데이터베이스로 구축 • 2000년대 중반 모바일 환경이 확대되면서 일부 대학을 중심으로 모바일 캠퍼스 구축 등 ERP에 대한 투자가 확대되며, 고객(학생)을 중심으로 한 CRM 등이 본격적으로 도입 • 2002년 시작된 전국교육정보공유 체제는 시·도 교육청과 산하기관, 각급 학교가 보유하고 있는 각종 교육자료를 표준화·체계화하여 시·도 교육청 간 교육 정보의 공동활용 체제 • 2003년 교육행정정보시스템(NEIS)** 적용 시작

더 알아보기

종합물류정보망
• CVO(화물운송정보) 시스템, EDI, 물류 데이터베이스 서비스, 부가서비스 등으로 구성된다.
• 해양수산부의 항만운영정보시스템(PORT-MIS), 한국철도공사의 철도운영정보시스템(KROIS), 복합화물터미널망, 항공정보망, 민간기업물류 VAN(Value Added Network)을 연결하고, 무역자동화망, 통관자동화망 등과 연계하여 물류의 흐름에 따라 모든 업무를 신속하게 처리하도록 하였다.

기초 용어 정의

* **의료정보시스템**: 의료에 관련한 정보를 컴퓨터를 이용해서 수집· 관리하고 필요에 따라 검색도 가능하게 하는 시스템이다. 처방전달시스템, 임상병리, 전자의무기록, 영상처리시스템, 병원의 멀티미디어, 원격의료, 지식정보화로 이루어져 있다.
** **교육행정정보시스템**: NEIS(National Education Information System)은 대한민국의 초·중등 교육과 관련하여, 학교와 지역 교육지원청, 시·도 교육청, 교육부를 인터넷으로 연결하여 교무학사, 인사, 회계 등 전 교육행정 업무를 전자적으로 연계 처리할 수 있도록 함으로써 교육행정의 효율성과 대국민 서비스를 향상하기 위해 구축된 정보시스템이다.

01 다음 중 데이터의 형태와 그 예시가 잘못 짝지어진 것은?

① 정량적 데이터 - 숫자
② 정성적 데이터 - 문자
③ 정성적 데이터 - 기호
④ 정량적 데이터 - 수치

데이터의 형태
• 정량적 데이터: 숫자, 수치, 기호, 도형 등
• 정성적 데이터: 문자, 언어 등

정답 ③

02 다음 중 암묵지와 형식지의 상호작용에 대한 설명으로 옳지 않은 것은?

① 형식지는 유형의 대상인 문서나 매뉴얼로 작성된 지식으로 공유가 쉽다.
② 공통화란 타인과의 상호작용을 통해 개인이 암묵지를 습득하는 단계이다.
③ 연결화란 내재된 암묵지를 언어나 기호, 숫자 등의 형태로 표현하는 과정이다.
④ 암묵지는 시행착오와 오랜 경험을 통해 개인에게 습득된 무형의 지식이다.

연결화(Combination)란 개인 또는 집단이 형식지를 본인의 지식에 연결해 새로운 형식지를 창조하는 것을 말한다. ③은 표출화에 대한 설명이다.

정답 ③

03 보기의 지식창조 메커니즘의 설명에 해당하는 단계로 옳은 것은?

• 개인 또는 집단이 형식지를 조합해 새로운 형식지를 창조하는 단계이다.
• 업무방법서 배포, 책 출간 등이 있다.

① 공통화　　　　② 표출화
③ 연결화　　　　④ 내면화

지식창조 메커니즘
• 공통화: 경험을 공유하는 등의 타인과의 상호작용을 통해 개인이 암묵지를 습득하는 단계
• 표출화: 개인이나 집단에 내재된 암묵지를 언어나 기호, 숫자 등의 형태로 표현하는 과정
• 연결화: 개인 또는 집단이 형식지를 본인의 지식에 연결해 새로운 형식지를 창조하는 것
• 내면화: 형식지가 개인의 암묵지로 변환되어 내재되는 단계

정답 ③

04 DIKW 피라미드에 포함되지 않는 요소는 무엇인가?

① 데이터　　　　② 지혜
③ 학습　　　　　④ 지식

DIKW 피라미드는 '데이터–정보–지식–지혜'의 4단계로 이루어져 있다.

정답 ③

05 다음 중 그 자체로는 의미가 중요하지 않은 객관적 사실인 데이터를 처리·가공하여 얻을 수 있는 것으로 적절한 것은?

① 정보(Information)
② 지혜(Wisdom)
③ 지식(Knowledge)
④ 선호(Preference)

DIKW 피라미드의 구성	
데이터 (Data)	• 다른 데이터와 상관관계가 없는 가공하기 전의 순수한 수치나 기호 • 개별 데이터 자체로는 의미가 중요하지 않은 객관적 사실
정보 (Information)	데이터를 처리·가공하여 데이터 간의 연관 관계와 패턴과 그 의미가 도출된 요소
지식 (Knowledge)	• 상호 연결된 정보 패턴을 이해하여 이를 토대로 예측한 결과물 • 데이터를 통해 도출된 다양한 정보를 구조화하여 유의미한 정보를 분류하고 개인적 경험을 결합시켜 고유의 지식으로 내재화된 것
지혜 (Wisdom)	지식의 축적과 근본 원리에 대한 이해를 바탕으로 도출되는 창의적 아이디어

정답 ①

06 다음 중 '지식'에 대한 예시로 가장 적절한 것은?

① B 사이트의 USB 판매 가격이 A 사이트보다 더 비싸다.
② A 사이트는 1,000원에 B 사이트는 1,200원에 USB를 팔고 있다.
③ B 사이트보다 가격이 상대적으로 저렴한 A 사이트에서 USB를 사야겠다고 생각했다.
④ A 사이트가 B 사이트보다 다른 물건도 싸게 팔 것이다.

① 정보, ② 데이터, ③ 지식, ④ 지혜와 관련된 예시이다.

정답 ③

07 다음 중 데이터베이스의 특징으로 옳지 않은 것은?

① 데이터 저장공간이 증대된다.
② 대용량화되고 구조가 복잡하다.
③ 데이터 접근 용이성이 있다.
④ 최신의 데이터가 유지된다.

데이터의 저장공간이 절약된다.

정답 ①

08 다음 중 일반적인 데이터베이스의 특징으로 가장 적절하지 <u>않은</u> 것은?

① 데이터베이스는 변화하는 데이터로 새로운 데이터의 삽입, 기존 데이터의 삭제, 갱신 시에도 항상 현재의 정확한 데이터를 유지한다.
② 데이터베이스는 통합된 데이터이므로 동일 내용의 데이터가 중복되어 저장된다.
③ 데이터베이스는 저장된 데이터로 자기디스크 등과 같이 컴퓨터가 접근할 수 있는 저장매체에 저장된다.
④ 1970년 초반 유럽에서 데이터베이스(Database)라는 단일어가 일반화되었다.

> 통합된 데이터는 동일 내용의 데이터가 중복되지 않음을 의미한다.
>
> 정답 ②

09 데이터베이스의 특징이 <u>아닌</u> 것은?

① 저장된 데이터
② 공용 데이터
③ 고정된 데이터
④ 통합된 데이터

데이터베이스의 특징	
통합된 데이터	중복된 데이터는 관리상의 부작용을 초래할 수 있으므로, 동일한 데이터가 중복되어 저장되지 않는다.
저장된 데이터	컴퓨터가 접근할 수 있는 저장매체에 저장된다.
공용 데이터	여러 사용자가 서로 다른 목적으로 데이터베이스의 데이터를 공동으로 이용하므로, 대용량화되고 구조가 복잡하다.
변화하는 데이터	데이터는 현시점의 정확한 데이터를 유지하면서 지속적으로 갱신된다.

> 정답 ③

10 다음 SQL의 명령어 중에서 DML(데이터조작어)를 모두 선택한 것은?

㉠ DELETE	㉡ SELECT
㉢ UPDATE	㉣ INSERT
㉤ CREATE	

① ㉠, ㉡
② ㉠, ㉡, ㉢
③ ㉡, ㉢, ㉣
④ ㉠, ㉡, ㉢, ㉣

SQL(Structured Query Language)
> 데이터베이스에서 데이터를 추출하고 조작하는 데에 사용하는 데이터 처리 언어

DDL (Data Definition Language)	• 데이터 정의어: 데이터를 생성, 수정, 삭제 • CREATE, ALTER, DROP, TRUNCATE
DML (Data Manipulation Language)	• 데이터 조작어: 데이터베이스에 입력된 레코드를 조회, 수정, 삭제 • SELECT, INSERT, UPDATE, DELETE
DCL (Data Control Language)	• 데이터 제어어: 데이터의 보안, 무결성, 회복 등 정의 • GRANT, REVOKE, COMMIT, ROLLBACK

> 정답 ④

11 다음 중 기업 내부 데이터베이스 솔루션이 <u>아닌</u> 것은?

① NEIS
② SCM
③ CRM
④ ERP

> 나이스(NEIS: National Education Information System)는 교육행정정보시스템으로 사회 기반 데이터베이스 솔루션이다.
> ② SCM(Customer Relationship Management): 고객 관계 관리
> ③ CRM(Supply Chain Management): 공급망 관리
> ④ ERP(Enterprise Resource Planning): 전사적 자원 관리
>
> 정답 ①

12 다음 중 기업 내부 데이터베이스인 고객 관계 관리(CRM)에 대한 설명으로 적절한 것은?

① 부품의 설계, 제조, 유통 등의 공정 포함
② 외부 공급업체와의 정보시스템 통합으로 시간과 비용 최적화
③ 기업의 내부 고객들만을 대상으로 한 정보시스템
④ 단순한 정보의 수집에서 탈피, 분석 중심의 시스템 구축 지향

① 제조 부문 데이터베이스의 변화에 대한 내용이다.
② SCM에 대한 설명이다.
③ 기업의 내부 고객 및 잠재 고객뿐만 아니라 모든 회사관계와의 상호작용을 관리한다.

정답 ④

13 기업 내부 데이터 솔루션으로 고객별 구매이력 데이터베이스를 분석하여 고객에 대한 이해를 돕고 이를 바탕으로 각종 마케팅 전략을 펼치기 위한 시스템은?

① ERP
② ITS
③ CRM
④ SCM

CRM(Customer Relationship Management)은 고객별 구매 이력 데이터베이스를 분석하여 고객에 대한 이해를 돕고 이를 바탕으로 각종 마케팅 전략을 펼치는 고객관계 관리를 말한다.

정답 ③

14 다양한 비즈니스 분야에서 생산, 구매, 재고, 주문, 공급자와의 거래, 고객서비스 제공 등 주요 프로세스 관리를 돕는 여러 모듈로 구성된 통합 애플리케이션 소프트웨어 패키지는?

① SCM
② ERP
③ CRM
④ ETL

① SCM: 기업이 외부 공급업체 또는 제휴업체와 통합된 공급망으로 연계하여 시간과 비용을 최적화시키기 위한 것
③ CRM: 고객별 구매이력 데이터베이스를 분석하여 고객에 대한 이해를 돕고 이를 바탕으로 각종 마케팅 전략을 펼치는 것
④ ETL: 여러 소스에서 데이터 웨어하우스 또는 기타 통합 데이터 저장소로 데이터를 추출, 변환 및 로드하는 프로세스

정답 ②

15 다음 데이터베이스의 변화 중 산업 부문이 다른 하나는?

① 2000년대 초반에는 EAI, ERP, e-CRM 등과 같이 데이터베이스 간의 정보공유 및 통합이나 고객정보의 전략적 활용이 주된 테마였다.
② 2000년대 중반에는 DW를 적극적으로 도입하여 관련 DB 마케팅을 증대시키기 위한 노력이 가시화되었다.
③ 향후에는 EDW의 확장이 데이터베이스 시장 확대에 기여할 것이다.
④ 전자태그(RFID)가 등장하였다.

①, ②, ③은 금융 부문에 대한 변화이고, ④는 유통 부문에 대한 변화이다.

정답 ④

16 다음 중 사회 기반 구조로서의 데이터베이스 활용에 대한 설명으로 틀린 것은?

① 물류 부문에서는 2000년 이후 민간기업물류 VAN(Value Added Network)가 활성화되었다.

② 교통 부문에서는 2003년부터 2007년까지 2단계 국가 교통 데이터베이스 구축 사업을 진행했다.

③ 2024년 현재 교육 부문에서는 교육행정정보시스템(NEIS) 도입을 목표로 하고 있다.

④ 의료 부문에서는 2005년 이후 유비쿼터스 컴퓨팅 기술의 발달로 의료정보 분야에서도 U-헬스(Ubiquitous Healthcare) 시장이 본격적으로 등장하게 되었다.

> 2003년에 교육행정정보시스템(NEIS)이 적용되기 시작하였다.
>
> **정답** ③

17 다음 중 보기의 괄호에 들어갈 단어로 옳은 것은?

> 2000년대 중반부터 모바일 환경이 확대되면서 일부 대학을 중심으로 모바일 캠퍼스 구축 등 (㉠)에 대한 투자가 확대되며, 고객(학생)을 중심으로 한 (㉡) 등이 본격적으로 도입되고 있다.

① ㉠: NBS, ㉡: CRM

② ㉠: CRM, ㉡: ERP

③ ㉠: NBS, ㉡: EDI

④ ㉠: ERP, ㉡: CRM

> 사회구조 중 교육 부문에서의 데이터베이스 발전에 해당하는 내용이다.
>
> > 2000년대 중반부터 모바일 환경이 확대되면서 일부 대학을 중심으로 모바일 캠퍼스 구축 등 ERP에 대한 투자가 확대되며, 고객(학생)을 중심으로 한 CRM 등이 본격적으로 도입되고 있다.
>
> **정답** ④

02 데이터의 가치와 미래

1절 빅데이터의 이해

1. 빅데이터의 정의

① 빅데이터는 일반적인 데이터베이스 소프트웨어로 저
   장, 관리, 분석할 수 있는 범위를 초과하는 규모의 데이
   터이다(Mokinsey, 2011).

> **Tip**
> 빅데이터의 정의는 언제나 시험에 나올
> 수 있으니 반드시 알아두어야 합니다.

② 빅데이터는 다양한 종류의 대규모 데이터로부터 저렴한 비용으로 가치를 추출하고 데이터의
   초고속 수집, 발굴, 분석을 지원하도록 고안된 차세대 기술 및 아키텍처다(IDC, 2011).

③ 빅데이터란 대용량 데이터를 활용해 작은 용량에서는 얻을 수 없었던 새로운 통찰이나 가치
   를 추출하는 일이다. 나아가 이를 활용해 시장, 기업 및 시민과 정부의 관계 등 많은 분야에
   변화를 불러오는 일이다(Mayer-Schonberger&Cukier, 2013).

2. 출현 배경

(1) 등장

① **기업**: 고객 데이터의 축적으로 데이터에 숨은 가치를 발굴하여 새로운 성장 동력으로 삼았다.

   ● 기업들이 보유한 데이터가 거대한 가치 창출이 가능할 만큼 충분한 규모에 도달

② **학계**: 거대 데이터를 다루는 학문 분야 확산으로 분석 기법 등을 발견했다.

   ● 기존의 방식으로는 얻을 수 없었던 통찰 및 가치 창출

   ● 시장, 사업방식, 사회, 정부 등에서 변화와 혁신 주도

(2) 변화

① 사전처리에서 사후처리

Tip
빅데이터의 등장으로 인한 4가지 변화는
꼭 암기하도록 합니다.

- 이전에는 효율성을 위해 불필요한 정보를 제거하였다.

- 현재는 가능한 한 많은 데이터를 모으고 그 데이터를 다양한 방식으로 조합해 필요한 정보를 찾아낼 수 있게 되었다.

② 표본조사에서 전수조사

- 과거에는 데이터수집 비용, 대용량 데이터 처리도구, 비용 등으로 표본조사를 실시했다.

- 현재 컴퓨팅 기술의 발전에 따라 복잡하고 거대한 데이터를 다룰 수 있는 통계 도구로 전수조사가 가능해졌다.

③ 질보다 양

- 데이터 수의 증가로 소수의 오류 데이터가 결과에 영향을 미치지 못한다.

- 데이터의 정확성이나 신뢰성 등의 질보다 양을 중시하여 모든 데이터를 활용할 때 더 많은 가치를 추출할 수 있다.

④ 인과관계에서 상관관계

- 기존에는 변인 간의 인과관계를 찾으려 하여 미래 예측보다는 대응에 활용되었다.

- 실시간 데이터 기반의 상관관계 분석이 가능해졌다.

3. 빅데이터의 기능

산업혁명의 석탄·철	서비스 분야의 생산성을 획기적으로 끌어올려 사회, 경제, 문화, 생활 전반에 혁명적 변화를 불러올 것으로 기대된다.
21세기 원유	각종 비즈니스, 공공기관 대국민 서비스 등 필요한 정보를 제공하여 산업 전반의 생산성을 향상시키고 새로운 산업을 만들어낼 것으로 기대된다.
렌즈	렌즈를 통해 현미경이 생물학 발전에 끼쳤던 영향만큼, 빅데이터도 렌즈처럼 산업 발전에 큰 영향을 줄 것으로 기대된다.
플랫폼	공동 활동의 목적으로 구축된 유형의 구조물인 플랫폼으로서 다양한 서드파티 비즈니스에 활용될 것으로 기대된다.

더 알아보기

빅데이터로 인한 근본적 변화

변화	과거	현재
데이터 처리 시점	사전처리	사후처리
조사	표본조사	전수조사
가치판단의 기준	질	양
분석 방향	이론적 인과관계	단순 상관관계

2절 빅데이터의 가치와 영향

1. 빅데이터의 가치

(1) 빅데이터의 가치

빅데이터는 혁신, 경쟁력, 생산성의 핵심 요소이다.

① 비즈니스의 새로운 원자재 역할

② 차별화된 경쟁력과 높은 성과 도출

③ 미래 경쟁 우위를 결정하게 하는 요소

(2) 빅데이터가 가치를 만들어 내는 방식(맥킨지 빅데이터 보고서, 2011)

① 투명성 제고로 연구개발 및 관리 효율성 제고

② 시뮬레이션을 통한 수요 포착 및 주요 변수 탐색으로 경쟁력 강화

③ 고객 세분화 및 맞춤 서비스 제공

④ 알고리즘을 활용한 의사결정 보조 또는 대체

⑤ 비즈니스 모델과 제품, 서비스의 혁신

2. 빅데이터 가치 창출 방식이 기업·정부·개인에게 미치는 영향

기업	• 소비자의 행동을 분석하고 시장 변동을 예측하여 비즈니스 모델을 혁신할 수 있다. • 빅데이터를 원가절감, 제품 차별화, 기업 활동의 투명성 제고 등에 활용하여 강한 경쟁력을 확보할 수 있다. • 운용 효율성 증가로 인해 산업 전체의 생산성이 향상되고 국가 전체로서는 GDP가 올라가는 효과가 나타날 수 있다.
정부	• 환경 탐색: 기상, 인구이동, 각종 통계, 법제 데이터 등을 수집하여 사회 변화를 추정하고 각종 재해 관련 정보를 추출할 수 있다. • 상황분석: 사회관계망 분석이나 시스템 다이내믹스, 복잡계 이론과 같은 분석 방식을 적용해 미래 의제를 도출할 수 있다. • 미래 대응: 미래 사회 도래에 대비한 법 제도 및 거버넌스 시스템 정비 방향, 미래 성장 전략, 국가 안보 등에 대한 정보를 습득할 수 있다.
개인	• 맞춤형 서비스를 저렴한 비용으로 이용할 수 있다. • 적시에 필요한 정보를 얻어 기회비용을 절약할 수 있다.

3절 비즈니스 모델

1. 빅데이터 활용

2차, 3차 목적의 재사용이나 다양한 조합을 통해 새로운 가치가 창출되고 있으므로 앞으로 다수의 신규 비즈니스 모델이나 혁신이 기업, 정부, 개인 차원에서 나타날 것으로 기대된다.

(1) 기업의 사례

① **구글(Google)**: 사용자의 로그 데이터를 활용하면서 기존의 페이지랭크(PageRank) 알고리즘을 혁신했으며, 이후에도 꾸준히 다양한 차원의 신호를 추가해 검색 결과를 개선한다.

② **월마트(Walmart)**: 경쟁력 강화에 빅데이터를 활용한 사례로 고객의 구매 패턴을 분석해 상품 진열에 활용한다.

　예 허리케인이 발생할 때 손전등뿐만 아니라 비상식량의 구매가 증가한 정보를 통해 손전등과 비상식량을 함께 진열해 매출을 증대시킨 사례

③ **의료 개선**: 생산성이 향상된 사례로 미국에서는 질병의 예후 진단 및 처방에 빅데이터를 활용하기 시작했다. 맥킨지는 미국의 의료 분야에 빅데이터가 적용될 경우, 연간 약 3,300억 달러가 절약될 것으로 평가했다.

　예 병원에서 IBM의 왓슨(Watson)이라는 인공지능 컴퓨터를 활용

(2) 정부의 사례

① 대국민 서비스 개선을 위해 빅데이터를 활용한다.

환경 탐색	실시간 교통정보 수집, 기후 정보, 각종 지질 활동, 소방 서비스를 위한 모니터링
상황 분석	소셜 미디어, CCTV, 통화기록, 문자 통화내역 등의 모니터링과 분석 결과를 국가안전 확보 활동에 활용하는 것

② 미래 의제인 의료·교육 개선을 위해 빅데이터를 활용해 해결책을 모색하고 있다.

(3) 개인 사례

① 정치 분야: 선거에서 승리하기 위해 사회관계망 분석을 통해 유세 지역을 선정하거나 해당 지역 유권자에게 영향을 줄 수 있는 공약 내용을 선정하여 효과적인 선거 활동을 펼친다.

② 문화 분야: 팬들의 음악 청취 기록 분석을 통해 실제 공연에서 부를 곡을 리스트 업한다.

2. 빅데이터 활용 기본 테크닉

연관 규칙 학습 (Association Rule Learning)	• 어떤 변인들 간에 주목할 만한 상관관계가 있는지를 찾아내는 방법 • 상관관계가 높은 상품을 함께 진열하거나 시스템 로그 데이터를 분석해 침입자나 유해 행위자 색출이 가능 **예** 커피를 구매하는 사람이 탄산음료를 더 많이 사는지 여부
유전 알고리즘 (Genetic Algorithms)	최적화가 필요한 문제의 해결책을 자연선택, 돌연변이 등과 같은 메커니즘을 통해 점진적으로 진화(Evolution)시켜 나가는 방법 **예** 최대의 시청률을 얻으려면 어떤 프로그램을 어떤 시간대에 방송해야 하는지 여부
회귀 분석 (Regression Analysis)	독립변수를 조작하면, 종속변수가 어떻게 변하는지를 보고 두 변인의 관계 파악 **예** 사용자의 만족도가 충성도에 미치는 영향
소셜 네트워크 분석 (Social Network Analysis)	영향력 있는 사람을 찾아낼 수 있으며, 고객들 간 소셜 관계를 파악 **예** 특정인과 다른 사람이 몇 촌(Degrees of Separation) 정도의 관계인가?
유형 분석 (Classification Tree Analysis)	새로운 사건이 속하게 될 범주를 찾아내는 방법 **예** 문서를 분류하거나 조직을 그룹으로 나눌 때 **예** 온라인 수강생들을 특성에 따라 분류할 때
기계 학습 (Machine Learning)	훈련 데이터로부터 학습한 알려진 특성을 활용해 예측 **예** 기존 시청 기록을 바탕으로 시청자의 선호 영화 예측
감정 분석 (Sentiment Analysis)	• 특정 주제에 대해 말하거나 글을 쓴 사람의 감정 분석 • 감정 분석 대상은 사용자가 사용한 문장 또는 단어 **예** 사용자의 상품평에 대한 분석 **예** 새로운 환불 정책에 대한 고객의 평가는 어떤가?

4절 위기 요인과 통제 방안

1. 위기 요인과 통제 방안

(1) 위기 요인

① 사생활 침해

- 개인정보가 포함된 데이터가 목적 외로 사용될 경우 사생활 침해를 넘어 사회·경제적 위협이 확대될 수 있다.

- 익명화 기술이 발전되고 있으나, 정보가 오용될 때 위협의 크기는 막대하다.
  예 조지 오웰의 소설 〈1984〉 속의 '빅브라더'

② 책임원칙 훼손

- 빅데이터 기반 분석과 예측 기술이 발전하면서 정확도가 증가하여 분석 대상이 되는 사람들이 예측 알고리즘의 희생양이 될 가능성이 있다.

- 빅데이터 시스템에 의해 부당하게 피해를 보는 상황을 최소화할 장치를 마련한다.

③ 데이터 오용

- 데이터를 과신하거나 잘못 해석함으로써 그릇된 인사이트를 얻어 비즈니스에 적용할 경우 직접적인 손실이 발생할 수 있다.

- 데이터 분석은 실제 일어난 일에 대한 데이터에 의존하기 때문에 이를 바탕으로 미래 예측 시 필연적으로 오류가 발생할 수 있다.

(2) 통제 방안

① 제공자의 동의가 아닌 사용자의 책임으로 해결

- 개인정보 '제공자의 동의'를 통해 해결하기보다 개인정보 '사용자의 책임'으로 해결해야 한다.

- 사용자에게 개인정보의 유출 및 동의 없는 사용으로 발생하는 피해에 대한 책임을 지게 함으로써 사용 주체가 적극적인 보호 장치를 마련할 수 있도록 한다.

② 결과 기반 책임원칙 고수

- 특정인의 '성향'에 따라 처벌하는 것이 아닌 '행동 결과'를 보고 처벌해야 한다.

③ 알고리즘에 대한 접근 허용

- 알고리즘 접근권을 보장함으로써, 알고리즘에 의해 불이익을 당한 사람을 대변할 수 있는 전문가인 알고리즈미스트를 활용할 수 있게 한다.

2. 개인정보 비식별화

(1) 개인정보의 보호

① '개인정보'는 생존하는 개인에 관한 정보로서 성명, 주민등록번호 등에 의해 당해 개인을 알아볼 수 있는 부호, 문자, 음성, 음향 및 영상 등의 정보이다.

② 개인정보는 정보사회의 핵심 인프라로 유출 시 피해가 심각하여 개인정보 보호의 필요성이 존재한다.

(2) 개인정보 보호 가이드라인

① 개인정보 비식별화

- 개인정보가 포함된 공개된 정보 및 이용내역 정보는 비식별화 조치를 취한 후 수집·저장·조합·분석 등의 처리를 하여야 한다.

- 비식별화 조치된 공개된 정보 및 이용내역 정보를 조합·분석·처리하는 과정에서 개인정보가 생성되지 않도록 하여야 한다.

- 수집 시부터 개인을 식별할 수 있는 정보에 대한 철저한 비식별화 조치, 개인정보가 재식별될 경우 즉시 파기하거나 추가적인 비식별화 조치를 시행하여야 한다.

② 정보의 수집과 이용

- 정보의 수집 출처뿐만 아니라 수집·저장·조합·분석 등 처리하는 사실과 그 목적을 이용자 등이 언제든지 쉽게 확인할 수 있도록 개인정보 취급방침을 통해 공개해야 한다.

(3) 개인정보 비식별화 조치 단계 가이드라인

① **사전검토**: 개인정보 해당 여부를 검토한 후 개인정보가 아닌 경우에는 별도 조치 없이 활용이 가능하다.

② **비식별화 조치**: 가명처리, 총계처리, 데이터 삭제, 범주화, 데이터 마스킹 등 다양한 비식별 기술을 단독·복합적으로 활용하여 개인 식별 요소를 제거한다.

③ **적정성 평가**: 비식별 조치가 적정하게 이루어졌는지를 외부 평가단을 통해 객관적으로 평가한다. 프라이버시 보호 모델 중 'K-익명성'을 활용하고, 필요 시 추가적인 모델을 활용한다.

④ **사후관리**: 식별 정보의 안전한 활용과 오남용 예방을 위한 필수적 보호조치이다.

- ● 관리적 보호조치: 관리담당자 지정, 정보공유 금지, 목적 달성 시 파기
- ● 기술적 보호조치: 비식별 정보 파일에 대한 접근통제, 접속기록 관리, 보안 프로그램 설치 및 운영 등의 조치가 필요, 만약 개인정보 재식별 시 처리를 중단하거나 파기

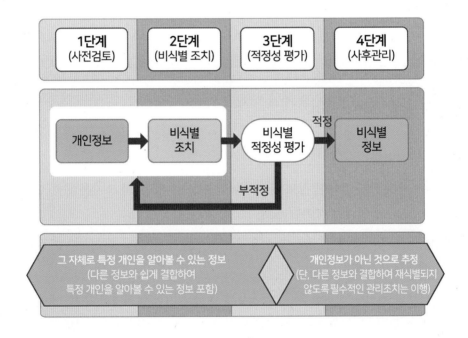

(4) 비식별화 방법

각 기법에는 다양한 세부 기술이 포함되어 있으며 데이터 이용 목적 및 기법을 고려하여 적절한 기법 및 세부 기술을 선택하여 활용해야 한다.

Tip
비식별화 방법과 그 예시를 잘 연결하여 암기해야 합니다.

① 가명 처리(Pseudonymization)

- 개인 식별이 가능한 데이터를 식별할 수 없는 다른 값으로 대체하는 기법
- 그 자체로 완전 비식별화가 가능하며 원본 데이터의 변형 수준이 낮음
- 세부 기술: 휴리스틱 익명화, k-익명화, 암호화, 교환방법

> 예 홍길동, 25세, 서울 거주, 한국대 재학
>
> → 백두산, 20대, 서울 거주, 국제대 재학

② 총계 처리(Aggregation)

- 개인정보에 대해 통곗값을 적용해 특정 개인을 판단할 수 없도록 하는 기법
- 집계 처리된 데이터를 기준으로 정밀 분석이 어렵고, 집계 데이터 양이 적을 경우 개인정보 예측이 가능
- 세부 기술: 부분 집계, 라운딩, 데이터 재배열

> 예 물리학과 학생: 홍길동 180cm, 이영희 160cm, 김철수 170cm
>
> → 물리학과 학생 키 합 : 510cm, 평균 키 170cm

③ 삭제(Data Reduction)

- 개인정보 식별이 가능한 특정 데이터값 삭제 처리
- 데이터 삭제로 인한 분석 결과의 유효성이나 신뢰성 저하 가능성
- 세부 기술: 속성값 삭제, 속성값 부분 삭제, 데이터 행 삭제, 준식별자 제거를 통한 단순 익명화

> 예 주민등록번호 951206-2234567
>
> → 90년대생, 여자

④ 범주화(Data Suppression)

- 단일 식별 정보를 해당 그룹의 대푯값으로 변환하거나 구간값으로 변환하여 고유정보 추적이나 식별을 방지하는 기법
- 범주 또는 범위로 표현됨에 따라 정확한 수치에 따른 분석이나 특정한 결과 도출이 어려우며, 데이터 범위 구간이 좁혀질 경우 추적·예측이 가능

- 세부 기술: 랜덤올림 방법, 범위 방법, 세분 정보 제한, 제어 올림

예 | 홍길동, 25세
   | → 홍씨, 20대

⑤ 데이터 마스킹(Data Masking)

- 개인 식별정보에 대해 전체 또는 부분적으로 대체값으로 변환
- 완전 비식별화가 가능하며 원본 데이터의 구조변형이 적음
- 과도한 마스킹 적용 데이터를 활용하기 어려우며, 마스킹의 수준이 낮을 경우 값의 추적이나 예측 가능
- 세부 기술: 임의 잡음 추가 방법, 공백과 대체

예 | 홍길동, 35세, 서울 거주, 한국대 재학
   | → 홍○○, 35세, 서울 거주, ○○대 재학

5절 미래의 빅데이터

1. 미래의 빅데이터

미래의 빅데이터 현상은 데이터 생산과 이를 다루는 기술, 그리고 인력 부분에서 크게 다른 모습으로 진행될 것이다. 사생활 침해나 기계적 판단에 의해 피해를 입는 일을 최소화하기 위한 제도적 장치 마련도 지체해서는 안 된다.

2. 빅데이터의 기본적 3요소

(1) 데이터

① 사물인터넷(IoT; Internet of Things) 시대

- IoT는 무선 통신을 통해 가전제품, 모바일 장비 등의 각종 사물을 연결하는 기술로, 이를 통해 훨씬 더 많은 정보가 끊임없이 생산되고 공유될 것이다.

- 웨어러블(Wearable) 단말 시장 확산되고, CCTV 등으로 대화 기록, 인터넷 방문 정보, 전자책 독서 기록, 음악 청취 기록, 영상 등이 저장된다.

　예 IBM, 구글, 아마존뿐만 아니라 자동차 제조업, 스마트 홈 사업자들이 데이터 수집을 위한 다양한 기기 관련 특허를 출원 중

② 모든 것들의 데이터화(Datafication)

특정한 목적 없이 생산된 데이터라도 창의적으로 재활용되면서 가치를 만들어 낼 수 있기 때문에 모든 것들을 데이터화하여 수집하는 것은 의미가 있다.

　예 대통령 후보 이미지가 인쇄된 컵 판매량이 선거 결과를 예측하는 데 활용

③ 기존 기업의 비즈니스 모델 변화

- 센서로부터 수집되는 데이터: 기존 기업의 비즈니스 모델의 변화를 불러온다.

　예 각종 센서를 내장한 제품을 출시하고, 이를 통해 수집된 사용자 정보를 분석해 건강관리 서비스를 새로운 상품으로 출시하는 나이키(Nike)

- 데이터의 증가: 데이터의 양산이 빠르게 증가하고, 매년 생산되는 데이터의 단위도 지금의 제타 바이트(Zettabyte)를 넘어 브론토 바이트(Brontobyte) 시대로 나아갈 것이다.

(2) 기술

① 빅데이터 분석 알고리즘의 진화: 학습시킬 수 있는 데이터의 양이 증가하면서 알고리즘은 기하급수적으로 효율적으로 진화한다.

　예 구글 검색엔진이 개인 정보를 반영한 이래 Autocomplete, Universal Search, Google Instant, Knowledge Graph로 진화해 온 것

　예 넷플릭스의 추천 알고리즘이 Cine Match로 진화하면서 추천 정확도가 증가한 것

② 인공지능(AI; Artificial Intelligence) 기술*의 부상

- 빅데이터를 활용해 인간보다 더 빠르고 정확한 판단을 내릴 수 있음을 실제로 보여주기 시작

  예 IBM의 왓슨(Watson) 컴퓨터가 '제퍼디(Jeopardy)' 퀴즈대회 프로그램에서 우승한 것

- '기계적 판단이 어느 선까지 허용되고 어떤 방법으로 통제될 수 있는가?'의 문제 대두

  예 알고리즘들이 서로 간의 거래 내역을 반영해 프로그램된 대로 주식을 거래하며 5분 만에 다우지수가 1,000포인트 하락하는 상황 발생

  예 책의 가격을 결정하는 알고리즘이 상호 간에 서로 조금씩 높게 책값을 책정하도록 프로그램 되어 40달러 정도의 책에 천만 달러가 넘는 가격이 표시된 문제 발생

(3) 인력

① 데이터 사이언티스트(Data Scientist)

- 빅데이터의 다각적 분석을 통해 인사이트를 도출하고, 이를 조직의 전략 방향 제시에 활용할 줄 아는 기획자로서의 전문 인력

- 빅데이터가 갖고 있는 가치를 극대화함

② 알고리즈미스트(Algorithmist)

- 데이터 사이언티스트가 한 일로 인해 부당하게 피해가 발생하는 것을 막기 위해 필요한 전문 인력

- 컴퓨터, 수학, 통계학뿐 아니라 비즈니스 전반에 대한 이해와 알고리즘 코딩 해석을 통해 빅데이터 알고리즘에 의해 부당하게 피해를 입은 사람을 구제함

기초 용어 정의

* **인공지능 기술**: 인공지능 분야에는 패턴인식, 자연어 처리, 자동제어, 기계학습, 자동 추론, 지능 엔진, 시멘틱 웹 등이 포함되어 있다.

01 다음 중 일반적으로 통용되고 있는 빅데이터의 정의와 거리가 가장 <u>먼</u> 것은?

① 빅데이터란 대용량 데이터를 활용해 작은 용량에서는 얻을 수 없었던 새로운 통찰이나 가치를 추출하는 일이다. 나아가 이를 활용해 시장, 기업 및 시민과 정부의 관계 등 많은 분야에 변화를 가져온다.

② 일반적인 데이터베이스 소프트웨어로 저장, 관리, 분석할 수 있는 범위를 초과하는 규모의 데이터다.

③ 대규모 데이터로부터 높은 비용과 새로운 기술로 가치를 추출하고 데이터의 초고속 수집, 발굴, 분석을 지원하도록 고안된 차세대 기술 및 아키텍처다.

④ 빅데이터는 데이터의 양(Volume), 데이터의 유형과 소스 측면의 다양성(Variety), 데이터 수집과 처리 측면에서 속도(Velocity)가 급격히 증가하면서 나타난 현상이다.

> 빅데이터는 다양한 종류의 대규모 데이터로부터 저렴한 비용으로 가치를 추출하고 데이터의 초고속 수집, 발굴, 분석을 지원하도록 고안된 차세대 기술 및 아키텍처다(IDC, 2011).
>
> 정답 ③

02 빅데이터가 만든 본질적 변화로 옳지 <u>않은</u> 것은?

① 데이터의 질보다 양이 중요해졌다.

② 사전처리에서 사후처리 시대로 변화하였다.

③ 규모의 경제를 이룬 데이터를 토대로 상관관계보다 인과관계 분석이 선호된다.

④ 표본조사에서 전수조사로 확대되었다.

> 빅데이터의 발전으로 인해 인과관계에서 상관관계 분석으로 충분한 경우가 많아졌다.
>
> 정답 ③

03 다음 중 빅데이터의 가치에 해당하지 <u>않는</u> 것은?

① 미래 경쟁 우위를 결정

② 비즈니스의 새로운 원자재

③ 혁신, 경쟁력, 생산성의 핵심 요소

④ 고객 유입의 가능성

> **빅데이터의 가치**
> • 비즈니스의 새로운 원자재
> • 차별화된 경쟁력과 높은 성과
> • 미래 경쟁 우위를 결정
> • 혁신, 경쟁력, 생산성의 핵심 요소
>
> 정답 ④

04 데이터화 현상과 가장 관련이 깊은 것은?

① 인공지능
② 스마트 데이터
③ DBMS
④ 사물 인터넷

> 사물인터넷(IoT; Internet of Things)은 무선 통신을 통해 가전제품, 모바일 장비 등의 각종 사물을 연결하는 기술로, 사물인터넷 시대가 도래하여 훨씬 더 많은 정보가 끊임없이 생산되고 공유될 것이다. 이는 모든 것들의 데이터화를 촉진시킨다.
>
> 정답 ④

06 다음 중 빅데이터의 가치를 산정하기 <u>어려운</u> 이유는?

① 데이터 활용 방식이 다양해졌다.
② 분석기술이 급속히 발전한다.
③ 데이터는 기존 사업자에게 경쟁 우위를 가져다준다.
④ 특정 데이터를 언제, 어디서, 누가 활용할지 알 수 있다.

> 특정 데이터를 언제, 어디서, 누가 활용할지 알 수 없다.
>
> 정답 ④

05 다음 중 빅데이터 출현 배경에 관한 설명으로 옳지 <u>않은</u> 것은?

① IoT와 같은 통신 기술의 발전
② 의료정보 등 공공데이터의 개방 가속화
③ 트위터, 페이스북 등 SNS의 급격한 확산
④ 하둡 등 분산처리 기술의 발전

> 공공데이터 개방 가속화는 빅데이터의 출현으로 인해 나타나는 현상이다.
>
> 정답 ②

07 다음 중 빅데이터 활용 기술에 대한 연결이 적절하지 <u>않은</u> 것은?

① 사용자의 만족도가 재구매에 어떤 영향을 미치는가? – 회귀 분석
② 맥주 구매자가 과자를 더 많이 구매하는가? – 연관 분석
③ 택배 차량을 어떻게 배치해야 비용 대비 고효율을 나타내는가? – 유전 알고리즘
④ 기존의 시청기록을 토대로 현재 사용자가 어떤 영화를 가장 보고 싶어 할까? – 감정 분석

> 훈련 데이터로부터 학습한 알려진 특성을 활용해 예측하는 '기계 학습'에 대한 내용이다.
>
> 정답 ④

08 다음 보기에서 설명하는 빅데이터의 활용 기법은?

> 맥주를 구매하는 사람이 탄산음료를 더 많이 구매하는지 확인한다.

① 유전자 알고리즘
② 감정 분석
③ 기계 학습
④ 연관 분석

연관 분석
- 어떤 변인들 간에 주목할 만한 상관관계가 있는지를 찾아내는 방법이다.
- 상관관계가 높은 상품을 함께 진열하거나 시스템으로 그 데이터를 분석해 침입자나 유해 행위자 색출이 가능하다.

정답 ④

09 빅데이터 시대의 위기와 통제에 대한 설명으로 <u>틀린</u> 것끼리 묶은 것은?

> ㉠ 행동 결과에 따른 처벌은 무고한 피해자를 유발하므로 정확도를 강화한 빅데이터 사전 예측 프로그램의 사용을 증대한다.
> ㉡ 빅데이터의 알고리즘에 의한 문제를 해결해 주는 알고리즈미스트가 새로운 직업으로 부상할 것이다.
> ㉢ 데이터 분석은 실제 일어난 일에 대한 데이터에 의존하기 때문에 이를 바탕으로 미래 예측 시 정확도가 매우 높아 신뢰할 수 있다.
> ㉣ 특정인의 '성향'에 따라 처벌하는 것이 아닌 '행동 결과'를 보고 처벌해야 한다.

① ㉠
② ㉡, ㉢
③ ㉠, ㉢
④ ㉠, ㉢, ㉣

> ㉠ 행동 결과에 따른 처벌은 무고한 피해자를 유발하므로 빅데이터 시스템에 의해 부당하게 피해 보는 상황을 최소화할 장치를 마련하는 것이 필요하다.
> ㉢ 데이터 분석은 실제 일어난 일에 대한 데이터에 의존하기 때문에 이를 바탕으로 미래 예측 시 필연적으로 오류가 발생할 수 있다.

정답 ③

10 빅데이터 위기 요인 중 '책임원칙 훼손'에 관한 사례로 가장 적합한 것은?

① 범죄예측 프로그램으로 범죄를 저지르기 전에 예측 체포하는 경우
② SNS에 여행 사진을 올린 사람의 집을 노려 도둑질을 하는 경우
③ 조지 오웰의 소설 〈1984〉 속의 '빅브라더'
④ 나의 게시물이 관리 프로그램에 의해 타당한 근거 없이 삭제당하는 경우

빅데이터 시대의 위기 요인	
사생활 침해	개인정보가 포함된 데이터가 목적 외로 사용될 경우 사생활 침해를 넘어 사회·경제적 위협이 확대될 수 있다.
책임원칙 훼손	빅데이터 기반 분석과 예측 기술이 발전하면서 정확도가 증가하여 분석 대상이 되는 사람들이 예측 알고리즘의 희생양이 될 가능성이 있다.
데이터 오용	데이터를 과신하거나 잘못 해석하여 그릇된 인사이트를 얻어 비즈니스에 적용할 경우 직접적인 손실이 발생할 수 있다.

정답 ①

11 빅데이터의 기본적 3요소에 해당하지 <u>않는</u> 것은?

① 인력
② 데이터
③ 시스템
④ 기술

미래의 빅데이터 활용에 필요한 기본적인 3요소
- 데이터: 모든 것들의 데이터화
- 기술: 기하급수적으로 진화하는 알고리즘과 인공지능
- 인력: 데이터 사이언티스트, 알고리즘미스트

정답 ③

12 빅데이터의 기본적인 3요소에 해당하는 설명으로 옳지 <u>않은</u> 것은?

① 특정한 목적 없이 생산된 데이터는 유의미한 정보를 제공할 수 없으므로 수집을 지양한다.
② 학습시킬 수 있는 데이터의 양이 증가하면서 알고리즘은 기하급수적으로 효율적으로 진화할 것이다.
③ 알고리즘미스트는 데이터 알고리즘에 의해 부당하게 피해를 입은 사람들을 구제하는 전문직 종사자로 부상하고 있다.
④ 인공지능 기술은 인간의 사고·추론·계획·학습 능력을 담아내고 있는데 빅데이터를 활용해 인간보다 더 빠르고 정확한 판단을 내릴 수 있음을 실제로 보여주기 시작했다.

특정한 목적 없이 생산된 데이터라도 창의적으로 재활용되면서 가치를 만들어 낼 수 있기 때문에 모든 것들을 데이터화하여 수집하는 것은 의미가 있다.

정답 ①

03 가치 창조를 위한 데이터 사이언스와 전략 인사이트

학 · 습 · 포 · 인 · 트 --

- 가치 기반 분석의 중요성과 그 효과를 이해한다.
- 데이터 사이언스의 구성 요소와 데이터 사이언티스트에 대해 이해한다.
- 데이터 사이언스로 인한 변화를 습득한다.
- 정보와 통찰력에 관한 6가지 핵심 질문을 습득한다.

1절 빅데이터 분석과 전략 인사이트

1. 빅데이터 분석

(1) 단순히 분석을 많이 사용하는 것이 아닌 분석에 기초한 전략적 통찰을 갖춰야 한다.

(2) 분석 기반 경영이 도입되지 못하는 이유

① 기존 관행을 그냥 따를 뿐 중요한 시도를 하지 않는다.

② 경영진의 의사결정의 경우 정확성이나 공정한 분석보다는 오히려 직관적 결정을 재능으로 칭송하는 경향도 있다.

③ 분석적 실험을 갈망하거나 능숙하게 해내는 사람이 거의 없으므로 적절한 방법조차 제대로 익히지 못한 사람들에게 분석 업무가 주어지고 있다.

④ 사람들은 아이디어 자체보다는 아이디어를 낸 사람이 누구인지 관심을 두는 경향이 있다.

2. 전략도출을 위한 가치 기반 분석

Tip
일차원적인 분석에서도 효과가 있다는 것을 꼭 기억해야 합니다.

(1) 일차적인 분석 적용 사례

일차적인 분석으로도 해당 부서나 업무 영역에서는 상당한 효과를 얻을 수 있다. 이를 통해 분석 경험이 늘고, 작은 성공을 거두면 분석의 활용 범위를 더 넓고 전략적으로 변화시킬 수 있다.

산업	분석 적용 사례
금융서비스	신용점수 산정, 사기 탐지, 가격 책정, 프로그램 트레이딩, 클레임 분석, 고객 수익성 분석
소매업	판촉, 매대 관리, 수요 예측, 재고 보충, 가격 및 제조 최적화
제조업	공급사슬 최적화, 수요 예측, 재고 보충, 보증서 분석, 맞춤형 상품 및 신상품 개발
운송업	일정 관리, 노선 배정, 수익 관리
헬스케어	약품 거래, 예비 진단, 질병 관리
병원	가격 책정, 고객 로열티, 수익 관리
에너지	트레이딩, 공급 및 수요 예측
커뮤니케이션	가격 계획 최적화, 고객 보유, 수요 예측, 생산능력 계획, 네트워크 최적화, 고객 수익성 관리
서비스	콜센터 직원 관리, 서비스·수익 사슬 관리
정부	사기 탐지, 사례 관리, 범죄 방지, 수익 최적화
온라인	웹 매트릭스, 사이트 설계, 고객 추천
모든 사업	성과 관리

(2) 전략적 인사이트를 주는 가치기반 분석

전략적 통찰력의 창출에 포커스를 뒀을 때, 분석은 해당 사업에 중요한 기회를 발굴하거나 주요 경영진의 지원을 통해 강력한 모멘텀을 만들어 낼 수도 있다.

① 사업과 이에 영향을 미치는 트렌드에 대해 큰 그림: 인구통계학적 변화, 경제·사회 트렌드, 고객 니즈의 변화 등을 고려하고, 대변화가 어디서 나타날지도 예측할 수 있다.

② 산업별 전략 내용

물리적 자산 생산 회사	공급과 수요 변동, 운영 유연성, 공급 사슬과의 접점 문제 파악
제약 회사	분석적 실험과 의사결정
가치 네트워크에 기반을 둔 회사	분석이 어떻게 고객과 서비스 네트워크를 높일 수 있을지를 검토

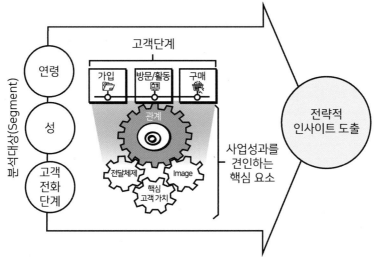

전략적 가치 기반 분석을 위한 프레임워크 예시

2절 전략적 인사이트 도출을 위해 필요한 역량

1. 데이터 사이언스(Data Science)

(1) 데이터 사이언스의 정의

① '데이터 사이언스'란 데이터로부터 의미 있는 정보를 추출하는 학문이다.

② 정형 또는 비정형을 막론하고 인터넷, 휴대전화, 감시용 카메라 등에서 생성되는 숫자와 문자, 영상 정보 등 다양한 유형의 데이터를 대상으로 한다.

③ 분석뿐 아니라 이를 효과적으로 구현하고 전달하는 과정까지를 포함한 포괄적 개념이다.

④ 데이터 공학(Data Engineering), 수학, 통계학, 컴퓨터공학, 시각화(Visualization), 해커(Hacker)의 사고 방식, 해당 분야의 전문 지식을 종합한 학문으로 정의하기도 한다(Wikipidia).

⑤ 데이터 사이언스가 기존의 통계학과 다른 점은 총체적(Holistic) 접근법을 사용한다는 점이다(O'Reilly Media, 2012).

⑥ 데이터 사이언스는 데이터 처리와 관련된 IT 영역(시그널 프로세싱, 프로그래밍, 데이터 엔지니어링, 데이터 웨어하우징, 고성능 컴퓨팅 등), 분석적 영역(수학, 확률모델, 머신러닝, 분석학, 패턴 인식과 학습, 불확실성 모델링 등), 비즈니스 컨설팅의 영역(커뮤니케이션, 프레젠테이션, 스토리텔링, 시각화 등)을 포괄하고 있다.

(2) 데이터 사이언스의 핵심 구성 요소

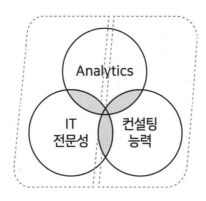

(3) 데이터 사이언티스트의 요구 역량

강력한 호기심은 데이터 사이언티스트의 중요한 특징이다.

HARD SKILL	SOFT SKILL
• 빅데이터에 대한 이론적 지식: 관련 기법에 대한 이해와 방법론 습득 • 분석 기술에 대한 숙련: 최적의 분석 설계 및 노하우 축적	• 통찰력 있는 분석: 창의적 사고, 호기심, 논리적 비판 • 설득력 있는 전달: 스토리텔링, 시각화 • 다분야 간 협력: 커뮤니케이션

2. '과학과 인문학의 교차로'로서의 데이터 사이언스

(1) 단순 세계화에서 '복잡한 세계화'로의 변화

① 디버전스(Divergence)의 동역학이 작용하는 복잡한 세계화의 단계로 변화한다.

② 다양성 및 각 사회의 정체성과 그 맥락, 관계, 연결성, 창조성 등이 키워드로 대두되고 있다.

(2) 비즈니스의 중심이 제품 생산에서 '서비스'로 이동

① 과거 제품생산 비즈니스가 체험제로 변화: 과거에는 고장이 나지 않는 뛰어난 품질의 제품을 만드는 것이 핵심이었으나, 현재는 제품에 고장이 나더라도 오히려 얼마나 뛰어난 고객 서비스를 제공해 주느냐가 더 중요해졌다.

② 고객과의 관계 및 커뮤니케이션이 우선: 고객과의 인터페이스가 확대되기 때문에 인간적 요소들이 복잡한 양상으로 나타난다. 따라서 이를 얼마나 잘 이해하고 대응하느냐가 비즈니스의 성패를 좌우하게 된다.

(3) 경제와 산업의 논리가 생산에서 '시장 창조'로 변화

경제·산업 논리가 새로운 현지화 패러다임에 근거한 시장 창조로 이동하게 됨으로써 현지 사회나 문화와 관련된 암묵적이고 함축적 지식 등의 무형 자산이 중요해졌다.

3절 빅데이터 그리고 데이터 사이언스의 미래

1. 빅데이터의 시대

디지털 기술의 발전으로 빅데이터가 생성되고 다양한 측면에서 활용되고 있다. 특히 기업들은 비용 절감, 시간 절약, 매출 증대, 고객 서비스 향상, 신규 비즈니스 창출, 내부 의사 결정지원 등으로 활용하고 있다.

2. 가치 패러다임의 변화

미래 '가치 패러다임'의 변화

디지털화 (Digitalization)	아날로그 세상을 효과적으로 디지털화함으로써 가치 창출 예 파워포인트, 워드 등
연결 (Connection)	디지털화된 정보와 대상들은 서로 연결되고, 그 연결을 효율적으로 제공하는 것으로 가치 창출 예 구글 등
에이전시 (Agency)	복잡한 연결을 효과적이고 믿을만하게 관리해 주는 에이전트 기능을 통해 가치 창출 예 구글 글래스 등

3. 데이터 사이언스의 한계와 인문학

(1) 데이터 사이언스의 한계

① 분석 과정에서는 인간의 해석이 개입되는 단계가 반드시 존재하기 때문에 주관성이 반영된다.

② 모든 분석은 가정에 근거한다. 즉, 대다수의 모델은 수집된 데이터의 범위 내에서만 정확하다.

(2) 데이터 사이언티스트의 자세

① 구축한 모델의 능력에 항상 의구심을 가져야 한다.

② 가정과 현실의 불일치에 대해 끊임없이 고찰하고, 분석 모델이 예측할 수 없는 위험을 파악하기 위해 현실을 직시해야 한다.

(3) 인문학적 사고의 특성과 역할

데이터 사이언티스트는 정량 분석이라는 과학과 인문학적 통찰에 근거한 합리적 추론을 탁월하게 조합하며, 다음 6가지 핵심 질문을 통해 분석한다.

Tip

인문학적 통찰에 근거한 합리적 추론을 과거, 현재, 미래로 구분하여 암기해야 합니다.

구분	과거	현재	미래
정보	① 리포팅 무슨 일이 일어났는가?	② 경고 무슨 일이 일어나고 있는가?	③ 추출 무슨 일이 일어날 것인가?
통찰력	④ 모델링, 실험 설계 어떻게, 왜 일어났는가?	⑤ 권고 차선 행동은 무엇인가?	⑥ 예측, 최적화, 시뮬레이션 최악 또는 최선의 상황은 무엇인가?

01 전략도출을 위한 가치 기반 분석에 대한 내용으로 옳지 않은 것은?

① 병원 분야에서의 일차적인 분석은 가격 책정, 고객 로열티, 수익관리이다.
② 일차원적인 분석은 단순한 분석이 늘어나게 되어 업무 부담이 가중되므로 지양해야 하는 대상이다.
③ 가치 기반 분석을 통해 전략적 통찰력의 창출에 집중하면 분석은 해당 사업에 중요한 기회를 발굴할 수 있는 기회가 생긴다.
④ 인구통계학적 변화, 경계·사회 트렌드, 고객 니즈의 변화 등을 고려할 뿐만 아니라 대변화가 어디서 나타날지도 예측해야 한다.

> 일차적인 분석을 통해 점점 분석 경험이 늘어나고 작은 성공을 거두면 분석의 활용 범위를 더 넓고 전략적으로 변화할 수 있으므로 해당 부서나 업무 영역에서는 상당한 효과를 얻을 수 있다.
>
> 정답 ②

02 보기의 내용은 어떤 산업의 일차원적 분석 적용 사례인가?

> • 수요 예측
> • 판촉
> • 가격 및 제조 최적화

① 제조업   ② 소매업
③ 서비스   ④ 에너지

> 소매업에서는 분석 내용을 판촉, 매대 관리, 수요 예측, 재고 보충, 가격 및 제조 최적화하는데 적용할 수 있다.
>
> 정답 ②

03 보기에서 설명하는 것으로 가장 적합한 것은?

> • 데이터로부터 의미 있는 정보를 추출하는 학문으로 정형, 비정형 데이터뿐만 아니라 빅데이터 유형을 대상으로 한다.
> • 분석뿐만 아니라 이를 효과적으로 구현하고 전달하는 과정까지 포함한 포괄적 개념이다.

① 데이터 공학
② 알고리즘
③ 데이터 사이언스
④ 데이터 마이닝

데이터 사이언스
• 데이터로부터 의미 있는 정보를 추출하는 학문이다.
• 정형 또는 비정형을 막론하고 인터넷, 휴대전화, 감시용 카메라 등에서 생성되는 숫자와 문자, 영상정보 등 다양한 유형의 데이터를 대상으로 한다.
• 분석뿐 아니라 이를 효과적으로 구현하고 전달하는 과정까지를 포함한 포괄적 개념이다.
• 데이터 공학(Data Engineering), 수학, 통계학, 컴퓨터공학, 시각화(Visualization), 해커(Hacker)의 사고방식, 해당 분야의 전문 지식을 종합한 학문으로 정의하기도 한다(Wikipedia).
• 데이터 사이언스가 기존의 통계학과 다른 점은 데이터 사이언스는 총체적 접근법을 사용한다는 점이다(O'Reilly Media, 2012).
• 데이터 사이언스는 데이터 처리와 관련된 IT 영역(시그널 프로세싱, 프로그래밍, 데이터 엔지니어링, 데이터 웨어하우징, 고성능 컴퓨팅 등), 분석적 영역(수학, 확률모델, 머신러닝, 분석학, 패턴인식과 학습, 불확실성 모델링 등), 비즈니스 컨설팅의 영역(커뮤니케이션, 프레젠테이션, 스토리텔링, 시각화 등)을 포괄하고 있다.

정답 ③

04 데이터 사이언스에 대한 설명 중 가장 올바르지 <u>않은</u> 것은?

① 의미와 가치가 있는 완성도 높은 데이터만을 수집하여 활용할 수 있는 정보를 추출하는 학문이다.
② 분석뿐 아니라 이를 구현하고 전달하는 과정까지를 포함한 포괄적 개념이다.
③ 정형 또는 비정형을 막론하고 인터넷, 휴대전화, 감시용 카메라 등에서 생성되는 숫자와 문자, 영상정보 등 다양한 유형의 데이터를 대상으로 한다.
④ 데이터 공학(Data Engineering), 수학, 통계학, 컴퓨터공학, 시각화(Visualization), 해커(Hacker)의 사고 방식, 해당 분야의 전문지식을 종합한 학문이다.

> 데이터 사이언스는 수집하는 데이터의 완성도보다는 빅데이터, 즉 많은 양의 데이터를 수집하는 것을 목표로 한다.
>
> 정답 ①

05 데이터 사이언스의 핵심 구성 요소로 옳지 <u>않은</u> 것은?

① Analytics
② IT 전문성
③ 컨설팅 능력
④ 인력

> **데이터 사이언스의 핵심 구성 요소**
>
>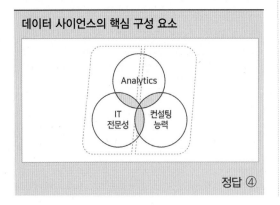
>
> 정답 ④

06 데이터 사이언티스트(Data Scientist)의 요구 역량으로 가장 <u>부적절한</u> 것은?

① 통찰력 있는 분석 능력
② 설득력 있는 전달 능력
③ 인공지능 분야 최적화 능력
④ 협업 능력

> **데이터 사이언티스트의 역량**
>
> | HARD SKILL | • 빅데이터에 대한 이론적 지식
• 분석 기술에 대한 숙련 |
> | --- | --- |
> | SOFT SKILL | • 통찰력 있는 분석
• 설득력 있는 전달
• 다분야 간 협력 |
>
> 정답 ③

07 데이터 사이언티스트가 인문학 열풍을 가져오게 한 외부 환경적 요소로 <u>틀린</u> 것은?

① 디버전스(Divergence)의 동역학이 작용하는 복잡한 세계화의 단계로 변화되었다.
② 경제와 산업의 논리가 생산에서 시장 창조로 변화하였다.
③ 비즈니스 중심이 제품 생산에서 서비스로 이동하였다.
④ 알고리즈미스트 등 관련 직업군의 다양성이 증가하였다.

> **데이터 사이언티스트가 인문학 열풍을 가져오게 한 외부 환경적 요소**
>
> • 디버전스(Divergence)의 동역학이 작용하는 복잡한 세계화의 단계로 변화되었다.
> • 비즈니스 중심이 제품 생산에서 서비스로 이동하였다.
> • 경제와 산업의 논리가 생산에서 시장 창조로 변화하였다.
>
> 정답 ④

08 다음 중 데이터 사이언티스트의 역할로 옳지 않은 것은?

① 과학뿐만 아니라 인문학적 통찰에 근거한 합리적 추론을 조합한다.
② 분석의 여러 도구를 활용해 통찰력을 제시한다.
③ 데이터 분석 알고리즘으로 인해 피해받은 사람들을 구제하는 역할을 수행한다.
④ 의사소통 능력 등의 소프트 스킬도 필요하다.

데이터 분석 알고리즘으로 인해 피해받은 사람들을 구제하는 역할을 수행하는 것은 '알고리즈미스트'이다.

알고리즈미스트(Algorithmist)
• 데이터 사이언티스트가 한 일로 인해 부당하게 피해가 발생하는 것을 막기 위해 필요한 전문 인력
• 컴퓨터, 수학, 통계학뿐 아니라 비즈니스 전반에 대한 이해와 알고리즘 코딩 해석을 통해 빅데이터 알고리즘에 의해 부당하게 피해 입은 사람을 구제하는 전문직 종사자

정답 ③

---

09 분석으로 다룰 수 있는 핵심 질문 중 통찰력과 관련된 핵심 질문이 아닌 것은?

① 최악 또는 최선의 상황은 무엇인가?
② 어떻게, 왜 일어났는가?
③ 차선 행동은 무엇인가?
④ 무슨 일이 일어날 것인가?

분석으로 다룰 수 있는 6가지 핵심 질문
④는 정보와 관련된 질문으로 추출 성격을 ①은 예측, 최적화, 시뮬레이션, ②는 모델링, 실험 설계, ③은 권고의 성격을 띠는 질문이다.

구분	과거	현재	미래
정보	리포팅	경고	추출
통찰력	모델링, 실험 설계	권고	예측, 최적화, 시뮬레이션

정답 ④

---

10 가치 패러다임의 변화 내용으로 옳은 것은?

① 디지털화 → 에이전시 → 연결
② 디지털화 → AI → 연결
③ 디지털화 → 연결 → 에이전시
④ 디지털화 → 연결 → AI

가치 패러다임의 변화 순서
• 디지털화(Digitalization): 아날로그의 세상을 효과적으로 디지털화
• 연결(Connection): 시대에서 디지털화된 정보와 대상들은 서로 연결되어 가치를 창출
• 에이전시(Agency): 복잡한 연결을 효과적이고 믿을 만하게 관리해 주는 에이전트 기능이 가치 창출

정답 ③

2과목

데이터 분석 기획

01 데이터 분석 기획의 이해

학 · 습 · 포 · 인 · 트 --

- 다양한 분석 방법론의 특징과 절차에 대해 이해한다.
- 분석과제 발굴의 방법과 문제 탐색 방법을 습득한다.
- 분석 프로젝트의 속성과 관리 방안을 이해한다.

1절 분석 기획의 방향성 도출

1. 분석 기획의 특징

● 데이터 분석 기획이란 실제 분석을 수행하기 전에 수행할 과제의 정의 및 의도한 결과를 도출할 수 있도록, 이를 적절히 관리하는 방안을 사전에 계획하는 것이다.

● 목표를 달성하기 위해 어떠한 데이터를 어떤 방식으로 수행할 것인가에 대한 일련의 계획을 수립하는 작업이다.

● 문제 영역에 대한 전문성과 수학·통계학적 지식을 활용한 분석 역량과 데이터 및 프로그래밍 기술 역량에 따른 균형 잡힌 시각이 필요하다.

(1) 주제에 따른 분류

분석의 대상(What)

		Known	Un-Known
분석의 방법 (How)	Known	최적화 (Optimization)	통찰 (Insight)
	Un-Known	솔루션 (Solution)	발견 (Discovery)

Tip
데이터 분석 기획 방법의 주제에 따른 분류를 상황과 함께 이해해야 합니다.

최적화 (Optimization)	• 해결해야 할 문제가 무엇인지 알고, 이미 분석의 방법도 인지하는 경우 • 최적화 작업을 통해 분석을 수행
솔루션 (Solution)	• 분석의 대상이 무엇인지 알지만, 분석의 방법을 모르는 경우 • 해당 분석 주제에 대한 솔루션을 찾아냄
통찰 (Insight)	• 분석의 대상을 모르지만, 분석의 방법은 알고 있는 경우 • 기존 분석 방식을 활용해 새로운 지식을 통찰을 통해 도출하여 문제 도출 및 해결에 기여
발견 (Discovery)	• 분석의 대상과 방법을 모르는 경우 • 분석의 대상 자체를 새롭게 도출함

(2) 목표 시점에 따른 분류

① 과제 중심적 접근 방식

● 개별과제의 과제의 경우에 바람직한 방식이다.

● 문제에 대한 명확한 해결을 위해 Quick-Win* 방식으로 분석한다.

② 장기적인 마스터 플랜 방식

● 지속적인 분석 문화를 내재화하기 위한 마스터 플랜 접근 방식이다.

● 마스터 플랜을 수립하고 장기적 관점에서 접근하는 것이 바람직한 방법이다.

③ 혼합 방식

● 중장기적 접근 방식은 투자 비용이 많이 들기 때문에 이해관계자들의 동의를 얻기 위해서는 과제를 빠르게 해결하고 조기에 가치를 체험시킨다.

● 문제 해결을 위한 단기적인 방법과 분석과제 정의를 위한 중장기적인 마스터 플랜 접근 방식을 혼합하여 사용하는 것이 권장된다.

🔷 더 알아보기

구분	과제 중심적 방식	장기적인 마스터 플랜 방식
1차 목표	Speed&Test	Accuracy&Deply
과제 유형	Quick-Win	Longterm View
접근 방식	Problem Solving	Problem Definition

기초 용어 정의

* Quick-Win: 단기간에 눈에 보이는 성과를 도출할 수 있는 적합한 과제를 찾아 실행하는 것이다.

2. 분석 기획 시 고려 사항

(1) 사용 가능한 데이터

① 데이터의 확보 가능 여부, 데이터의 유형 및 정확성 등을 확인해야 한다.

② 정형, 비정형, 반정형 등 데이터의 유형에 따라 분석 방법론과 적용 가능한 솔루션이 달라진다.

(2) 적합한 사례 탐색

잘 구현된 유즈케이스나 솔루션이 있다면 이를 최대한 활용하는 것이 유리하다.

(3) 분석 수행 시 발생 가능한 요소 고려

① 분석 수행 시 발생하는 방해 요소에 대한 사전 계획을 수립한다.

② 분석결과의 정확도를 위하여 투입 자원의 증가가 불가피하며, 이로 인한 비용 상승을 충분히 고려해야 한다.

③ 일회성 분석이 아닌 조직의 역량으로 내재화하기 위해서 계속적인 교육 방안을 마련하고 변화 및 관리가 고려되어야 한다.

2절 분석 방법론

1. 개요

(1) 개념

빅데이터 분석 방법론은 빅데이터를 분석하기 위해 문제를 정의하고 그에 대한 해답을 도출해 내기 위해 체계적으로 마련한 절차 및 처리 방법이다.

(2) 구성 요건

① 상세한 절차(Procedures)

② 방법(Methods)

③ 도구와 기법(Tools&Techniques)

④ 템플릿과 산출물(Templates&Outputs)

⑤ 어느 정도의 지식만 있으면 활용 가능한 수준의 난이도

(3) 빅데이터 분석 방법론의 계층

단계(Phase)	• 프로세스 그룹을 통해 단계별 산출물 생성 • 각 단계는 기준선으로 설정 및 관리되며 버전관리 등을 통하여 통제
태스크(Task)	• 단계를 구성하는 단위 활동 • 물리적 또는 논리적 단위로 품질 검토의 항목이 됨
스텝(Step)	• 입력자료, 처리 및 도구, 출력자료로 구성된 단위 프로세스 • WBS(Work Breakdown Structure)의 워크 패키지(Work Package)

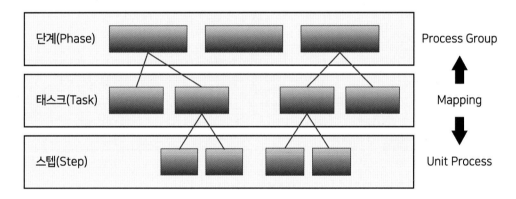

빅데이터 분석 방법론의 계층

(3) 분석 방법론의 생성 과정

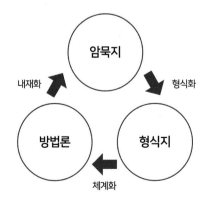

형식화	• 개인의 암묵지가 조직 내의 형식지로 발전한다. • 분석가의 경험을 바탕으로 정리하여 문서화한다.
체계화	문서화된 형식지로 방법론이 생성된다.
내재화	• 방법론이 개인에게 전파되고 활용되어 암묵지로 발전한다. • 전파된 방법론을 학습하여 내재화한다.

2. KDD 분석 방법론

(1) 개념

① KDD(Knowledge Discovery in Database)는 1996년 Fayyad가 통계적 지식 또는 패턴을 탐색하는 데 활용할 수 있도록 프로파일링 기술을 기반으로 체계적으로 정리한 방법론이다.

② 데이터 마이닝, 기계 학습, 인공지능, 패턴인식, 데이터 시각화에서 응용될 수 있는 구조를 가지고 있다.

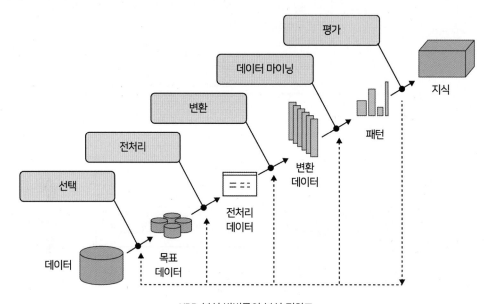

KDD 분석 방법론의 분석 절차도

(2) 9가지 프로세스

① 분석 대상 비즈니스 도메인 이해

② 분석 대상 데이터 세트 선택 및 생성

③ 전처리

④ 데이터 변환

⑤ 데이터 마이닝 기법 선택

⑥ 데이터 마이닝 알고리즘 선택

⑦ 데이터 마이닝 실행

⑧ 결과 해석 및 평가

⑨ 지식 활용

(3) KDD 분석 방법론의 절차

데이터 세트 선택 (Selection)	• 분석대상의 비즈니스 도메인에 대한 이해와 프로젝트의 목표를 설정하는 단계 • 데이터베이스 또는 원시 데이터에서 선택 혹은 추가 생성 • 데이터 마이닝에 필요한 목표 데이터(Target Data) 구성
데이터 전처리 (Pre-processing)	• 데이터에 대한 노이즈, 이상값, 결측값 등을 제거하는 단계 • 추가로 요구되는 데이터 세트가 있을 경우 데이터 세트 선택, 프로세스 재실행
데이터 변환 (Transformation)	• 데이터의 변수를 찾고, 데이터에 대한 차원 축소를 수행하는 단계 • 데이터 마이닝이 효율적으로 적용될 수 있도록 데이터 세트로 변경
데이터 마이닝 (Data Mining)	• 분석 목적에 맞는 데이터 마이닝 기법, 알고리즘 선택, 패턴 찾기, 데이터 분류 예측 작업을 수행하는 단계 • 필요에 따라 데이터 전처리 및 변환 프로세스와 병행 가능
데이터 마이닝 결과 평가 (Evaluation)	• 분석 결과에 대한 해석 평가, 발견된 지식을 활용하는 단계 • 필요 시 선택부터 마이닝까지 프로세스의 반복 수행

3. CRISP-DM 분석 방법론

(1) 개념

① 1996년 유럽연합 ESPRIT 프로젝트에서 시작한 방법론으로 단계 간 피드백(Feedback)을 통하여 단계별 완성도를 높인다.

② CRISP-DM의 절차는 6단계로 구성되어 있는데 각 단계들은 순차적으로 진행되는 것이 아니라, 필요에 따라 단계 간의 반복 수행을 통해 분석의 품질을 향상시킨다.

③ 계층적 프로세스 모델로 4계층으로 구성되어 있다.

(2) CRISP-DM 분석 방법론의 4계층 구성

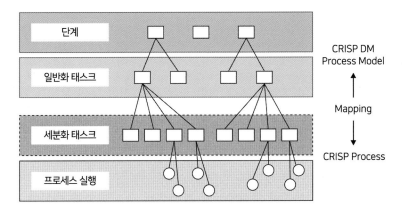

CRISP-DM 분석 방법론의 4계층 구성

단계(Phases)	최상위 레벨로 여러 개의 단계로 구성된다.
일반화 태스크 (Generic Tasks)	데이터 마이닝의 단일 프로세스를 완전하게 수행하는 단위이다.
세분화 태스크 (Specialized Tasks)	일반화 태스크를 구체적으로 수행한다.
프로세스 실행 (Process Instances)	데이터 마이닝을 구체적으로 시행한다.

(3) CRISP-DM 분석 방법론의 절차

① 업무 이해(Business Understanding)

- 비즈니스를 이해하는 단계로 프로젝트의 목적과 요구사항을 파악한다.

- 업무 목적 파악, 상황 파악, 데이터 마이닝 목표설정, 프로젝트 계획을 수립한다.

② 데이터 이해(Data Understanding)

- 분석을 위한 데이터를 수집하여 속성을 이해하고, 문제점을 식별한다.

- 숨겨져 있는 인사이트를 발견하는 단계이다.

- 초기 데이터 수집, 데이터 기술 분석, 데이터 탐색, 데이터 품질을 확인한다.

③ 데이터 준비(Data Preparation)

- 수집된 데이터 등을 정제하고 통합하여 분석이 가능한 상태로 만든다.

- 데이터 준비에 많은 시간이 소요된다.

- 분석용 데이터 세트 선택, 데이터 정제, 데이터 통합, 학습 및 검증 데이터 분리 등을 수행한다.

④ 모델링(Modeling)

- 다양한 모델링 기법과 알고리즘을 선택하고 매개변수 이원화를 최적화하는 단계이다.

- 모델링 결과를 평가하여 모형의 과대 적합 또는 과소 적합 등의 문제를 확인한다.

- 모델링 기법 선택, 모델 테스트 계획 설계, 모델 작성, 모델 평가를 수행한다.

⑤ 평가(Evaluation)

- 분석 결과가 프로젝트 목적에 부합하는지 평가하고, 결과의 수용 여부를 판단한다.

- 분석 결과 평가, 모델링 과정 평가, 모델 적용성 평가를 수행한다.

⑥ 전개(Deployment)

- 완성된 분석모델을 현업에 적용하기 위한 계획을 수립한다.

- 장기적인 모니터링 계획 수립 및 프로젝트 종료 프로세스를 수행한다.

- 전개 계획 수립, 모니터링과 유지·보수 계획 수립, 프로젝트 종료 보고서 작성, 프로젝트 리뷰를 수행한다.

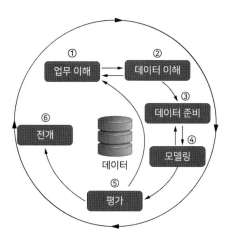

CRISP-DM 분석 절차

4. 빅데이터 분석 방법론

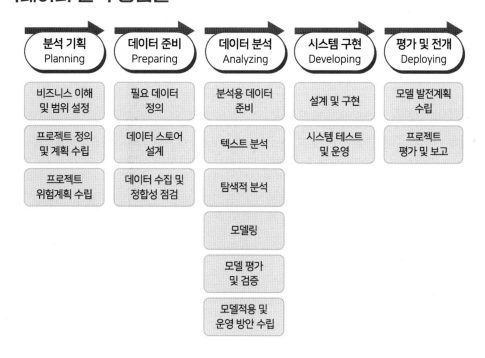

(1) 분석 기획(Planning)

① 비즈니스 이해 및 범위 설정

- 프로젝트 진행을 위해 비즈니스에 대한 충분한 이해와 도메인 문제점을 파악한다.
- 업무 매뉴얼 및 업무 전문가의 도움이 필요하다.
- 프로젝트 범위를 명확하게 하기 위해 구조화된 명세서인 프로젝트 범위 정의서(SOW; Statement Of Work)를 작성한다.

② 프로젝트 정의 및 계획 수립

- 모델 운영 이미지를 설계하고 모델 평가 기준을 설정하여 프로젝트의 정의를 명확하게 한다.
- 데이터 확보 계획, 빅데이터 분석 방법, 일정 계획 예산 계획, 품질 계획, 인력구성 계획, 의사소통 계획 등을 포함하는 프로젝트 수행 계획서(WBS; Work Breakdown Structure)를 작성한다.

③ 프로젝트 위험 계획 수립

- 발생 가능한 모든 위험(Risk)을 발굴하여 사전에 대응 방안을 수립함으로써 프로젝트 진행의 완전성을 높일 수 있도록 한다.
- 예상되는 위험의 대응법으로 회피(Avoid), 전이(Transfer), 완화(Mitigate), 수용(Accept)을 구분하여 관리 계획서를 작성한다.

(2) 데이터 준비(Preparing)

① 필요 데이터 정의

- 정형, 비정형, 반정형 등의 모든 내·외부 데이터와 데이터 속성, 소유자(Owner) 및 담당자 등을 포함하는 데이터 정의서를 작성한다.
- 구체적인 데이터 획득 방안을 상세하게 수립하여 프로젝트 지연을 방지한다.

② 데이터 스토어(Data Store) 설계

- 획득 방안이 수립되면 전사 차원의 데이터 스토어를 설계한다.
- 정형, 비정형, 반정형 데이터 모두 저장될 수 있도록 설계한다.

③ 데이터 수집 및 정합성 점검

- 데이터 스토어에 크롤링, 실시간 처리, 배치 처리 등으로 데이터를 수집한다.

- 데이터베이스 간 연동, API를 이용한 개발, ETL 도구의 활용 등 수집 프로세스를 진행한다.

- 저장된 데이터는 정합성 검증을 실시한다.

(3) 데이터 분석(Analyzing)

① 분석용 데이터 준비

- 비즈니스 룰 확인: 비즈니스 이해, 도메인 문제점 인식, 프로젝트 정의 등을 통해 프로젝트 목표를 정확히 인식한다.

- 분석용 데이터 세트 준비: 데이터 스토어로부터 분석에 필요한 정형, 비정형 데이터를 추가한다.

② 텍스트 분석

오피니언 마이닝(Opinion Mining), 사회 연결망 분석(SNA; Social Network Analysis), 텍스트 마이닝(Text Mining), 웹 마이닝(Web Mining) 등을 실시한다.

③ 탐색적 분석

- 기초 통계량 산출 및 데이터 분포와 변수 간의 관계를 파악한다.

- 데이터 시각화를 활용한다.

④ 모델링

- 훈련용 데이터 세트와 테스트용 데이터 세트로 분리한다.

- 데이터 모델링 후 운영 시스템에 적용한다.

- 모델에 대한 상세한 알고리즘 설명서를 작성하고, 모델 적용 및 운영 방안을 마련한다.

⑤ 모델 평가 및 검증

- 분석 기획 단계에서 작성된 프로젝트 정의서의 평가 기준에 따라 모델의 완성도를 평가한다.

- 테스트 데이터 세트를 이용하여 모델 검증 작업을 실시하고, 모델평가 보고서를 작성한다.

⑥ 모델 적용 및 운영 방안 수립

검증된 모델을 적용 및 최적화하여 실제로 운영할 수 있는 방안을 수립한다.

(4) 시스템 구현(Developing)

① 설계 및 구현

- 모델링 태스크에서 작성된 알고리즘 설명서와 데이터 시각화 보고서를 이용하여 시스템 및 데이터 아키텍처를 설계하고, 사용자 인터페이스 설계를 진행한다.
- 시스템 설계서를 바탕으로 BI 패키지를 활용하거나 새로운 프로그램을 구축한다.

② 시스템 테스트 및 운영

- 단위 테스트, 통합 테스트, 시스템 테스트를 실시·운영한다.

(5) 평가 및 전개(Deploying)

① 모델 발전 계획 수립

- 모델의 생명주기를 설정하고 주기적으로 평가하여 유지·보수하거나 재구축 방안을 마련한다.
- 모델의 특성을 고려해 모델 업데이트를 자동화하는 방안을 수립하고 적용한다.

② 프로젝트 평가 및 보고

- 기획 단계에서 설정된 기준에 따라 프로젝트의 성과를 정량적·정성적으로 평가한다.
- 프로젝트 진행 과정에서 지식, 프로세스, 출력자료를 지식 자산화하고, 프로젝트 최종 보고서를 작성한 후 의사소통 계획에 따라 프로젝트를 종료한다.

5. 분석 계획

(1) 비즈니스 이해 및 범위 설정

비즈니스에 대한 충분한 이해와 도메인에 대한 문제점을 파악하고, 구조화된 명세서를 작성한다.

① 비즈니스 이해

- 내부 업무 매뉴얼과 관련 자료, 외부의 관련 비즈니스 자료를 조사한다.
- 향후 프로젝트 진행을 위한 방향을 설정한다.

② 프로젝트 범위 설정

- 비즈니스에 대한 이해와 프로젝트 목적에 부합되는 범위(Scope)를 명확하게 설정한다.
- 모든 관계자들(Project Stakehoders)의 이해를 일치시키기 위하여 구조화된 프로젝트 범위 정의서(SOW; Statement Of Work)를 작성한다.

(2) 프로젝트 정의 및 계획 수립

프로젝트 정의가 명확하게 설정되면 이를 기준으로 프로젝트의 수행 계획서(WBS; Work Breakdown Structure)를 작성한다. 데이터 확보 계획, 빅데이터 분석 방법, 일정 계획, 예산 계획, 품질 계획, 인력구성 계획, 의사소통 계획 등을 포함하는 프로젝트 수행 계획을 작성한다.

① 데이터 분석 프로젝트 정의

- 프로젝트의 목표 및 KPI, 목표 수준 등을 구체화하여 상세 프로젝트 정의서를 작성한다.
- 프로젝트의 목표를 명확하게 하기 위하여 모델 운영 이미지 및 평가 기준을 설정한다.

② 프로젝트 수행 계획 수립

- 프로젝트의 목적 및 배경, 기대 효과, 수행 방법, 일정 및 추전 조직, 프로젝트 관리 방안을 작성한다.
- WBS는 프로젝트 산출물 위주로 작성하여 프로젝트의 범위를 명확하게 한다.

(3) 프로젝트 위험 계획 수립

계획 수립 단계에서 빅데이터 분석 프로젝트를 진행하면서 발생 가능한 모든 위험(Risk)을 발굴하여 사전에 대응 방안을 수립함으로써 프로젝트 진행의 완전성을 높인다.

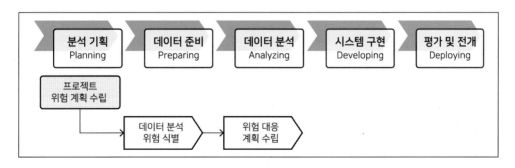

프로젝트 위험 계획 수립 태스크

① 데이터 분석 위험 식별

- 빅데이터 분석 프로젝트를 진행하면서 발생 가능한 위협을 식별한다.

- 식별된 위험은 위협의 영향도와 빈도, 발생 가능성 등을 평가하여 위험의 우선순위를 설정한다.

② 위험 대응 계획 수립

- 식별된 위험은 상세한 정량적·정성적 분석을 통하여 위험 대응방안을 수립한다.

- 예상되는 위험에 대한 대응은 회피(Avoid), 전이(Transfer), 완화(Mitigate), 수용(Accept)으로 구분하여 위험 관리 계획서를 작성한다.

3절 분석과제 발굴

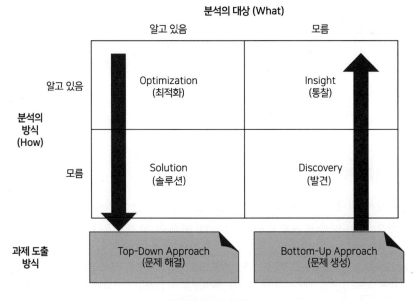

하향식 접근 방식 (Top–Down Approach)	문제가 주어진 상태에서 답을 구하는 방법
상향식 접근 방식 (Bottom–Up Approach)	주어진 데이터를 기반으로 문제를 재정의하고 해결 방안을 탐색하는 방식

1. 하향식 접근 방식(Top-Down Approach)

주어진 문제점 또는 전략으로부터 문제를 탐색하고 탐색한 문제를 데이터 문제로 정의하기 위해 각 과정이 체계적으로 단계화되어 수행하는 방식이다.

(1) 문제 탐색(Problem Discovery) 단계

① 전체적인 관점의 기준 모델을 활용해 빠짐없이 문제를 도출하고 식별한다.

② 비즈니스 모델 기반 문제 탐색: 과제발굴을 위한 기본 틀로써 비즈니스 모델을 활용해 가치가 창출될 문제를 누락 없이 도출할 수 있다.

업무 (Operation)	• 제품 및 서비스를 생산하기 위해 운영하는 내부 프로세스 및 주요 자원 관련 주제 도출 • 생산공정 최적화, 재고량 최소화 등
제품 (Product)	• 생산 및 제공하는 제품 및 서비스를 개선하기 위한 관련 주제 도출 • 제품의 주요 기능 개선, 서비스 모니터링 지표 도출
고객 (Customer)	• 제품 및 서비스를 제공받는 사용자 및 고객, 이를 제공하는 채널의 관점에서 관련 주제 도출 • 고객 대기시간 최소화, 영업점 위치 최적화 등
규제와 감사영역 (Regulation&Audit)	• 제품 생산 및 전달 과정 프로세스 중에서 발생하는 규제 및 보안의 관점에서 주제 도출 • 제공 서비스 품질의 이상 징후 관리, 새로운 환경 규제 시 예상되는 제품 추출 등
지원 인프라 영역 (IT&Human Resource)	• 분석을 수행하는 시스템 영역과 이를 운영 및 관리하는 인력의 관점에서 주제 도출 • EDW 최적화, 적정 운영 인력 도출 등

③ 분석 기회 추가 도출 기반 문제 탐색: 새로운 문제의 발굴이나 장기적인 접근을 위해서 혁신적 관점에서 분석 기회를 추가로 도출하는 관점이다.

관점	영역	내용
거시 적 관점	사회 영역 (Social)	비즈니스 모델의 고객(Customer) 영역에 존재하는 현재 고객을 확장하여 전체 시장을 대상으로 사회적, 문화적, 구조적 트렌드 변화에 기반한 분석 기회 도출 예 노령화, 밀레니얼 세대의 등장, 저출산에 따른 해당 사업 모델의 변화
	기술 영역 (Technological)	최신 기술의 등장 및 변화에 따른 역량 내재화와 제품·서비스 개발에 대한 분석 기회 도출 예 나노 기술, IT 융합 기술, 로봇 기술의 고도화에 따른 기존 제품의 스마트화
	경제 영역 (Economic)	시장의 흐름을 파악하고 이에 대한 분석 기회 도출 예 원자재 가격, 환율, 금리 변동에 따른 구매 전략의 변화
	환경 영역 (Environmental)	환경과 관련된 관심과 규제 동향을 파악하고 이에 대한 분석 기회 도출 예 탄소 배출 규제 및 거래 시장 등장에 따른 원가 절감 및 정보 가시화 등
	정치 영역 (Political)	주요 정책 방향, 정세, 지정학적 동향 등의 거시적인 흐름을 토대로 한 분석 기회 도출 예 대북 관계 동향에 따른 원자재 구매 거래선의 다변화

	대체재 영역 (Substitute)	현재 생산을 수행하고 있는 제품·서비스의 대체재를 파악하고 이를 고려한 분석 기회 도출 **예** 오프라인으로 제공하고 있는 자사의 상품·서비스를 온라인으로 제공하는 것에 대한 탐색 및 잠재적 위협 파악
경쟁자 확대 관점	경쟁자 영역 (Competitor)	현재의 제품·서비스의 주요 경쟁자에 대한 동향을 파악하여 이를 고려한 분석 기회 도출 **예** 주요 경쟁사의 제품·서비스·카탈로그 및 전략을 분석하고 이에 대한 잠재적 위협 파악
	신규 진입자 영역 (New entrant)	현재 직접적인 경쟁자는 아니지만, 향후 시장에 대해서 파괴적인 역할을 수행할 수 있는 신규 진입자에 대한 동향을 파악하여 이를 고려한 분석 기회 도출 **예** 새로운 제품에 대한 크라우드 소싱(Crowd Sourcing) 서비스인 유사 제품을 분석하고 자사의 제품에 대한 잠재적 위협 파악
시장의 니즈 탐색 관점	고객 영역 (Customer)	고객의 구매 동향 등을 더욱 깊게 이해하여 제품·서비스의 개선에 필요한 분석 기회 도출 **예** 철강 기업의 경우 조선 산업과 자동차 산업의 동향 및 주요 거래선의 경영 현황 등을 파악하고 분석 기회 도출
	채널 영역 (Channel)	자체적으로 운영하는 채널뿐만 아니라 최종 고객에게 제품·서비스를 전달 가능한 경로를 파악하여 해당 경로에 존재하는 채널별로 분석 기회를 확대하여 탐색 **예** 은행의 경우 인터넷 전문은행 등 온라인 채널의 등장에 따른 변화에 대한 전략 분석 기회 도출
	영향자들 영역 (Influencer)	기업 의사결정에 영향을 미치는 이해관계자의 주요 관심 사항에 대해서 파악하고 분석 기회 탐색 **예** M&A 시장 확대에 따른 유사 업종의 신규 기업 인수 기회 탐색
역량의 재해석 관점	내부 역량 영역 (Competency)	지적 재산권, 기술력 등의 기본적인 것뿐 아니라 인프라적인 유형 자산에 대해서 폭넓게 재해석하고 해당 영역에서 분석 기회를 탐색 **예** 자사 소유 부동산을 활용한 부가가치 창출 기회 발굴
	파트너와 네트워크 영역 (Partners & Network)	밀접한 관계를 유지하고 있는 관계사와 공급사 등의 역량을 활용해 수행할 수 있는 기능을 파악하여 분석 기회를 추가로 도출 **예** 수출입·통관 노하우를 활용한 추가 사업 기회 탐색

(2) 문제 정의(Problem Definition) 단계

① 사용자 관점에서 비즈니스 문제를 데이터의 문제로 변환하여 정의하는 단계이다.

② 필요한 데이터 및 기법을 정의하기 위한 데이터 분석 문제로의 변화를 수행한다.

③ 최종 사용자의 관점에서 데이터 분석 문제와 요구사항을 정의해야 한다.

　　예 고객 이탈의 증대→고객의 이탈에 영향을 미치는 요인 식별 및 가능성 예측

(3) 해결 방안 탐색(Solution Search) 단계

① 정의된 데이터 분석 문제를 해결하기 위해 분석 기법 및 역량에 따라 다양한 방안으로 탐색한다.

② 데이터, 시스템, 인력 등에 따라 소요되는 예산 및 활용 가능한 도구를 다양하게 고려해야 한다.

	분석역량(WHO)	
	확보	미확보
기존 시스템	기존 시스템 개선 활용	교육 및 채용을 통한 역량 확보
신규 도입	시스템 고도화	전문 업체 Sourcing

분석기법 및 시스템 (HOW)

(4) 타당성 검토

① 경제적 타당성 관점: 비용 대비 편익 관점의 접근 필요

- 비용: 데이터, 시스템, 인력 등 분석 비용

- 편익: 실질적 비용 절감, 추가적 매출과 수익

② 데이터 및 기술적 타당성

- 기술적 타당성 분석 시 역량확보 방안을 사전에 수립한다.

- 도출된 여러 대안 중 가장 우월한 대안을 선택한다.

- 도출한 데이터 분석 문제와 선정된 솔루션 방안을 포함해 이를 분석과제 정의서 형태로 명시(프로젝트 계획의 입력물로 활용됨)한다.

2. 상향식 접근 방식

(1) 디자인 사고 접근법(Design Thinking)

디자인 사고 접근법이란 명확하게 정리되지 않은 사용자의 니즈(Needs)를 이해하고, 이를 해결할 수 있는 기회를 찾아내기 위해 공감적 태도(Mindset)를 활용하는 일종의 복잡한 문제 해결에 대한 논리 추론적 접근법이다. 즉, 문제 정의 자체가 어려운 경우 데이터를 기반으로 문제를 지속적으로 개선하는 방식이다.

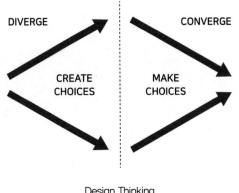

Design Thinking

① 특징

- 기존 하향식 접근법의 한계인 새로운 문제 탐색의 어려움을 극복하기 위한 분석 방법론이다.

- 디자인 사고 접근법으로 객관적인 데이터 자체를 관찰하고, 이를 실제로 행동에 옮겨 대상을 이해하는 방식을 적용한다.

- 비지도 학습 방법에 의해 수행되며, 데이터의 결합 및 연관성과 유사성 등을 중심으로 데이터 상태를 표현한다. 또한 목푯값을 사전에 학습하거나 정의하지 않고 데이터 자체만으로 결과를 도출한다.
  예 장바구니 분석, 군집 분석, 기술 통계 등

② 필요성

- 문제 정의가 불분명하거나 새로운 문제인 경우

- 필요 데이터의 존재 여부가 불확실할 경우

- 데이터 사용 목적에 가변성이 있을 경우

③ 절차

프로세스 분류	전사 업무 프로세스를 가치사슬, 메가 프로세스, 메이저 프로세스, 프로세스 단계로 구조화하여 업무 프로세스 정의
프로세스 흐름 분석	프로세스 맵을 통해 프로세스별로 업무 흐름을 상세히 표현
분석 요건 식별	각 프로세스 맵의 주요 의사결정 포인트 식별
분석 요건 정의	각 의사결정 시점에 무엇을 알아야만 의사결정을 할 수 있는지 정의

(2) 프로토타이핑 접근법

① 특징

- 사용자가 요구사항이나 데이터를 정확히 규정하기 어렵고, 데이터 소스를 파악하기 어려운 상황에서 일단 분석을 시도하고 반복적 개선하는 접근법이다.
- 먼저 정의된 문제에 대한 분석을 시도한 다음 그 결과를 확인하고 반복하는 시행착오를 통해 개선한다.
- 신속하게 해결책 또는 모형을 제시하며, 이를 바탕으로 문제를 명확하게 인식하고 데이터를 구체화할 수 있다.

② 필요성

- 문제 인식의 수준: 문제 정의가 불명확하거나 새로운 문제인 경우 프로토 타입을 이용하여 구체화한다.
- 필요 데이터 존재 여부의 불확실성: 문제 해결에 필요한 모든 데이터가 존재하지 않을 경우, 이에 대한 수집·대체 방안을 수립해야 한다. 대체 불가능한 데이터가 존재하는지 사전에 확인하여 프로젝트가 중도에 중단되는 위험 방지할 수 있다.
- 데이터 목적의 가변성: 데이터의 가치는 지속적으로 변화하기 때문에 기존에 보유한 데이터의 정의를 재검토하여 데이터 사용 목적과 범위를 확대할 수 있다.

③ 절차

가설(Hypotheses)의 생성 → 디자인에 대한 실험(Design Experiments) → 실제 환경에서의 테스트(Test) → 테스트 결과에서의 통찰(Insight) 도출 및 가설 확인

4절 분석 프로젝트 관리 방안

1. 분석 프로젝트 개요

분석 프로젝트는 과제 형태로 도출된 분석 기회를 프로젝트화하여, 그 분석 가치를 증명하기 위한 도구이다.

(1) 분석 프로젝트의 관리 영역

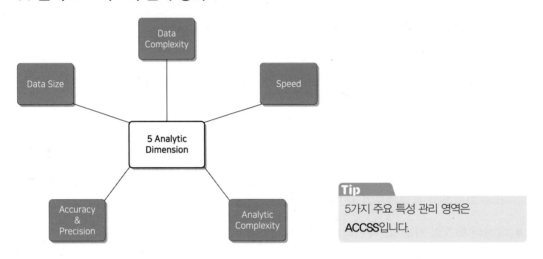

분석과제의 5가지 주요 특성 관리 영역

Tip
5가지 주요 특성 관리 영역은 **ACCSS**입니다.

데이터 크기 (Data Size)	분석하고자 하는 데이터의 양을 고려한 관리 방안을 수립한다.
데이터 복잡도 (Data Complexity)	정형 데이터뿐만 아니라 비정형 데이터와 다양한 시스템의 원천 데이터를 통합해서 분석 프로젝트를 진행할 때에는 초기 데이터의 확보와 통합, 분석 모델의 선정하는 데 사전 고려가 필요하다.
속도 (Speed)	• 시나리오 측면에서의 속도를 고려한다. • 일단위, 주단위의 경우 집단(Batch) 형태의 작업이 가능하다. • 실시간 분석 모델의 프로젝트 수행 시 분석모델의 성능이나 속도를 고려한 개발 및 테스트를 수행한다.
분석적 복잡도 (Analytic Complexity)	• 분석모델의 정확도와 복잡도는 트레이드 오프(Trade off) 관계가 존재한다. • 모델이 복잡할수록 정확도는 올라가지만, 해석이 어려워지므로 기준점을 사전에 정의해야 한다. • 해석이 가능하면서 정확도를 올릴 수 있는 최적 모델을 찾는 방안을 사전에 모색한다.
정확도&정밀도 (Accuracy&Precision)	• 분석의 활용 측면에서는 정확도(Accuracy)가 중요하며, 안정성 측면에서는 정밀도(Precision) 중요하다. • 정확도와 정밀도는 트레이드 오프(Trade off)되는 경우가 많아 사전에 고려해야 할 대상이다.

(2) 분석 프로젝트의 특성

① 데이터의 영역 및 비즈니스 영역에 대한 이해와 함께 지속적으로 반복해야 하는 분석 프로세스의 특성을 이해하여 프로젝트를 수립해야 한다.

② 분석가의 핵심 역할은 데이터 원천을 다루는 데이터 영역과 결과를 활용할 비즈니스 영역의 중간에서 조율을 수행하는 조정자이다.

③ 프로젝트 기한 내에 최선의 결과를 도출할 수 있도록 하며 지속적으로 개선 및 변경을 고려해야 한다.

2. 분석 프로젝트 관리 방안

(1) 분석 프로젝트의 관리

① 분석가는 분석 프로젝트에서 프로젝트 관리자의 역할을 수행하는 경우가 대부분이다.

② 프로젝트 관리 영역에 대한 주요 사항들을 체크리스트 형태로 관리하여 발생할 수 있는 이슈와 리스크를 숙지하고 미연에 방지해야 한다.

(2) 분석 프로젝트 영역별 주요 관리 항목(KSA ISO 21500)

주제 그룹	개념 및 관련 프로세스
범위 (Scope)	• 분석 기획 단계의 프로젝트 범위가 분석을 진행하면서 데이터의 형태와 양 또는 적용되는 모델의 알고리즘에 따라 범위가 빈번하게 변경됨 → 적용되는 알고리즘에 따라 범위가 변할 수 있으므로 범위 관리가 중요 → 일정 계획 수립 시 데이터 수집을 철저히 통제 및 관리할 필요가 없음 • 분석의 최종 결과물이 분석보고서 형태인지 시스템인지에 따라 투입되는 자원 및 범위의 크기가 변경되므로 충분한 사전 고려가 필요함
통합 (Integration)	• 프로젝트 관리 프로세스들이 통합적으로 운영될 수 있도록 관리해야 함
시간 (Time)	• 데이터 분석 프로젝트는 초기 의도했던 결과가 쉽게 나오지 않고 분석 범위도 빈번하게 변경하게 되므로 프로젝트 과정이 지속적으로 반복됨 → 많은 시간이 소요됨 • 분석 결과에 대한 품질이 보장된다는 전제로 Time Boxing 기법을 통해 일정 관리 및 진행 → 분석 전문가의 상상력이 요구되므로 일정을 제한하는 일정 계획은 적절하지 못함
원가 (Cost)	• 외부 데이터를 활용한 데이터 분석의 경우, 고가의 비용이 소요될 수 있으므로 충분한 사전 조사 필요 • 오픈 소스 도구(Tool) 외에 프로젝트 수행 시 의도한 결과 달성을 위해 상용버전 도구가 필요할 수 있음

품질 (Quality)	• 분석 프로젝트를 수행한 결과에 대한 품질 목표를 사전에 수립하고 확정해야 함 • 프로젝트 품질을 품질통제(Quality Control)와 품질보증(Quality Assurance)으로 구분하여 수행데이터 분석 모델 품질 평가를 위해 SPICE 사용
조달 (Procurement)	• 다양한 데이터를 확보를 위해 조달 관리 중요 • 목적성에 맞는 외부 소싱을 적절히 운영할 필요가 있음 • PoC(Proof of Concept) 형태의 프로젝트는 인프라 구매가 아닌 클라우드 등의 다양한 방안을 검토할 필요가 있음
자원 (Resource)	• 고급 분석 및 빅데이터 아키텍처링을 수행할 인력 공급의 부족 → 프로젝트 수행 전부터 전문가 확보에 대한 검토 필요
리스크 (Risk)	• 필요한 데이터 미확보로 분석 프로젝트 진행이 어려울 수 있으므로 관련 위험 식별 및 대응 방안을 사전에 수립할 필요가 있음 • 데이터 및 분석 알고리즘의 한계로 목표 달성이 어려울 수 있으므로 그에 따른 대응 방안을 수립할 필요가 있음
의사소통 (Communication)	• 전문성이 요구되는 데이터 분석 결과를 모든 프로젝트 이해관계자가 공유할 수 있도록 해야 함 • 프로젝트의 원활한 진행을 위해 다양한 의사소통 체계 필요
이해관계자 (Stakeholder)	• 데이터 분석 프로그램은 다양한 전문가가 참여하므로 이해관계자의 식별과 관리 필요 예 다양한 사람들의 니즈 고려

01 목표 시점별로 당면한 과제를 빠르게 해결하는 과제 중심적인 접근 방식의 특징이 <u>아닌</u> 것은?

① 문제에 대한 명확한 해결을 위해 Quick-Win 방식으로 분석한다.
② 개별과제의 경우 바람직하다.
③ 접근 방식은 Problem Definition이다.
④ 1차 목표는 Speed&Test이다.

분석 기획의 목표 시점에 따른 접근방식		
구분	과제 중심적 방식	장기적인 마스터 플랜 방식
1차 목표	Speed&Test	Accuracy&Deploy
과제 유형	Quick-Win	Longterm View
접근 방식	Problem Solving	Problem Definition

정답 ③

02 분석 기획 시 목표 시점에 따른 분류 유형으로 옳지 <u>않은</u> 것은?

① 마스터 플랜 접근 방식은 분석 가치를 증명하기 위해 과제를 빠르게 해결하는 것이다.
② 과제 중심적 접근 방식은 명확한 해결을 위해 Quick-Win 방식으로 분석한다.
③ 단기적 접근 방식은 당면한 과제를 빠르게 해결하기 위한 목적이다.
④ 중장기적 접근 방식은 지속적인 분석 문화를 내재화하기 위한 목적이다.

혼합 방식
• 중장기적 접근 방식은 투자 비용이 많이 든다. 따라서 이해관계자들의 동의를 얻기 위해 과제를 빠르게 해결하여 가치를 조기에 체험시킨다.
• 문제 해결을 위한 단기적인 방법과 분석과제 정의를 위한 중장기적인 마스터 플랜 접근 방식을 혼합하여 사용하는 것이 권장된다.

정답 ①

03 아래 (A)와 (B)에 순서대로 들어갈 내용으로 가장 알맞은 것은?

> 해결해야 할 문제가 무엇인지를 알고, 이미 분석의 방법도 인지하는 경우에는 (A) 방식을 활용하여 문제의 도출 및 해결에 기여하고, 분석의 대상과 방법을 모르는 경우 (B) 접근법으로 분석 대상 자체를 새롭게 도출할 수 있다.

① A: 발견   B: 솔루션
② A: 통찰   B: 발견
③ A: 솔루션   B: 통찰
④ A: 최적화   B: 발견

분석 기획의 주제에 따른 분류	
최적화 (Optimization)	• 해결해야 할 문제가 무엇인지를 알고, 이미 분석의 방법도 인지하는 경우 • 최적화 작업을 통해 분석을 수행
솔루션 (Solution)	• 분석의 대상이 무엇인지 알지만, 분석의 방법을 모르는 경우 사용 • 해당 분석 주제에 대한 솔루션을 찾아냄
통찰 (Insight)	• 분석의 대상을 모르지만, 분석의 방법은 알고 있는 경우 • 기존 분석 방식을 활용해 새로운 지식인 통찰을 도출하여 문제도출 및 해결에 기여
발견 (Discovery)	• 분석의 대상과 방법을 모르는 경우 사용 • 분석의 대상 자체를 새롭게 도출함

정답 ④

04 데이터 분석 방식을 주제에 따라 분류하였을 때, 분석의 대상을 알지만 분석의 방법을 모르는 경우에서 사용해야 하는 방법은?

① 최적화
② 솔루션
③ 통찰
④ 발견

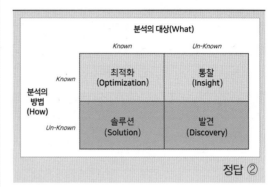

정답 ②

05 분석 기획 시 고려해야 할 사항으로 틀린 것은?

① 분석을 위해 가능한 많은 데이터를 확보해야 한다.
② 데이터의 유형에 따라 분석 방법론과 적용 가능한 솔루션이 달라진다.
③ 문제 영역에 대한 전문성, 수학·통계학적 지식을 활용한 분석 역량과 데이터 및 프로그래밍 기술 역량에 따른 균형 잡힌 시각이 필요하다.
④ 투입 자원의 증가를 최대한 방지하여 계획한 비용이 초과되지 않도록 한다.

> 분석 결과의 정확도를 위하여 투입 자원의 증가가 불가피하며, 이로 인한 비용 상승까지 충분히 고려해야 한다.

정답 ④

06 분석 기획 시 고려 사항에 대한 설명 중 가장 올바른 것은?

① 장애 요소는 예측이 불가능하기 때문에 발생 시 대응하는 프로토콜을 수립한다.

② 잘 구현된 유즈케이스나 솔루션이 있다면 해당 분석은 수행하지 않는다.

③ 일회성 분석이 아닌 조직의 역량으로 내재화하기 위해서 계속적인 교육방안 등의 변화와 관리가 고려되어야 한다.

④ 분석가가 쉽게 이해할 수 있는 활용 방안을 모색한다.

> ① 분석 수행 시 발생하는 방해 요소에 대한 사전 계획을 수립한다.
> ② 잘 구현된 유즈케이스나 솔루션이 있다면 이를 최대한 활용하는 것이 유리하다.
> ④ 분석가가 아닌 사용자가 쉽게 이해할 수 있는 방안을 모색한다.
>
> 정답 ③

07 빅데이터 분석 방법론에서 단계 간 피드백이 반복적으로 많이 발생하는 구간은?

① 시스템 구현 → 평가 및 전개

② 데이터 분석 → 시스템 구현

③ 분석 기획 → 데이터 준비

④ 데이터 준비 → 데이터 분석

> 분석 단계를 수행하는 과정에서 추가적인 데이터 확보가 필요한 경우, 데이터 준비 단계로 피드백하여 두 단계를 반복 진행한다.
>
> 정답 ④

08 빅데이터 분석 방법론의 절차로 올바른 것은?

① 데이터 준비 → 분석 기획 → 시스템 구현 → 데이터 분석 → 평가 및 전개

② 분석 기획 → 데이터 준비 → 데이터 분석 → 시스템 구현 → 평가 및 전개

③ 데이터 준비 → 분석 기획 → 데이터 분석 → 시스템 구현 → 평가 및 전개

④ 분석 기획 → → 데이터 준비 → 시스템 구현 → 데이터 분석 → 평가 및 전개

> **빅데이터 분석 방법론의 절차**
>
> 분석 기획 → 데이터 준비 → 데이터 분석 → 시스템 구현 → 평가 및 전개
>
> 정답 ②

09 빅데이터 분석 방법론의 분석 기획 단계에서 수행하는 주요 과업으로 가장 부적절한 것은?

① 모델 발전 계획 수립

② 비즈니스 이해 및 범위 설정

③ 프로젝트 위험 계획 수립

④ 프로젝트 정의 및 계획 수립

> 모델 발전 계획 수립은 '평가 및 전개 단계'에서 수행한다.
>
> **분석 기획(Planning) 단계**
> • 비즈니스 이해 및 범위 설정: 프로젝트 진행을 위해 비즈니스에 대한 충분한 이해와 도메인 문제점 파악
> • 프로젝트 정의 및 계획 수립: 모델 운영 이미지를 설계하고 모델 평가 기준을 설정하여 프로젝트의 정의를 명확하게 함
> • 프로젝트 위험 계획 수립: 발생 가능한 모든 위험(Risk)을 발굴하여 사전에 대응 방안을 수립함으로써 프로젝트 진행의 완전성을 높임
>
> 정답 ①

10 빅데이터 분석 방법론의 데이터 분석 단계에서 수행해야 하는 태스크(Task)의 절차로 올바른 것은?

① 분석용 데이터 준비 → 텍스트 분석 → 탐색적 분석 → 모델링 → 모델 평가 및 검증 → 모델 적용 및 운영 방안 수립
② 분석용 데이터 준비 → 탐색적 분석 → 텍스트 분석 → 모델링 → 모델 평가 및 검증 → 모델 적용 및 운영 방안 수립
③ 분석용 데이터 준비 → 텍스트 분석 → 탐색적 분석 → 모델링 → 모델 적용 및 운영 방안 수립 → 모델 평가 및 검증
④ 분석용 데이터 준비 → 모델 적용 및 운영 방안 수립 → 텍스트 분석 → 탐색적 분석 → 모델링 → 모델 평가 및 검증

분석용 데이터 준비 → 텍스트 분석 → 탐색적 분석 → 모델링 → 모델 평가 및 검증 → 모델 적용 및 운영 방안 수립

정답 ①

11 다음 보기에서 설명하는 분석 방법론은?

• 1996년 Fayyad가 프로파일링 기술을 기반으로 통계적 패턴이나 지식을 찾기 위해 체계적으로 정리한 방법론이다.
• 분석 절차는 데이터 세트 선택, 데이터 전처리, 데이터 변환, 데이터 마이닝, 데이터 마이닝 결과 평가의 5단계로 구분된다.

① KDD 분석 방법론
② CRISP-DM
③ SEMMA
④ K-mean

② CRISP-DM: 1996년 유럽연합 ESPRIT 프로젝트에서 시작한 방법론으로 단계 간 피드백을 통해 단계별 완성도를 높인다.
③ SEMMA 분석 방법론: 분석 솔루션 업체 SAS사가 주도한 통계 중심의 방법론이다.
④ K-mean: K-평균 군집

정답 ①

12 다음 중 KDD 분석 방법론의 절차 중 데이터 세트 내에 존재하는 결측값, 이상값들을 식별하고 정제하는 단계는?

① 데이터 준비
② 데이터 변환
③ 데이터 마이닝
④ 데이터 전처리

KDD 분석 방법론의 절차	
데이터 세트 선택 (Selection)	• 분석 대상의 비즈니스 도메인에 대한 이해와 프로젝트의 목표를 설정하는 단계 • 데이터 마이닝에 필요한 목표 데이터(Target Data) 구성
데이터 전처리 (Preprocessing)	데이터에 대한 노이즈, 이상값, 결측값 등을 제거하는 단계
데이터 변환 (Transformation)	데이터의 변수를 찾고, 데이터에 대한 차원 축소를 수행하는 단계
데이터 마이닝 (Data Mining)	분석 목적에 맞는 데이터 마이닝 기법, 알고리즘 선택, 패턴 찾기, 데이터 분류 예측 작업을 수행하는 단계
데이터 마이닝 결과 평가 (Evaluation)	분석 결과에 대한 해석 평가, 발견된 지식을 활용하는 단계

정답 ④

13 다음 중 프로토타이핑 접근법의 기본적인 프로세스는?

⊙ 디자인에 대한 실험(Design Experiments)
ⓛ 가설(Hypotheses)의 생성
ⓒ 실제 환경에서의 테스트(Test)
ⓔ 테스트 결과에서의 통찰(Insight) 도출 및 가설 확인

① ⊙－ⓛ－ⓒ－ⓔ
② ⓛ－⊙－ⓒ－ⓔ
③ ⓛ－ⓒ－⊙－ⓔ
④ ⓒ－ⓔ－⊙－ⓛ

프로토타이핑 접근법의 기본적인 프로세스는 '가설(Hypotheses)의 생성 → 디자인에 대한 실험(Design Experiments) → 실제 환경에서의 테스트(Test) → 테스트 결과에서의 통찰(Insight) 도출 및 가설 확인'이다.

정답 ②

14 분석 기회 발굴의 범위 확장에서 거시적 관점 영역으로 적합하지 않은 것은?

① 고객 영역
② 기술 영역
③ 환경 영역
④ 경제 영역

새로운 문제의 발굴이나 장기적인 접근을 위해 혁신적 관점에서 분석 기회를 추가로 도출하는 관점을 분석 기회 추가 도출 기반 문제 탐색이라고 한다. 그중 거시적 관점은 사회 영역(Social), 기술 영역(Technological), 경제 영역(Economic), 환경 영역(Environmental), 정치 영역(Political)으로 구분된다.

정답 ①

15 하향식 접근방식에서 문제탐색 단계에 대한 설명으로 가장 **부적절한** 것은?

① 비즈니스 모델 기반 문제탐색은 업무, 제품, 고객, 규제와 감사, 지원인프라 영역으로 구성된다.
② 빠짐없이 문제를 도출하고 식별해야 한다.
③ 정의된 데이터 분석 문제를 해결하기 위해 분석 기법 및 역량에 따라 다양한 방안으로 탐색해야 한다.
④ 분석 기회 추가 도출 기반 문제탐색은 새로운 문제의 발굴이나 장기적인 접근을 위해 혁신적인 관점에서 분석 기회를 추가로 도출하는 관점이다.

③은 해결방안 탐색단계에 해당한다.

정답 ③

16 다음 중 비즈니스 모델 기반 문제탐색 과정의 구성단위로 옳지 **않은** 것은?

① 리스크
② 업무
③ 규제와 감사
④ 지원 인프라

비즈니스 모델기반 문제탐색
• 업무(Operation)
• 제품(Product)
• 고객(Customer)
• 규제와 감사영역(Regulation&Audit)
• 지원 인프라 영역(IT&Human Resource)

정답 ①

17 하향식 접근 방식에서 문제 탐색 단계에 대한 설명으로 옳지 **않은** 것은?

① 사회 영역에서는 노령화, 저출산 등을 고려한다.
② 신규 진입자 영역에서는 향후 시장에 대해서 파괴적인 역할을 수행할 수 있는 신규 진입자에 대한 동향을 파악하여 이를 고려한 분석 기회를 도출한다.
③ 고객 영역에서는 자체적으로 운영하는 채널뿐만 아니라 최종 고객에게 제품·서비스를 전달할 수 있는 경로를 파악한다.
④ 환경 영역에서는 환경과 관련된 관심과 규제 동향을 파악하고 이에 대한 분석 기회를 도출한다.

자체적으로 운영하는 채널뿐만 아니라 최종 고객에게 제품·서비스를 전달 가능한 경로를 파악하는 것은 채널 영역에 대한 설명이다. 고객 영역에서는 고객의 구매 동향 등을 더욱 깊게 이해하여 제품·서비스의 개선에 필요한 분석 기회를 도출한다.

정답 ③

18 빅데이터 분석 주제 유형의 구분 기준으로 옳은 것은?

① Where, When
② How, When
③ How, What
④ What, When

빅데이터 분석은 분석의 대상(What)과 분석 기법 및 시스템(How)로 분류된다.

정답 ③

19 분석과제 주요 특성 중 Accuracy & Precision에 대한 설명으로 옳은 것은?

① 정확도는 모델이 단순할수록 올라간다.
② 분석의 활용 측면에서는 Precision이 중요하며, 안정성 측면에서는 Accuracy가 중요하다.
③ 트레이드 오프(Trade off)되는 경우가 많아 사전에 고려해야 할 대상이다.
④ 모델이 복잡할수록 정밀도는 올라가지만, 해석이 어려워지므로 기준점을 사전에 정의해야 한다.

① 정확도는 모델이 복잡할수록 올라간다.
② 분석의 활용 측면에서는 Accuracy가 중요하며, 안정성 측면에서는 Precision이 중요하다.
④ 모델이 복잡할수록 정확도는 올라가지만, 해석이 어려워지므로 기준점을 사전에 정의해야 한다.

정답 ③

20 다음 중 분석 프로젝트 관리 방안에 대한 설명으로 옳지 않은 것은?

① 분석가가 분석 프로젝트에서 프로젝트 관리자의 역할을 수행하는 경우가 대부분이다.
② 주요한 사항들을 체크포인트 형태로 관리해 발생할 수 있는 이슈와 리스크를 숙지하고 사전에 방지해야 한다.
③ 프로젝트 품질을 품질통제(Quality Control)와 품질보증(Quality Assurance)으로 나누어 수행한다.
④ 외부 데이터는 비용이 적게 소요되므로 적극적으로 활용한다.

외부 데이터를 활용한 데이터 분석인 경우, 고가의 비용이 소요될 수 있으므로 충분한 사전 조사가 필요하다.

정답 ④

02 | 분석 마스터 플랜

학 ·습 ·포 ·인 ·트 --

- 분석과제 수립 기준과 평가 기준을 습득한다.
- 데이터 분석 성숙도 모델 및 수준에 따른 특징을 이해한다.
- 데이터 거버넌스 체계와 데이터 조직을 이해한다.

1절 마스터 플랜 수립

1. 분석 마스터 플랜 수립의 프레임워크

분석과제의 수행 시 그 과제의 목적이나 목표에 따라 전체적인 방향성을 제시하는 기본계획이다.

(1) 분석 마스터 플랜 수립 절차

① 과제 도출 방법을 활용해 데이터 분석과제들을 빠짐없이 정의한다.

② 분석과제의 중요도와 난이도 등을 고려해 우선순위를 결정한다.

③ 단기와 중장기로 나누어 분석 로드맵을 수립한다.

(2) 정보전략계획(ISP)

① 정보시스템 또는 정보기술을 전략적으로 활용하기 위한 중장기 마스터 플랜 수립 절차이다.

② 기업 및 공공기관에서는 중장기 로드맵을 정의하기 위해 정보전략계획을 수행한다.

③ 조직 내 외부의 환경을 분석하여 새로운 기회나 문제점을 도출한다.

④ 사용자의 요구사항을 분석하여 시스템 구축의 우선순위 등을 결정한다.

2. 수행 과제 도출 및 우선순위 평가

(1) 분석 마스터 플랜 수립 기준

구분	기준	설명
우선순위 설정	전략적 중요도	전략적 필요성과 시급성 고려 • 비즈니스 전략적 목표에 직접적인 연관 관계 여부 • 사용자 요구사항 또는 업무능률 향상을 위해 얼마나 시급히 수행되어야 하는지 확인
	비즈니스 성과	비즈니스 성과 및 ROI에 따른 투자 여부 판단
	실행 용이성	투자 및 기술의 용이성을 통해 실제로 프로젝트 추진이 가능한지 여부 분석 • 기간 및 인력, 비용 투입 용이성 • 기술의 안정성, 개발의 성숙도
로드맵 수립	업무 내재화 적용 수준	업무에 내재화할 것인지, 별도의 분석 화면으로 적용할 것인지 결정
	분석 데이터 적용 수준	내부 데이터 및 외부 데이터 범위 결정
	기술 적용 수준	분석 기술의 범위 및 방식 고려

(2) 분석과제 우선순위 평가 기준

① 분석 ROI 요소 4V

분석준비도와 성숙도 진단 결과를 통해 분석 수준을 파악하며, 이를 토대로 적용 범위와 난이도를 조정한다.

구분	ROI 요소	특징	내용
3V	투자비용 요소	데이터 크기(Volume)	양과 규모
		데이터 형태(Variety)	종류와 유형
		데이터 속도(Velocity)	생성 속도 및 처리 속도
4V	비즈니스 효과	새로운 가치(Value)	분석 결과가 창출하는 가치

② 분석 ROI 요소를 고려한 과제 우선순위 평가 기준

평가 관점	평가 요소	내용	ROI 요소
시급성	• 전략적 중요도 • 목표 가치	• 전략적 중요도에 따른 시급성 판단 • 중장기적 관점에서 전략적인 가치를 둘 것인지 판단	비즈니스 효과
난이도	• 데이터 획득, 가공, 저장 비용 • 분석 적용 비용 • 분석 수준	• 비용과 범위 측면의 난이도 파악 • 데이터 분석의 적합성 여부 확인	투자비용 요소

(3) 분석과제 우선순위 선정 및 조정

① 포트폴리오 사분면 기법 적용: 난이도와 시급성을 기준으로 분석과제 유형을 분류하여 4분면에 배치한다.

시급성	목표 가치와 전략적 중요도(= 필요성)의 부합 여부에 따른 시급성
난이도	• 현재 기업분석 수준과 데이터 수집·저장·가공·분석하는 비용을 고려한 난이도 파악 • 범위 측면과 적용비용 측면에서의 난이도를 판단기준으로 삼음

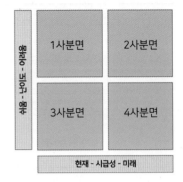

② 우선순위

3사분면이 가장 우선적으로 분석과제 적용이 필요하다. 한편, 2사분면이 가장 우선순위가 낮다. 전략적 중요도가 상대적으로 낮고, 분석과제를 바로 적용하기 어렵기 때문이다.

🔎 더 알아보기

1사분면	• 시급성-현재, 난이도-어려움 • 전략적 중요도가 높아 경영에 미치는 영향이 크므로 현재 시급하게 추진이 필요하다. • 난이도가 높아 현재 수준에서 바로 적용하기에 어렵다.
2사분면	• 시급성-미래, 난이도-어려움 • 현재 시점에서는 전략적 중요도가 높지 않지만, 중장기적 관점에서는 반드시 추진되어야 한다. • 분석과제를 바로 적용하기에는 난이도가 높다.
3사분면	• 시급성-현재, 난이도-쉬움 • 전략적 중요도가 높아 현재 시점에서 전략적 가치를 두고 있다. • 과제 추진의 난이도가 어렵지 않아 우선적으로 바로 적용할 필요성이 있다.
4사분면	• 시급성-미래, 난이도-쉬움 • 전략적 중요도가 높지 않아 중장기적 관점에서 과제 추진이 바람직하다. • 과제를 바로 적용하는 것은 어렵지 않다.

③ 적용 우선순위는 데이터의 양, 특성, 분석 범위 등에 따라 난이도를 조율할 수 있으므로 변동이 가능하다.

- 우선순위가 시급성인 경우: 3 - 4 - 2
- 우선순위가 난이도인 경우: 3 - 1 - 2

3. 이행 계획 수립

분석 로드맵이란 마스터 플랜에서 정의한 목표를 기반으로 분석과제를 수행하기 위해 필요한 기준 등을 담아 만든 종합 계획이다.

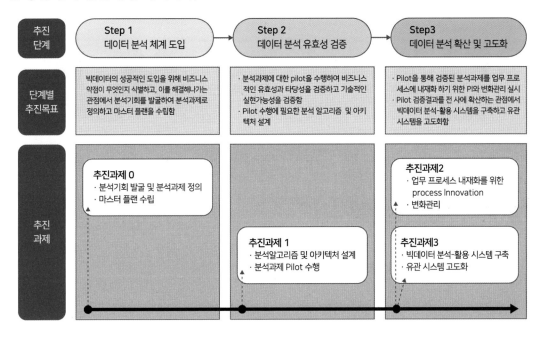

분석 로드맵

(1) 분석 로드맵 수립절차

① 최종적인 실행 우선순위를 토대로 단계적으로 구현할 수 있는 로드맵을 수립한다.

② 추진하고자 하는 목표를 명확하게 정의하고 추진 과제별 선후행 관계를 고려하여 단계별 추진 내용을 정렬한다.

(2) 세부 일정 계획 수립

① 반복적인 정제를 통해 프로젝트의 완성도를 높인다.

② 데이터 수집 및 확보와 분석 데이터 준비 단계는 차례로 진행하고, 모델링 단계는 반복적으로 수행한다.

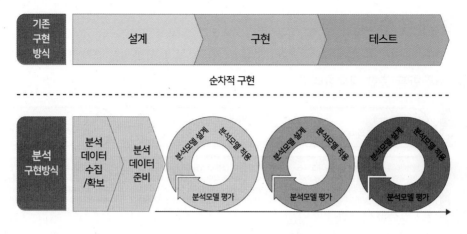

세부 분석모델(Refine Analytics Model)

2절 분석 거버넌스 체계 수립

1. 분석 거버넌스 체계 개요

● 마스터 플랜 수립 시점에서 데이터 분석의 지속적인 작용과 확산을 위한 체계를 말한다.

● 기업에서 데이터를 이용한 의사결정이 강조될수록 데이터 분석과 활용을 위한 체계적인 관리의 중요성이 대두된다.

● 단순한 데이터의 수집보다는 어떤 목적으로, 어떤 데이터를, 어떻게 분석에 활용할 것인가가 중요하다.

(1) 구성 요소

① 인적 자원(Human Resource): 분석 관련 교육 및 마인드 육성 체계

② 조직(Organization): 분석 기획 및 관리 수행

③ 프로세스(Process): 과제 기획 및 운영 절차

④ 시스템(System): 분석 관련 시스템

⑤ 데이터(Data)

> **암기 Tip**
> 분석 거버넌스 체계의 구성 요소는
> **'인조프시데'** 입니다.

2. 데이터 분석 성숙도 모델 및 수준 진단

(1) 분석준비도 프레임워크

① 기업의 데이터 분석 도입 수준을 파악하기 위한 진단 방법이다.

② 조직의 현재 데이터 분석 수준을 정확히 파악하고 해당 결과를 바탕으로 미래 목표를 정의할 때에 사용한다.

③ 총 6가지 영역으로 현재 수준을 파악하며, 각 진단 영역별로 세부 항목에 대한 수준까지 파악한다. 해당 영역을 일정 수준 이상 충족할 경우 데이터 분석 업무 도입을 권고하나, 충족되지 못한 경우라면 데이터 분석 환경을 먼저 조성해야 한다.

영역	상세 영역
분석 업무 파악	• 발생한 사실 분석 • 예측, 시뮬레이션, 최적화 분석 업무 • 분석 업무 정기적 개선
인력 및 조직	• 분석 전문가 교육 훈련 프로그램 • 관리자들의 기본적 분석 능력 • 전사 분석 업무 총괄 조직 존재 • 경영진의 분석 업무에 대한 이해 능력
분석 기법	• 업무별 적합한 분석 기법 사용 • 분석 업무 도입 방법론 • 분석 기법 라이브러리 • 분석 기법 효과성 평가 및 정기적 개선
분석 데이터	• 분석 업무를 위한 데이터의 충분성·적시성·신뢰성 • 비구조적 데이터 관리 • 외부 데이터 활용 체계 • 기준 데이터 관리(MDM)
분석 문화	• 사실에 근거한 의사결정 • 관리자의 데이터 중시 • 회의 등에서 데이터 활용 • 경영진의 직관보다 데이터 활용 선호 • 데이터 공유 및 협업 문화
IT 인프라	• 운영 시스템 데이터 통합 • EAI, ETL 등 데이터 유통 체계 • 분석전용 서버 및 스토리지 • 빅데이터 분석 환경 • 통계 분석 환경 • 비주얼 분석 환경

(2) 조직 분석 성숙도 단계

① 데이터 분석 능력 및 데이터 분석 결과 활용에 대한 조직의 성숙도 수준을 평가하여 단계적으로 나타낸다.

Tip
각 단계의 부문별 특징을 키워드로 파악해야 합니다.

도입 단계	활용 단계	확산 단계	최적화 단계
데이터 분석을 시작하여 환경 및 시스템을 구축하는 단계	분석 결과를 실제 업무에 적용하는 단계	전사 차원에서 분석 관리 및 공유 단계	분석을 진화시켜 혁신 및 성과 향상에 기여하는 단계

② 조직·역량 부문, 비즈니스 부문, IT 부문을 대상으로 성숙도 수준을 평가한다.

단계	부문	특징
도입 단계	조직 역량 부문	• 일부 부서에서 수행 • 담당자 역량에 의존
	비즈니스 부문	• 실적분석 및 통계 • 정기 보고
	IT 부문	• Data Warehouse • Data Mart • ETL/EAI • OLAP
활용 단계	조직 역량 부문	• 담당 부서에서 수행 • 분석 기법 도입
	비즈니스 부문	• 미래결과 예측 • 시뮬레이션
	IT 부문	• 실시간 대시보드 • 통계분석 환경
확산 단계	조직 역량 부문	• 전사 모든 부서 시행 • 분석 전문가 조직 운영 • 데이터 사이언티스트 확보
	비즈니스 부문	• 전사 성과 실시간 분석 제공 • 분석규칙 및 이벤트 관리
	IT 부문	• 빅데이터 관리 환경 • 시뮬레이션 최적화 • 비주얼 분석 • 분석 전용 서버
최적화 단계	조직 역량 부문	• 데이터 사이언스 그룹 • 경영진 분석 활용 및 전략 연계
	비즈니스 부문	• 외부 환경분석 활용 • 최적화 업무 적용
	IT 부문	• 분석 협업 환경 • 분석 샌드박스(Sandbox)

(3) 분석 수준 진단 결과

① 성숙도와 준비도에 따라 4가지 유형으로 분석 수준 진단 결과를 구분한다.

실전 Tip
분석수준 진단 결과와 그 내용을 연결하여 이해해야 합니다.

② 현재 데이터 분석 수준에 대한 목표나 방향을 정의할 수 있으며, 유형별 특성에 따라 개선 방안을 수립할 수 있다.

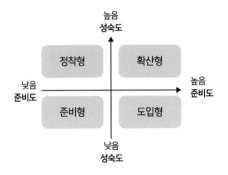

사분면 분석(Analytics Quadrant)

준비형	• 낮은 준비도와 낮은 성숙도 수준에 있는 기업 • 데이터, 인력, 조직, 분석 업무 등이 적용되어 있지 않아 사전 준비가 필요한 기업
정착형	준비도는 낮으나 조작 인력, 분석 업무, 분석 기법 등을 기업 내부에서 일부 사용하고 있어 일차적으로 정착이 필요한 기업
도입형	• 기업에서 활용하는 분석 업무, 기법 등은 부족하지만 적용 조직 등의 준비도가 높은 기업 • 바로 도입 가능
확산형	• 기업의 데이터 분석에 필요한 6가지 분석 구성 요소를 갖춘 기업 • 지속적인 확산이 필요한 기업

3. 분석 지원 인프라 방안 수립

장기적이고 안정적으로 활용할 수 있는 확장성을 고려한 플랫폼 구조를 도입한다.

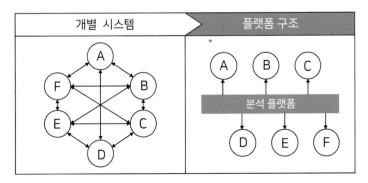

(1) 플랫폼

① 분석 서비스를 위한 응용프로그램이 실행될 수 있는 기초를 이루는 컴퓨터 시스템이다.

② 일반적으로 하드웨어에 탑재되어 데이터 분석에 필요한 프로그래밍 환경과 실행 및 서버 환경을 제공하는 역할을 수행한다.

③ 플랫폼이 구성되어 있다면 새로운 데이터에 대한 분석 니즈가 있을 경우 서비스를 추가로 제공하는 방식으로 확장성을 높인다.

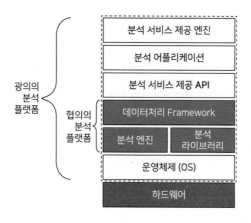

분석 플랫폼 구성 요소

(2) 플랫폼 구조의 장점

① 분석 플랫폼을 활용한 공동 기능을 활용할 수 있다.

② 중앙집중적 데이터 관리가 가능하다.

③ 시스템 간 인터페이스를 최소화할 수 있다.

4. 데이터 거버넌스 체계 수립

기업에서 사용하는 데이터의 가용성·유용성·통합성·보안성을 관리하기 위한 정책과 프로세스를 다루며 사람이 취해야 하는 조치, 따라야 하는 프로세스, 데이터의 전체 수명 주기 동안 이를 지원하는 기술이 포함된다.

(1) 특징

① 데이터의 유용성, 가용성, 통합성, 보안성, 안정성을 확보할 수 있다.

② 전사 차원의 IT 거버넌스이다.

(2) 데이터 거버넌스의 구성 요소

원칙	• 데이터를 유지 및 관리하기 위한 가이드 • 보안, 변경 관리, 품질 기준 등의 지침
조직	• 데이터를 관리하는 조직의 역할과 책임 • 데이터베이스 관리자, 데이터 아키텍처 등
프로세스	• 데이터 관리를 위한 체계 • 작업절차, 측정 활동, 모니터링 등

(3) 데이터 거버넌스 체계

데이터 표준화	• 데이터 표준 용어 설명, 명명 규칙, 메타 데이터 구축, 데이터 사전을 구축한다. • 데이터 표준 준수 진단, 논리 및 물리 모델 표준에 맞는지 검증한다.
데이터 관리 체계	• 메타 데이터와 데이터 사전의 관리 기준 수립 및 이에 따른 상세 프로세스를 수립한다. • 데이터 관리 및 원활한 운영을 위해 조직 및 담당자별 책임과 역할을 구체적으로 구분한다. • 데이터 생명주기 관리 방안을 수립한다.
데이터 저장소 관리	• 메타 데이터 및 표준 데이터 관리를 위한 전 사원의 저장소를 구축한다. • 저장소는 데이터 관리 체계 지원을 위해 작업 흐름(Work Flow) 및 관리용 애플리케이션(Application)을 지원해야 한다. • 인터페이스를 통한 관리 대상 시스템의 통제가 가능해야 한다. • 데이터 구조 변경에 따른 사전 영향 평가 등을 수행해야 한다.
표준화 활동	• 데이터 거버넌스 체계의 구축 후 표준 준수 여부를 주기적으로 점검한다. • 데이터 거버넌스의 조직 내 장기적인 정착을 위해 변화를 관리하고 계속적으로 교육을 진행해야 한다. • 지속적인 데이터 표준화 활동을 통해 데이터 거버넌스의 실용성을 증가시켜야 한다.

5. 데이터 조직 및 인력 방안 수립

(1) 분석 조직개요

수립 내용	설명
목표	기업의 경쟁력 확보를 위하여 비즈니스 질문(Question)과 이에 부합하는 가치(Value)를 찾고 비즈니스를 최적화(Optimization)하는 것
역할	전사 및 부서의 분석 업무를 발굴하고 전문적 기법과 분석 도구를 활용하여 기업 내 존재하는 빅데이터 속에서 인사이트를 찾아 전파하고 이를 실행하는 것
구성	기초통계학 및 분석 방법에 대한 지식과 분석 경험을 가지고 있는 인력으로 전사 또는 부서 내 조직을 구성하여 운영

(2) 조직 구조 및 인력 구성 시 고려사항

구분	주요 고려사항
조직구조	• 비즈니스 질문(Question)을 선제적으로 찾아낼 수 있는 구조인가? • 분석 전담 조직과 타 부서 간 유기적인 협조와 지원이 원활한 구조인가? • 효율적인 분석 업무를 수행하기 위한 분석 조직의 내부 조직구조는 무엇인가? • 전사 및 단위 부서가 필요 시 접촉하며 지원할 수 있는 구조인가? • 어떤 형태의 조직(중앙집중형, 분산형)으로 구성하는 것이 효율적인가?
인력 구성	• 비즈니스 및 IT 전문가의 조합으로 구성되어야 하는가? • 어떤 경험과 스킬을 갖춘 사람으로 구성해야 하는가? • 통계적 기법 및 분석 모델링 전문 인력을 별도로 구성해야 하는가? • 전사 비즈니스를 커버하는 인력이 없다면 대안은 무엇인가? • 전사 분석 업무에 대한 적합한 인력 규모는 어느 정도인가?

(3) 조직구조의 특징

Tip

조직구조와 특징을 그림과 함께 암기해야
합니다.

① 기능 구조

• 일반적인 형태로, 별도의 분석 조직이 없고 해당 부서에서 분석을 수행한다.
• 전사적 핵심 분석이 어려우며 과거에 국한된 분석을 수행한다.

② 집중 구조

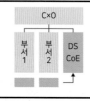

• 전사의 분석 업무를 별도의 분석 전담 조직에서 담당한다.
• 전략적 중요도에 따라 분석 조직이 우선순위를 정해서 진행할 수 있다.
• 현업 업무 부서의 분석 업무와 중복 및 이원화 가능성이 있다.

③ 분산 구조

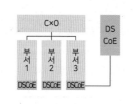

• 분석 조직 인력들을 현업 부서로 직접 배치해 분석 업무를 수행한다.
• 전사 차원의 우선순위를 수행한다.
• 분석 결과에 따른 신속한 피드백이 나오고, 베스트 프랙티스(Best Practice)를 공유할 수 있다.
• 업무 과다와 이원화 가능성이 존재할 수 있으므로 각 부서의 분석 업무와 역할 분담이 명확해야 한다.
• 다수의 데이터 분석 엔지니어가 필요하다.

6. 분석과제 관리 프로세스 수립

① 분석 마스터 플랜이 수립되고 초기 데이터 분석과제가 성공적으로 수행되는 경우, 지속적인 분석 니즈 및 기회가 분석과제 형태로 도출되며, 이를 체계적으로 관리하기 위한 프로세스를 수립해야 한다.

② 지속적이고 체계적인 분석과제 관리 프로세스를 수행함으로써 조직 내 분석 문화를 내재화하고, 경쟁력을 확보할 수 있다.

③ 과제를 진행하면서 시사점(Lesson Learned)을 포함한 결과물을 풀(Pool)에 잘 축적·관리하여 유사한 분석과제 수행 시 시행착오를 최소화하고 프로젝트를 효율적으로 진행해야 한다.

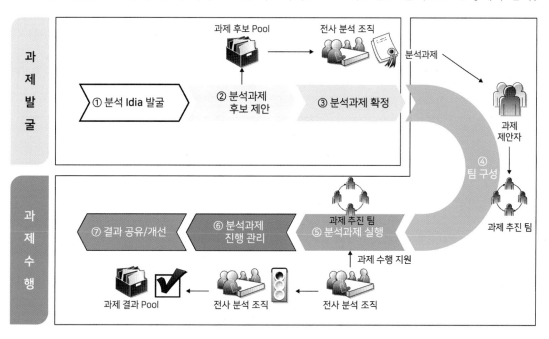

(1) 과제 발굴

개별 조직이나 개인이 도출한 분석 아이디어를 발굴하고, 이를 과제화하여 분석과제 풀(Pool)로 관리하면서 분석 프로젝트를 선정하는 작업을 수행한다.

(2) 과제 수행 및 모니터링

분석을 수행할 팀을 구성하고 분석과제를 실행한다. 이 과정에서 지속적인 모니터링과 과제 결과를 공유하고 개선하는 절차를 수행한다.

7. 분석 교육 및 변화 관리

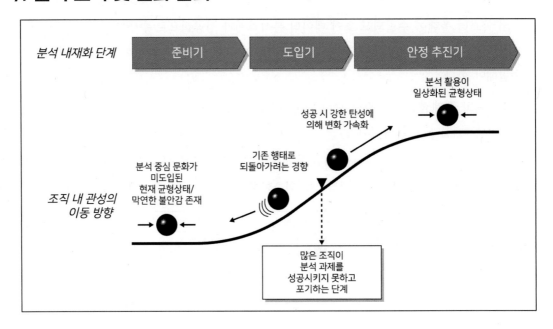

분석 내재화 단계 ▸ 준비기 ▸ 도입기 ▸ 안정 추진기

분석 활용이
일상화된 균형상태

성공 시 강한 탄성에
의해 변화 가속화

기존 행태로
되돌아가려는 경향

분석 중심 문화가
미도입된
현재 균형상태/
막연한 불안감 존재

조직 내 관성의
이동 방향

많은 조직이
분석 과제를
성공시키지 못하고
포기하는 단계

분석 도입에 대한 문화적 대응

① 기업에 맞는 적합한 분석 업무를 도출하고 가치를 높여줄 수 있도록 분석 조직 및 인력에 대한 지속적인 교육과 훈련을 실시해야 한다.

② 경영층이 데이터에 기반한 의사결정을 할 수 있는 기업 문화를 정착시키려는 변화와 관리를 지속적으로 계획하고 수행해야 한다.

③ 분석 역량을 확보하고 강화하는 것에 초점을 맞추어 진행해야 한다.

④ 구성원들이 직접 데이터를 보거나 분석하고 가설을 검증할 수 있는 능력을 갖춰 데이터 활용을 통한 비즈니스 가치를 전사적으로 확대해야 한다.

> **더 알아보기**
>
> **데이터 분석 방법 및 분석적 사고 교육**
> • 창의적 사고 및 문제 해결을 위한 체계적 접근법 숙지
> • 데이터 분석기회 발굴 및 과제 정의 방법 이해
> • 다양한 빅데이터 분석 기법의 활용
> • 빅데이터 개념 및 관련 기술의 습득

창의적 사고 및 문제해결을 위한
체계적 접근법 숙지

데이터 분석 기회 발굴 및
과제 정의 방법 이해

다양한 빅데이터 분석 기법의 활용

빅데이터 개념 및 관련 기술의 습득

비즈니스 분석 기회 발굴 및 구체화 과정에 대한 교육을 통해 비즈니스
현업 주도의 프로젝트 수행에 의한 가장 실용적인 분석 도출

분석 기회 발굴 및 구체화 방법

분석 데이터 수집 및 가공 방법

분석 시나리오 작성 방법

데이터 Mash-Up을 통한
분석 정확도 및 품질 강화 방법

전사 목표 최적화를 위한
분석의 균형 고려 방법

분석 아키텍쳐 설계 고려사항

분석 기법 정의 방법

비주얼 분석을 통한 패턴 분석하기

분석 기회 적용에 대한 ROI 평가 방법

프로세스에 분석 내재화 하기

프로젝트의 주도적 참여

상시적 분석 역량/문화 강화

분석 Tool에 대한 교육이 아닌, 분석적 사고·분석 방법·분석을 통한 업무 실행
방식에 대한 교육을 통한 본원적 분석 역량 강화 및 분석 문화 확산

데이터 분석 방법 및 분석적 사고 교육

01 분석 마스터 플랜 수립 프레임워크에 대한 설명으로 옳지 <u>않은</u> 것은?

① 우선순위 설정 기준에는 업무 내재화 적용 수준, 분석 데이터 적용 수준, 기술 적용 수준이 있다.

② 분석과제를 수행함에 있어 그 과제의 목적이나 목표에 따라 전체적인 방향성을 제시하는 기본 계획이다.

③ 분석과제의 중요도와 난이도 등을 고려해 우선순위를 결정한다.

④ 단기와 중장기로 나누어 분석 로드맵을 수립한다.

분석 마스터 플랜 수립 기준	
우선순위 설정	• 전략적 중요도 • 비즈니스 성과 및 ROI • 실행 용이성
로드맵 수립	• 업무 내재화 적용 수준 • 분석 데이터 적용 수준 • 기술 적용 수준

정답 ①

02 빅데이터의 3V에 해당하지 <u>않는</u> 것은?

① Value   ② Volume

③ Velocity   ④ Variety

분석 ROI 요소		
구분	ROI 요소	특징
3V	투자비용 요소	데이터 크기(Volume)
		데이터 형태(Variety)
		데이터 속도(Velocity)
4V	비즈니스 효과	새로운 가치(Value)

정답 ①

03 분석과제에 대한 난이도와 시급성을 고려했을 때 최우선으로 추진해야 하는 것은?

① 난이도: 쉬움, 시급성: 현재

② 난이도: 쉬움, 시급성: 미래

③ 난이도: 어려움, 시급성: 현재

④ 난이도: 어려움, 시급성: 미래

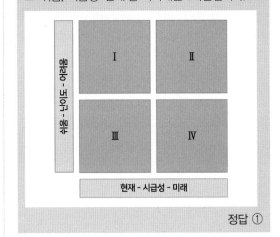

사분면 영역에서 난이도와 시급성을 모두 고려할 때 가장 우선적인 분석과제 적용이 필요한 영역은 '난이도: 쉬움, 시급성: 현재'를 나타내는 3사분면이다.

정답 ①

04 난이도와 시급성을 고려한 포트폴리오 사분면 분석 기법에 대한 설명으로 옳지 <u>않은</u> 것은?

① 범위 측면과 적용 비용 측면에서의 난이도를 판단 기준으로 삼는다.

② 우선순위 기준을 난이도에 둘 경우 순서는 3-1-4이다.

③ 우선순위 기준을 시급성에 둘 경우 순서는 3-4-2이다.

④ 시급성은 목표 가치와 전략적 중요도의 부합 여부를 판단 기준으로 삼는다.

우선순위 기준을 난이도에 둘 경우 순서는 3-1-2이다.

정답 ②

05 데이터 분석과제 우선순위 설정 시 고려해야 할 요소로 옳지 <u>않은</u> 것은?

① 목표 가치
② 실행 용이성
③ ROI
④ 기술 적용 수준

분석 마스터 플랜 수립 기준

우선순위 설정	• 전략적 중요도 • 비즈니스 성과 및 ROI • 실행 용이성
로드맵 수립	• 업무 내재화 적용 수준 • 분석 데이터 적용 수준 • 기술 적용 수준

정답 ④

---

06 분석준비도는 기업의 데이터 분석 도입 수준을 파악하기 위한 진단 방법으로 총 6가지 영역을 대상으로 현 수준을 파악한다. 보기의 내용은 분석준비도의 어떤 영역인가?

> • 비구조적 데이터 관리
> • 외부 데이터 활용체계
> • 기준 데이터 관리(MDM)

① 분석 기법
② 분석 업무
③ 분석 데이터
④ 분석 문화

분석준비도 프레임워크의 분석 데이터
• 분석 업무를 위한 데이터 충분성, 적시성, 신뢰성
• 비구조적 데이터 관리
• 외부 데이터 활용 체계
• 기준 데이터 관리(MDM)

정답 ③

---

07 다음은 조직 분석 성숙도 단계의 일부이다. ○○에 해당하는 것은?

구분	○○단계
조직 역량 부문	• 담당 부서에서 수행 • 분석 기법 도입
비즈니스 부문	• 미래결과 예측 • 시뮬레이션
IT 부문	• 실시간 대시보드 • 통계 분석 환경

① 도입 단계
② 활용 단계
③ 확산 단계
④ 최적화 단계

분석 결과를 실제 업무에 적용하는 활용 단계에 대한 내용이다.

정답 ②

---

08 집중형 조직구조에 대한 설명으로 <u>틀린</u> 것은?

① 전략적 중요도에 따라 분석 조직이 우선순위를 정해서 진행할 수 있다.
② 현업 부서의 분석 업무와 이원화될 가능성이 높다.
③ 전사의 분석 업무를 별도의 분석 전담 조직에서 담당한다.
④ 다수의 데이터 분석 엔지니어가 필요하다.

---

①, ②, ③은 집중형 조직구조, ④는 분산형 조직구조에 대한 설명이다.

정답 ④

09 다음 보기가 설명하는 데이터 분석을 위한 조직구조는?

> • 현업 업무부서의 분석 업무와 이중화, 이원화 가능성이 높다.
> • 전사 분석 업무를 별도의 분석 전담 조직에서 담당한다.
> • 전략적인 중요도에 따라 분석 조직이 우선순위를 정해서 진행할 수 있다.

① 분산 구조
② 집중 구조
③ 기능 구조
④ 전사 구조

> 집중 구조에 대한 설명이다.
>
> 정답 ②

10 데이터 거버넌스의 구성 요소로 옳지 않은 것은?

① 원칙
② 조직
③ 인력
④ 프로세스

데이터 거버넌스의 구성 요소	
원칙	• 데이터를 유지 및 관리하기 위한 가이드 • 보안, 변경관리, 품질기준 등의 지침
조직	• 데이터를 관리하는 조직의 역할과 책임 • 데이터베이스 관리자, 데이터 아키텍처 등
프로세스	• 데이터 관리를 위한 체계 • 작업절차, 측정활동, 모니터링 등

정답 ③

11 데이터 관리 체계에 대한 설명으로 가장 거리가 먼 것은?

① 메타 데이터와 데이터 사전의 관리 기준 수립 및 이에 따른 상세 프로세스를 수립한다.
② 데이터 생명주기 관리 방안을 수립한다.
③ 데이터 관리 및 원활한 운영을 위해 조직 및 담당자별 책임과 역할을 구체적으로 구분한다.
④ 데이터 거버넌스 체계 구축 후 표준 준수 여부를 주기적으로 점검한다.

> ①, ②, ③는 데이터 관리 체계, ④는 데이터 표준화 활동에 대한 내용이다.
>
> 정답 ④

12 데이터 거버넌스 체계 중 데이터 표준화 활동에 대한 설명으로 가장 올바른 것은?

① 인터페이스를 통한 관리 대상 시스템의 통제가 가능해야 한다.
② 데이터 거버넌스의 조직 내 장기적인 정착을 위해 변화를 관리하고 계속하여 교육을 진행해야 한다.
③ 메타 데이터 및 표준 데이터 관리를 위한 전 사원의 저장소를 구축한다.
④ 데이터 구조 변경에 따른 사전 영향 평가 등을 수행해야 한다.

> ①, ③, ④는 데이터 저장소 관리에 관한 내용이다.
>
> 정답 ②

13 분석과제 관리 프로세스 수립에 대한 설명으로 가장 옳지 <u>않은</u> 것은?

① 과제 수행 및 모니터링 단계에서는 분석을 수행할 팀을 구성하고 분석과제 실행 시 지속적인 모니터링과 과제 결과를 공유하고 개선하는 절차를 수행한다.
② 지속적이고 체계적인 분석과제 관리 프로세스를 수행함으로써 조직 내 분석 문화를 내재화하고 경쟁력을 확보할 수 있다.
③ 분석 마스터 플랜이 수립되고 초기 데이터 분석과제가 성공적으로 수행되는 경우, 지속적인 분석 니즈 및 기회가 분석과제 형태로 도출된다.
④ 유사한 분석과제 수행 시 기존과 상이한 방법으로 프로젝트를 수행해야 한다.

> 과제를 진행하면서 만들어진 시사점(Lesson Learned)을 포함한 결과물을 풀(Pool)에 잘 축적하고 관리하여 유사한 분석과제 수행 시 시행착오를 최소화하고 프로젝트를 효율적으로 진행할 수 있다.
>
> 정답 ④

14 다음 중 조직의 분석 수준 진단과 그 설명이 옳게 연결된 것은?

① 준비형 – 준비도는 낮으나 조직 인력, 분석 업무, 분석 기법 등을 기업 내부에서 일부 사용하고 있다.
② 정착형 – 바로 도입이 가능하다.
③ 도입형 – 기업에서 활용하는 분석 업무, 기법 등은 부족하지만 적용 조직 등의 준비도가 높은 기업
④ 확산형 – 데이터, 인력, 조직, 분석 업무 등이 적용되어 있지 않아 사전 준비가 필요한 기업

조직의 분석 수준 진단	
준비형	• 낮은 준비도와 낮은 성숙도 수준에 있는 기업 • 데이터, 인력, 조직, 분석 업무 등이 적용되어 있지 않아 사전 준비가 필요한 기업
정착형	준비도는 낮으나 조직 인력, 분석 업무, 분석 기법 등을 기업 내부에서 일부 사용하고 있어 일차적으로 정착이 필요한 기업
도입형	• 기업에서 활용하는 분석 업무, 기법 등은 부족하지만 적용 조직 등의 준비도가 높은 기업 • 바로 도입 가능
확산형	• 기업의 데이터 분석에 필요한 6가지 분석 구성 요소를 갖춘 기업 • 지속적인 확산이 필요한 기업

정답 ③

3과목

데이터 분석

01 R 기초와 데이터 마트

학 ·습 ·포 ·인 ·트 --

• R의 기본 구조와 문법을 이해한다.

1절 R 기초와 데이터 마트

1. R 기초

(1) R

통계분석 과정에서 수행되는 복잡한 계산 또는 시각화 기법을 쉽게 사용할 수 있도록 설계된 무료 소프트웨어로, 통계 프로그래밍 언어인 S 언어를 기반으로 만들어졌다.

(2) R의 특징

> **실전 Tip**
> R의 특징을 기억해야합니다.

그래픽 처리	• 상용 소프트웨어에 버금가는 그래프와 그림 제공 • 처리 시간이 매우 빨라 다양한 용도에 맞춰 사용 가능
데이터 처리 및 계산능력	• 벡터, 행렬, 배열, 데이터 프레임, 리스트 등 다양한 형태의 데이터 구조 지원 • 복잡한 구조 내의 개별 데이터에 접근하는 절차가 간단해 큰 데이터 핸들링이 간편함
패키지	• 사용자들이 스스로 개발하는 새로운 함수들을 패키지의 형태로 내려받아 사용 • 패키지는 하나의 목적으로 제작되며, 패키지에는 해당 분석에 필요한 과정들을 수행할 수 있는 함수가 포함되어 있음 • 확장성으로 인해 최신 이론 및 기법 사용이 용이 • 고급 그래픽 기능 사용 가능

(3) R 스튜디오(R-Studio)

① R을 사용하는 통합 개발 환경이다.

② 메모리에 저장되어 있는 변수의 정보에 바로 접근해 변수 내 값을 확인·수정할 수 있다.

③ 다양한 운영체제를 지원하는 무료 프로그램이다.

④ 스크립트를 관리하고 문서화하기가 수월하다.

2. R 기초 문법

(1) 변수(Variable)

특정 범위 안에서 다양하게 변하는 값을 의미한다.

① <- (할당 연산자)를 이용해 생성

 따라하기

```
vector <- c(0,1,2)
vector
```

실행 결과

```
[1] 0 1 2
```

② 변수명 규칙

- 첫 문자는 영문자 또는 마침표이어야 한다.

- 첫 문자에는 숫자 및 _(밑줄 문자)를 사용할 수 없다.

- 마침표와 _(밑줄 문자)를 제외한 특수문자는 사용할 수 없다.

- 대문자와 소문자는 구분된다.

- 변수명 중간에 공란은 없다.

(2) 데이터 타입

숫자형	• 숫자로만 이루어진 데이터 • 정수(Integer), 실수(Double) 형태로 저장
문자형	문자로만 이루어진 데이터
논리형	TRUE 또는 FALSE의 논리값으로 이루어진 데이터

3. 데이터 구조

(1) 벡터(Vector)

기본적인 데이터 단위로, 1차원이며 같은 데이터 타입을 가진 원소들만 저장할 수 있다.

① c() 함수를 이용해 생성: 변수명 <- c(값)

 따라하기

```
vector <- c(0,1,2)
vector
```

실행 결과

```
[1] 0 1 2
```

숫자형 벡터	• 실수 범위에 해당하는 모든 숫자로 이루어진 데이타
문자형 벡터	• 문자로 이루어진 데이터 • 문자 데이터를 따옴표로 감싼 형식
논리형 벡터	• TRUE 또는 FALSE의 논리값으로 이루어진 데이터 • 데이터 값 비교 시 사용

 따라하기

```
vector <- c('0','1','2')
vector
```

실행 결과

```
[1] "0", "1", "2"
```

② 벡터 문법

- rep: 반복 함수
- seq: 수열 함수
- substr: 문자열 추출

③ 벡터 연산

- 벡터는 모든 요소에 연산을 적용한다.

- 벡터 간 연산 수행 시 같은 위치의 원소를 대응시켜 계산한다.

- 저장하고 있는 원소의 개수가 다른 경우 원소의 개수가 적은 벡터의 부족한 자릿수가 채워질 때까지 반복한 후 계산한다.

(2) 리스트(List)

리스트는 (키, 값) 형태로 데이터를 저장하는 1차원 데이터로, R의 모든 객체를 동시에 담을 수 있는 데이터 구조이다. 벡터, 데이터 프레임, 리스트 등을 저장할 수 있다.

① list() 함수를 이용해 생성

 따라하기

```
list1 <- list(c(0,1,2), "ADsP")
list1
```

실행 결과
```
[[1]]
[1] 0, 1, 2

[[2]]
[1] "ADsP"
```

(3) 행렬과 배열

- 행렬: 2차원 벡터로 행과 열로 구성된 단일형 데이터

- 배열: 행렬을 n차원으로 확대한 다차원 데이터

① matrix() 함수를 이용해 행렬 생성: matrix(벡터, nrow, ncol)

- 벡터: 행렬에 저장할 데이터

- nrow: 행의 개수

- ncol: 열의 개수

```
vec <- c(1, 2, 3, 4, 5, 6)
mat <- matrix(vec, nrow = 2, ncol = 3)
mat
```

실행 결과

```
     [,1] [,2] [,3]
[1,]   1    3    5
[2,]   2    4    6
```

② array()함수를 이용해 배열 생성: array(변수명, dim=c(행 수, 열 수, 차원 수))

```
vec <- c(1, 2, 3, 4, 5, 6, 7, 8)
arr <- array(vec, dim = c(2, 2, 2))
arr
```

실행 결과

```
, , 1

     [,1] [,2]
[1,]   1    3
[2,]   2    4

, , 2

     [,1] [,2]
[1,]   5    7
[2,]   6    8
```

(4) 데이터 프레임(Data Frame)

벡터들의 집합으로 행과 열을 가지는 표 형식으로, 서로 다른 형태의 데이터를 묶을 수 있는 다중형 데이터 세트이다.

① data.frame() 함수를 이용해 생성: data.frame(변수명1, 변수명2, …, 변수명n)

```
# 벡터 생성
name <- c("A", "B", "C")
age <- c(25, 30, 35)

# 데이터 프레임 생성
df <- data.frame(Name = name, Age = age)
print(df)
```

```
  Name Age
1    A  25
2    B  30
3    C  35
```

4. 데이터 핸들링

(1) 데이터 연산자

① 산술 연산자(Arithmetic Operator): 숫자를 계산할 때 사용한다.

연산자	기능
+	더하기
−	빼기
*	곱하기
/	나누기
%/%	몫
%%	나머지
**	제곱
^	지수

```r
# 변수 설정
a <- 10
b <- 3

# 덧셈
addition <- a + b

# 뺄셈
subtraction <- a - b

# 곱셈
multiplication <- a * b

# 나눗셈
division <- a / b

# 몫
quotient <- a %/% b

# 나머지
modulus <- a %% b

# 제곱
square <- x ** 2

# 지수
exponentiation <- a ^ b

# 결과 출력
print(paste("덧셈:", addition))
print(paste("뺄셈:", subtraction))
print(paste("곱셈:", multiplication))
print(paste("나눗셈:", division))
print(paste("몫:", quotient))
print(paste("나머지:", modulus))
print(paste("제곱:", square))
print(paste("지수:", exponentiation))
```

```
[1] "덧셈: 13"
[1] "뺄셈: 7"
[1] "곱셈: 30"
[1] "나눗셈: 3.33333333333333"
[1] "몫: 3"
[1] "나머지: 1"
[1] "제곱: 100"
[1] "지수: 1000"
```

② 관계 연산자(Relational Operator)

- '비교 연산자'라고도 하며, 변수 간 또는 변수와의 값을 비교한다.

- TRUE 또는 FALSE의 값으로 결과를 출력한다.

연산자	기능
〉	크다.
〉=	크거나 같다.
〈	작다.
〈=	작거나 같다.
==	같다.
!=	같지 않다.
!	아니다.

따라하기

```
# 변수 설정
a <- 5
b <- 3

# 동등 비교(==)
equal <- a == b

# 부등 비교(!=)
not_equal <- a != b

# 크기 비교(>, >=, <, <=)
greater_than <- a > b
greater_than_or_equal <- a >= b
less_than <- a < b
```

```
less_than_or_equal <- a <= b

# 결과 출력
print(paste("동등 비교:", equal))
print(paste("부등 비교:", not_equal))
print(paste("크기 비교(>):", greater_than))
print(paste("크기 비교(>=):", greater_than_or_equal))
print(paste("크기 비교(<):", less_than))
print(paste("크기 비교(<=):", less_than_or_equal))
```

실행 결과

```
[1] "동등 비교: FALSE"
[1] "부등 비교: TRUE"
[1] "크기 비교(>): TRUE"
[1] "크기 비교(>=): TRUE"
[1] "크기 비교(<): FALSE"
[1] "크기 비교(<=): FALSE"
```

③ 논리 연산자(Logical Operator): 논리값을 다시 연산할 때 사용한다.

연산자	기능
&	그리고
|	또는

따라하기

```
# 변수 설정
a <- TRUE
b <- FALSE

# AND(&)
and_result <- a & b

# OR(|)
or_result <- a | b

# NOT(!)
not_result_a <- !a
not_result_b <- !b

# 결과 출력
```

```
print(paste("AND(&) 결과:", and_result))
print(paste("OR(|) 결과:", or_result))
print(paste("NOT(!) 결과 (a):", not_result_a))
print(paste("NOT(!) 결과 (b):", not_result_b))
```

```
[1] "AND(&) 결과: FALSE"
[1] "OR(|) 결과: TRUE"
[1] "NOT(!) 결과 (a): FALSE"
[1] "NOT(!) 결과 (b): TRUE"
```

(2) 데이터 결합

① rbind

- 벡터, 행렬, 데이터 프레임의 행을 결합하여 새로운 행렬 또는 데이터 프레임을 생성한다.

- rbind(데이터1, 데이터2, …)

따라하기

```
# 벡터 생성
vec1 <- c(1, 2, 3)
vec2 <- c(4, 5, 6)

# 데이터 프레임 생성
df1 <- data.frame(A = c(7, 8, 9), B = c(10, 11, 12))

# rbind() 함수를 사용하여 벡터와 데이터 프레임을 결합
result <- rbind(vec1, vec2, df1)
print(result)
```

```
    A  B
1   1  2
2   2  3
3   3  4
4   7 10
5   8 11
6   9 12
```

② cbind

- 벡터, 행렬, 데이터 프레임의 열을 결합하여 새로운 행렬 또는 데이터 프레임을 생성한다.
- cbind(데이터1, 데이터2, …)

따라하기

```
# 벡터 생성
vec1 <- c(1, 2, 3)
vec2 <- c(4, 5, 6)

# 데이터 프레임 생성
df1 <- data.frame(A = c(7, 8, 9), B = c(10, 11, 12))

# cbind() 함수를 사용하여 벡터와 데이터 프레임을 결합
result <- cbind(vec1, vec2, df1)
print(result)
```

실행 결과

```
vec1 vec2   A    B
   1    4   7   10
   2    5   8   11
   3    6   9   12
```

(3) 데이터 변환

① 데이터 유형 변환

함수	내용
as.character(x)	x를 문자형으로 변환
as.numeric(x)	x를 숫자형으로 변환 • x가 논리형일 경우 TRUE는 1로, FALSE는 0으로 변환
as.double(x)	x를 실수형으로 변환
as.integer(x)	x를 정수형으로 변환 • x가 실수이면 소수점을 버림 • x가 논리형이면 TRUE는 1로, FALSE는 0으로 변환
as.logical(x)	x를 논리형으로 변환 • x가 숫자형인 경우 0이면 FALSE, 0이 아닐 경우 TRUE로 변환

```
# as.character()
x <- 123
result <- as.character(x)
print(result)

# as.numeric()
x <- c(10, 20, 30, TRUE, FALSE)
result <- as.numberic(x)
print(result)

# as.double()
x <- 123
result <- as.double(x)
print(result)

# as.integer()
x <- 123.45
result <- as.integer(x)
print(result)

# as.logical()
x <- 0
result <- as.logical(x)
print(result)
```

실행 결과

```
[1] "123"
[1] 10 20 30  1  0
[1] 123
[1] 123
[1] FALSE
```

② 데이터 자료 구조 변환

함수	내용
as.data.table(x)	x를 데이터 테이블로 변환
as.list(x)	x를 리스트로 변환
as.matrix(x)	x 데이터를 행렬로 변환
as.vector(x)	x 데이터를 벡터로 변환 • x가 행렬일 때 열 순서대로 변환

5. 데이터 마트(Data Mart)

(1) 데이터 마트

① 데이터의 한 부분으로서 특정 사용자가 관심을 갖는 데이터들을 담은 비교적 작은 규모의 데이터 웨어하우스를 말한다.

② 일반적인 데이터베이스 형태로 갖고 있는 다양한 정보를 사용자의 요구 항목에 따라 체계적으로 분석하여 기업의 경영활동을 돕는다.

③ 데이터 웨어하우스와 데이터 마트의 구분은 사용자의 기능 및 제공 범위를 기준으로 한다.

(2) 패키지(Pakage)

● 함수, 데이터, 코드 등을 모은 집합이다.

● install.packages 함수를 이용해 패키지를 설치한다.

● library 함수로 패키지를 메모리에 불러온다.

① reshape2

    ● 데이터 재정렬을 수행하고 모든 정보를 그대로 유지하는 패키지이다.

    ● melt와 cast만으로 데이터를 재구성하거나 밀집화된 데이터를 유연하게 생성해 준다.

 따라하기

```
> print(data)
  ID Age Height Weight
1  1  25    170     65
2  2  30    165     70
3  3  35    180     75

> melted_data <- melt(data, id.vars = "ID")
> print(melted_data)
```

```
  ID variable value
1 1      Age    25
2 2      Age    30
3 3      Age    35
4 1   Height   170
5 2   Height   165
6 3   Height   180
7 1   Weight    65
8 2   Weight    70
9 3   Weight    75
```

```
  ID variable    value
1 1      Age       25
2 1      Age       30
3 2   Height      170
4 2   Height      165
5 3   Weight       65
6 3   Weight       70

> casted_data <- dcast(data, ID ~ variable)
> print(casted_data)
```

```
  ID  Age  Height  Weight
1 1    2       0       0
2 2    0       2       0
3 3    0       0       2
```

② sqldf

- 표준 SQL에서 사용되는 문장 모두 가능하다.

- 데이터 이름에 특수문자가 있는 경우에는 ' '로 묶으면 테이블처럼 간단히 처리할 수 있다.

③ plyr

- 데이터를 분리하고 처리한 다음 다시 결합하는 등의 필수적인 데이터 처리 기능을 제공한다.

- apply 함수에 기반해 데이터와 출력 변수를 동시에 배열로 치환하여 처리하는 패키지이다.

- 데이터의 분할(split), 원하는 방향으로 특정 함수 적용(apply), 그 결과를 재조합(combine) 하여 반환한다.

- 앞에 있는 두 개의 문자를 접두사로 가진다. 첫 번째 문자는 입력하는 데이터 형태를 나타 내고, 두 번째 문자는 출력하는 데이터 형태를 나타낸다.

구분	데이터 프레임	리스트	배열
데이터 프레임	ddply	ldply	adply
리스트	dlply	llply	alply
배열	daply	laply	aaply

④ Data Table

- 데이터 프레임과 유사하며, 빠른 그룹화·순서화·짧은 문장 지원이 가능하다.

- 크기가 큰 데이터를 탐색 또는 처리하는 데 유용하다.

1. 데이터 탐색

데이터 탐색은 데이터를 관찰하고 시각화하여 특성을 파악하는 단계이다.

(1) 탐색적 데이터 분석(EDA: Exploratory Data Analysis)

① 데이터 분석의 첫 단계로 데이터의 형태, 구조 및 변수 간 관계들을 파악하고 이해하는 과정이다.

② 데이터가 말하려는 것을 수학이나 그래프를 이용하여 탐색하고 데이터의 분포와 값을 파악함으로써 잠재적 문제에 대해 인식할 수 있다.

③ 탐색적 분석을 기반으로 하여 데이터의 특성 및 변수 간의 관계를 이해하고 모델링 방향을 설정한다.

> **예** EDA 과정을 통해 분포의 이상치를 확인할 수 있다. 아래 그래프에서 2018년도의 값만 타 데이터와 다른 이상값을 갖는 것을 확인할 수 있다.

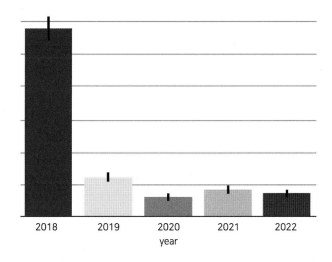

(2) **Four R's**: 탐색적 데이터 분석(EPA)의 4가지 주제

실전 Tip
탐색적 데이터 분석의 4가지 주제와 그 내용을 숙지해야 합니다.

저항성 (Resistance)	• 수집된 자료 일부가 손상되었을 때도 영향을 적게 받는 성질 • 저항성 있는 자료는 데이터의 부분적 변동에 민감하게 반응하지 않음
잔차 해석 (Residual)	• 관찰값들이 주 경향으로 얼마나 벗어났는지를 의미하는 잔차를 구하는 것 • 데이터들이 주 경향에서 벗어난 값의 발생 이유에 대해 탐색하는 작업
자료 재표현 (Re-expression)	• 데이터 분석과 해석을 단순화할 수 있도록 원래 변수를 적당한 척도 (로그 변환, 제곱근 변환, 역수 변환)으로 바꾸는 것 • 자료의 재표현을 통하여 분포의 대칭성, 분포의 선형성, 분산의 안정성 등 데이터 구조 파악과 해석에 도움을 얻는 경우가 많음
자료의 현시성 (Graphical Representation)	• 그래프에 의한 자료의 표현 • 데이터의 구조를 쉽게 이해할 수 있도록 시각적으로 표현하고 전달하는 과정

(3) 탐색적 데이터 분석 과정 및 절차

① 전체적인 데이터 현황 파악

- 데이터 분석의 목적과 변수의 형태, 속성을 확인한다.

- 변수의 각 속성값이 예측한 범위와 분포인지 확인한다.

- 데이터의 오류값을 확인하고, 결측치, 이상치, 특이값 등도 파악한다.

② 데이터 내의 개별 속성값 확인

- 적절한 통계적 지표를 사용하여 개별 데이터의 추세를 관찰한다.

- 데이터 시각화를 통해 적합한 통계지표를 결정한다.

③ 속성 간의 관계 분석

- 개별 데이터 간의 속성에서 보지 못했던 관계 속성을 파악한다.

- 그래프를 통해 속성 간의 관계를 확인할 수 있다.

- 상관계수를 통한 상관

관계 분석이 가능하다.

(4) 데이터 탐색 함수

① head: 데이터의 앞부분 출력

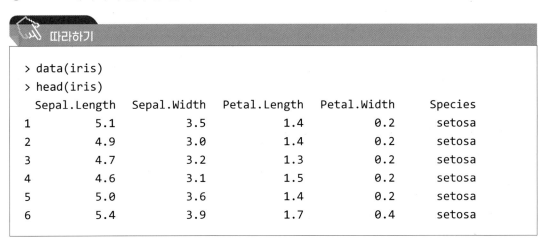

```
> data(iris)
> head(iris)
  Sepal.Length  Sepal.Width  Petal.Length  Petal.Width  Species
1          5.1          3.5           1.4          0.2   setosa
2          4.9          3.0           1.4          0.2   setosa
3          4.7          3.2           1.3          0.2   setosa
4          4.6          3.1           1.5          0.2   setosa
5          5.0          3.6           1.4          0.2   setosa
6          5.4          3.9           1.7          0.4   setosa
```

② str: 데이터의 속성 출력

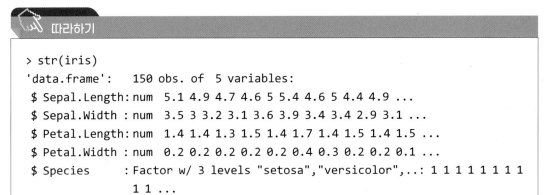

```
> str(iris)
'data.frame':   150 obs. of  5 variables:
 $ Sepal.Length: num  5.1 4.9 4.7 4.6 5 5.4 4.6 5 4.4 4.9 ...
 $ Sepal.Width : num  3.5 3 3.2 3.1 3.6 3.9 3.4 3.4 2.9 3.1 ...
 $ Petal.Length: num  1.4 1.4 1.3 1.5 1.4 1.7 1.4 1.5 1.4 1.5 ...
 $ Petal.Width : num  0.2 0.2 0.2 0.2 0.2 0.4 0.3 0.2 0.2 0.1 ...
 $ Species     : Factor w/ 3 levels "setosa","versicolor",..: 1 1 1 1 1 1 1 1
                  1 1 ...
```

③ summary: 요약 통계량 출력

```
  Sepal.Length     Sepal.Width     Petal.Length     Petal.Width
 Min.   :4.300    Min.   :2.000    Min.   :1.000    Min.   :0.100
 1st Qu.:5.100    1st Qu.:2.800    1st Qu.:1.600    1st Qu.:0.300
 Median :5.800    Median :3.000    Median :4.350    Median :1.300
 Mean   :5.843    Mean   :3.057    Mean   :3.758    Mean   :1.199
 3rd Qu.:6.400    3rd Qu.:3.300    3rd Qu.:5.100    3rd Qu.:1.800
 Max.   :7.900    Max.   :4.400    Max.   :6.900    Max.   :2.500
```

```
        Species
setosa    :50
versicolor:50
virginica :50
```

2. 결측값(Missing Value)

● 결측치가 존재하는 데이터를 분석에 활용할 경우 효율성, 자료 처리의 복잡성, 편향의 문제를 고려해야 한다.

● 결측값은 입력이 빠진 값으로 R에서는 NA, NAN(0으로 나누는 것이 불가능한 값) 등으로 표현된다.

● 일반적으로 결측값은 제거하는 방식을 선택하지만, 결측값 분포가 많은 원데이터의 경우 데이터의 유실이 심해 유의미한 정보 획득에 실패할 수 있다. 또한 결측값 자체가 의미 있는 경우 또한 존재한다.

(1) 결측값의 종류

① 완전 무작위 결측(MCAR; Missing Completely at Random)

● 데이터가 완전히 무작위로 누락된 경우

● 어떤 변수에서 발생한 결측값이 다른 변수들과 아무런 상관이 없는 경우

실전 Tip
결측값의 종류와 그 예시에 대해 숙지하고 있어야 합니다.

예 전산 오류, 기입 오류

② 무작위 결측(MAR; Missing at Random)

● 누락 데이터의 발생 원인이 수집된 변수에 따라 설명될 수 있는 경우

● 어떤 변수의 누락 데이터가 특정 변수와 관련되어 일어나지만, 그 변수의 결과는 관계가 없는 경우

예 시험의 응시자가 줄어들었을 때(누락 데이터), 학생들의 건강 상태(특정 변수)와 관련이 있을 수 있다.

③ 비무작위 결측(NMAR; Not Missing At Random)

- 데이터가 무작위가 아닌 상황에서 누락되는 경우

- 누락 데이터는 누락된 데이터의 특성과 관련이 있음

예 흡연자가 니코틴 반응 테스트에 참여하지 않은 경우

(2) 결측값의 처리 절차

절차	내용
식별	• 원데이터(Raw Data)에는 다양한 형태의 결측 데이터가 있음 • 결측 데이터의 형태를 식별
부호화	• 식별된 결측값 정보를 처리가 가능한 형태로 부호화 • NA(Not Available), NaN(Not a Number), inf(Infinite), NULL, 999
대체	• 자료형에 적합한 형태로 결측값을 처리

(3) 단순 대치법

① 결측값이 MACAR, MAR이라고 판단하고 처리하는 방법이다.

② 결측값을 통계적인 값으로 대체하는 통계적 기법이다.

③ 자료 분석에 사용하기 쉽고, 통계적 추론에 사용된 통계량의 효율성 및 일치성 등의 문제를 부분적으로 보완해 준다.

④ 데이터 분포를 왜곡할 수 있으며, 대체된 값에 대한 신뢰성 문제가 발생할 수 있다.

완전 분석법 (Complete Analysis)	• 누락된 데이터가 발생한 데이터를 제외하고 분석을 수행 • 분석이 쉽지만 부분적으로 무시되는 자료로 인해 통계적 추론의 타당성 문제 발생		
평균 대치법 (Mean Imputation)	• 결측값을 자료의 평균값으로 대치해서 불완전한 자료를 완전한 자료로 만드는 방법 • 통계량의 표준오차가 과소 추정될 수 있음 • 대표적 방법: 비조건부 평균 대치법, 조건부 평균 대치법		
단순 확률 대치법 (Single Stochastic Imputation)	• 평균 대치법에서 관측된 자료를 토대로 추정된 통계량으로 결측값을 대치할 때 적절한 확률값을 부여한 후 대치하는 방법 • 평균 대치법에서 추정량 표준오차의 과소 추정 문제를 보완하고자 고안된 방법		
	핫덱 대체	무응답을 현재 진행 중인 연구에서 비슷한 성향을 가진 응답 자료로 대체하는 방법	
	콜드덱 대체	무응답을 외부 또는 과거 자료에서의 응답 자료로 대체하는 방법	
	혼합 방법	다양한 방법을 혼합하는 방법	

(4) 다중 대치법(Multiple Imputation)

단순 대치법을 한 번이 아니라 m번 대치함으로써 가상적 완전한 자료를 만들어서 분석하는 방법으로, '대치-분석-결합'의 3단계로 구성되어 있다.

대치(Imputations) 단계	각 대치 표본은 결측 자료의 예측분포, 사후분포에서 추출된 값으로 결측값을 대치하는 방법 활용한다.
분석(Analysis) 단계	대치 단계에서 만든 m개의 완전한 가상 자료 각각을 표준적 통계분석을 통하여 관심이 있는 추정량과 분산을 계산한다.
결합(Combination) 단계	분석 단계에서 생성된 m개의 추정량과 분산의 결합을 통한 통계적 추론을 진행한다.

3. 이상값 검색

(1) 개념

① 정상 데이터의 범주에서 많이 벗어난 아주 큰 값 또는 작은 값이다.

② 입력 오류 및 데이터 처리 오류 등으로 특정 범위에서 벗어난 값으로 평균에 영향을 미친다.

③ 이상치가 비무작위성을 갖고 분포되면 데이터의 정상성(Normality)이 감소한다.

④ 이상치는 의사결정에 큰 영향을 미칠 수 있으므로 적절한 이상치 처리는 필수지만, 너무 많은 시간을 사용하는 것은 권장하지 않는다.

(2) 데이터 이상값 검출 방법

① 통계 기법

ESD	• 평균으로부터 3 표준편차 떨어진 값을 이상값으로 판단
기하평균*	• 기하평균으로부터 2.5 표준편차 떨어진 값을 이상값으로 판단
사분위 수	• 제1사분위, 제3사분위를 기준으로 사분위 간 범위의 1.5배 이상 떨어진 값을 이상값으로 판단
표준화 점수 (Z-Score)	• 서로 다른 척도 등으로 비교하기 어려운 데이터 추적에 유용 • 평균이 μ이고 표준편차가 σ인 정규분포를 따르는 관측치 간의 차이의 비율을 활용해 이상값 여부를 검정하는 방법 $$Z = \frac{x - \mu}{\sigma}$$

기초 용어 정의
* **기하평균**: 주어진 수들의 곱을 계산한 다음, 그 수의 개수만큼 루트를 취하여 계산한다.

딕슨의 Q-검정 (Dixon's Q-test)	• 오름차순으로 정렬된 데이터에서 범위에 대한 관측치 간의 차이의 비율을 활용해 이상 값 여부를 검정하는 방법 • 데이터 수가 30개 미만인 경우 적절함
그럽스 T-검정 (Grubbs's T-test)	• 정규분포를 만족하는 단변량 자료*에서 이상값을 찾는 통계적 검정
카이제곱 검정 (Chi-square test)	• 데이터가 정규분포를 만족하나, 자료의 수가 적은 경우에 이상값을 검정하는 방법 • 두 범주형 변수 사이의 독립성을 검정하는 데 사용
마할라노비스 거리 (Mahalanobis Distance)	• 다변량 이상치 검출, 불균형 데이터 세트에서의 분류 등에 유용 • 모든 변수 간에 선형관계를 만족하고, 각 변수들이 정규분포를 따르는 경우 적용할 수 있는 접근법 • 데이터의 분포를 고려하여 데이터의 형태를 잘 반영함

4. 파생 변수의 생성

① 파생 변수는 기존의 변수를 조합하여 새로운 변수를 만들어 내는 것, 즉 이미 존재하는 데이터를 사용하여 새로운 변수를 만드는 것을 의미한다.

② 기수집한 데이터에서 더 많은 정보를 추출하기 위해 사용된다.

③ 기존 변수를 사용하거나 여러 변수의 결합을 통해 파생 변수를 생성할 수 있다.

④ 변수를 생성할 때는 새로운 이름을 사용해야 하며, 논리적 타당성과 기준을 가지고 생성해야 한다.

⑤ 파생 변수의 생성 방법

표현형식 변환	간편한 형식으로 표현을 변환하는 방법 예 남자, 여자 → 3, 4
단위 변환	단위 또는 척도 변환으로 새롭게 표현하는 방법 예 12시간 → 24시간 형식으로 변환
정보 추출	변수에서 정보를 추출해 새로운 변수를 생성하는 방법 예 주민등록번호 → 성별 추출
변수 결합	수학적 결합을 통해 새로운 변수를 정의하는 방법 예 확률변수들을 결합하여 새로운 분포 형성
요약 통계량 변환	요약 통계량 등을 활용하여 생성하는 방법 예 나이별 구매량 → 연령대별 평균 구매량

기초 용어 정의
* **단변량 자료**: 종속변수가 1개인 자료이다.

5. 변수 변환 방법

데이터 전처리 과정 중 하나로 불필요한 변수를 제거하여 변수를 반환, 새로운 변수 생성하여 데이터를 분석하기 좋은 형태로 바꾸는 작업이다. 변수 변환을 통해 해석은 쉬워지고, 분석도 단순해진다.

(1) 비닝(Binning)

① 연속형 변수를 데이터를 범주형 변수로 변환하는 기법으로, 데이터값을 몇 개의 Bin으로 분할하여 계산한다.

예 나이를 연령 구간으로 분할(10대, 20대 등)

출입자	연령
1	14세
2	17세
3	21세
4	23세
5	29세
6	27세

10대	2
20대	4

출입자의 연령 분석

② 구간의 개수가 증가할수록 정확도는 높아지고, 분석이 오래 걸린다.

(2) 정규화

데이터의 범위를 같은 범위로 변환하는 방법으로, 데이터가 가진 스케일의 차이가 클 경우 그 차이를 상대적 특성이 반영된 데이터로 변환하는 작업이다.

최소-최대 정규화 (Min-Max Normalization)	• 각 변수마다 최솟값을 0, 최댓값을 1로 변환하고, 나머지 값들은 0과 1 사이의 값으로 변환하는 방법이다. • 모든 변수의 규모가 같지만, 이상치가 많은 경우에는 적절하지 않다.
표준화 점수 (Z-Score)	• 값이 평균에서 얼마나 떨어져 있는지를 나타내는 척도이다. $$Z = \frac{x - \mu}{\sigma}$$ • 이상값은 잘 처리하지만, 정확히 같은 척도로 정규화된 데이터를 생성하지는 못한다. • Z-점수가 0에 가까울수록 평균값에 가깝다는 것을 의미하며, Z-점수가 3 이상이거나 -3 이하라면 해당 관측값은 극단적인 값으로 판단한다.

(3) 단순 기능 변환

한쪽으로 치우친 변수를 변환해 분석 모형을 적합하게 한다.

로그 변환	• 변수에 로그를 취한 값을 사용한다. • $X \sim \ln(X)$
역수 변환	• 변수의 역수를 사용하여 선형적인 특성을 활용한다. • $X \sim \dfrac{1}{X}$
지수 변환	• 변수의 지수화를 통해 선형적인 특성을 활용한다. • $X \sim X^n$
제곱근 변환	• 변수의 제곱근을 취한 값을 사용한다. • $X \sim \sqrt{X}$

01 다음 중 통계 패키지인 R에 대한 설명으로 옳지 않은 것은?

① 변수명의 대소문자를 구별하지 않는다.
② 오픈 소스 프로그램이다.
③ 사용자들이 활용법 등 예시를 공유할 수 있다.
④ 인터프리터 언어이다.

> R의 변수명에서 대문자와 소문자는 구분된다.
> 정답 ①

02 R에서 서로 다른 데이터 타입을 담을 수 있는 구조로 옳은 것은?

① 벡터
② 배열
③ 리스트
④ 행렬

> **리스트(List)**
> 리스트는 (키, 값) 형태로 데이터를 저장하는 1차원 데이터로, R의 모든 객체를 동시에 담을 수 있는 데이터 구조이다. 벡터, 데이터 프레임, 리스트 등을 저장할 수 있다.
> 정답 ③

03 R 데이터의 저장 형식에 대한 설명으로 옳지 않은 것은?

① as.character(x)은 x를 문자형으로 변환한다.
② as.logical(x)은 x가 숫자형인 경우 0이면 FALSE, 0이 아닐 경우 TRUE로 변환한다.
③ as.numeric(x)은 x가 "123"일 경우 123을 반환한다.
④ as.integer(x)은 x가 실수이면 소수점을 반올림하여 처리한다.

> as.integer(x)은 x가 실수면 소수점을 버린다.
> 정답 ④

04 다음 중 원본 데이터를 분석하기 쉬운 형태로 나누고 다시 새로운 형태를 만들어 주는 패키지로 적절한 것은?

① caret
② ggplot2
③ plyr
④ formula

> **plyr**
> • 데이터를 분리하고 처리한 다음 다시 결합하는 등의 필수적인 데이터 처리 기능을 제공한다.
> • apply 함수에 기반해 데이터와 출력 변수를 동시에 배열로 치환하여 처리하는 패키지이다.
> • 데이터 분할(split), 원하는 방향으로 특정 함수 적용(apply), 그 결과를 재조합(combine)하여 반환한다.
> 정답 ③

05 다음 중 최댓값, 최솟값, 1사분위 수, 중위 수, 3사분위 수, 평균값을 구할 수 있는 함수로 옳은 것은?

① head
② summary
③ str
④ list

summary 함수에 대한 설명이다.

정답 ②

06 $x < -c(1,2,3,4,NA)$일 때, $2 \times x$의 결과값으로 옳은 것은?

① 2 4 6 8 NA
② 2 4 NA NA NA
③ 2 4 6 8 NA NA
④ 2 4

벡터 x에 2를 곱하였으므로 벡터의 각 요소에 2를 곱한다. NA와 숫자가 연산을 하면 NA값이 나온다.

정답 ①

07 결측값을 처리하는 단순 대치법의 종류로 옳지 않은 것은?

① 완전 분석법
② 평균 대치법
③ 단순 확률 대치법
④ ESD

ESD는 이상값을 측정하기 위한 통계 기법이다.

정답 ④

08 데이터 오류의 원인에 대한 설명으로 옳지 않은 것은?

① 결측값은 데이터가 입력되지 않고 누락된 값을 지칭한다.
② 결측값은 입력이 누락된 값으로 NA, 9999, Null 등으로 표현된다.
③ 이상값은 입력 오류 및 데이터 처리 오류 등으로 인해 특정 범위에서 벗어난 값으로 평균에 영향을 미친다.
④ 이상값은 일반적으로 제거하는 방식을 선택한다.

일반적으로 제거하는 방식을 선택하는 것은 결측값이다.

정답 ④

09 데이터 이상값의 발생 원인으로 옳지 않은 것은?

① 보고 오류
② 표본 오류
③ 자연 오류
④ 실험 오류

데이터 이상값 발생 원인에는 데이터 처리 오류, 자연 오류, 표본추출 오류, 고의적인 이상 값 데이터 입력 오류, 실험 오류, 측정 오류 등이 있다.

정답 ①

10 다음 중 이상값 검출 방법 중 평균이 μ이고 표준편차가 σ인 정규분포를 따르는 관측치들이 자료의 중심에서 얼마나 떨어져 있는지를 나타냄으로써 이상값을 검출하는 방법은?

① 카이제곱 검정을 활용한 방법
② 표준화 점수를 활용한 방법
③ 사분위 수를 이용한 방법
④ 통계적 가설검정을 활용한 방법

표준화 점수
- 서로 다른 척도 등으로 비교하기 어려운 데이터 추적에 유용
- 평균이 μ이고 표준편차가 σ인 정규분포를 따르는 관측치 간의 차이의 비율을 활용해 이상값 여부를 검정하는 방법

$$Z = \frac{x - \mu}{\sigma}$$

정답 ②

11 이상값에 대한 설명으로 옳지 <u>않은</u> 것은?

① 입력 오류 및 데이터 처리 오류 등으로 특정 범위에서 벗어난 값으로 평균에 영향을 미친다.
② 비무작위성(Non-Randomly)을 갖고 분포되면 데이터의 정상성(Normality)이 감소한다.
③ 카이제곱 검정으로 이상값을 검정할 수 있다.
④ 통계에 활용하기 위해서는 이상값을 반드시 제거해야 한다.

이상치는 의사결정에 큰 영향을 미칠 수 있으므로 단순히 제거하는 것보다 대체 및 변환 등의 방법도 고려해야 한다.

정답 ④

12 다음 보기에서 설명하는 데이터 이상값의 검출 방법은?

- n개의 관측치를 가까운 평균(Mean) 값을 가진 K개의 클러스터로 나누는 방법이다.
- 각 관측치는 가장 가까운 클러스터의 평균(Mean)값에 속하게 된다

① 확률밀도 함수
② DBSCAN
③ K-평균 군집화
④ 그럽스 T검정

K-평균 군집화에 대한 설명이다.

정답 ③

13 다음 중 이상값 처리 방법에 대한 설명으로 옳지 <u>않은</u> 것은?

① 삭제 - 이상값으로 판단되는 관측값을 제외하고 분석하는 방법으로, 이상치의 정의에 따라 데이터를 정제하고 적절한 값으로 대체하거나 해당 레코드를 삭제한다.
② K - 최근접 이웃(KNN)-대체 값으로 가장 가까운 이웃의 값이 사용된다.
③ 콜드덱 대체 - 외부 또는 과거 자료에서의 응답 자료로 대체하는 방법이다.
④ 변환 - 데이터의 값을 다른 척도로 변환하여 이상치를 감지하기 쉽게 하고, 정규분포에 가깝게 만든다.

콜드덱 대체는 결측값 처리 기법이다.

정답 ③

02 통계분석

학·습·포·인·트 --

- 통계가 무엇인지 이해하고, 가설검정과 추정에 관한 내용을 이해한다.
- 회귀 분석과 변수 선택의 방법을 습득한다.
- 주성분 분석과 시계열 분석을 이해한다.

1절 통계학 개론

1. 통계 분석

● 특정한 집단이나 불확실한 현상을 대상으로 자료를 수집하여 대상 집단에 대한 정보를 구하고, 적절한 통계 분석 방법을 이용해 의사결정을 하는 과정이다.

● 기술 통계는 측정이나 실험에서 수집한 자료의 요약, 정리, 해석 등을 통해 자료의 특성을 나타내는 것으로 데이터의 분포를 파악할 수 있다.

● 추론 통계는 수집된 데이터를 바탕으로 추론 및 예측하는 기법이다.

(1) 통계학

자료로부터 유용한 정보를 이끌어 내는 학문으로, 그 작업에는 자료의 수집과 정리, 그리고 이를 해석하는 방법이 포함된다.

(2) 모집단과 표본

① 모집단: 어떠한 전체의 특성에 대해 추론하고자 할 때 관심이 되는 대상 전체

유한 모집단	유한 개의 개체로 이루어진 모집단
무한 모집단	무한 개의 개체로 이루어진 모집단으로, 보통 개념적으로 상정된 모집단

② 표본: 어떠한 전체의 특성에 대해 추론하고자 할 때 조사되는 일부분

③ 모수: 모집단의 특성

④ 통계량: 표본의 특성

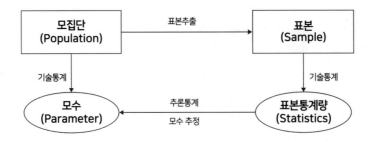

(3) 자료의 종류

측정 방법	설명
명목 척도	측정 대상이 어느 집단에 속하는지 분류할 때 사용한다. 예 출생 지역, 성별 등
순서 척도	측정 대상의 특성이 가지는 서열 관계를 관측하는 척도이다. 예 선호도, 성적 순위
구간 척도	측정 대상이 갖고 있는 속성의 양을 측정하는 척도로, 절대적 원점이 없어 두 구간척도 관측값 사이의 비율은 의미가 없다. 예 온도, 지수 등
비율 척도	절대적 기준인 0 값이 존재하고, 사칙연산이 모두 가능하며 제일 많은 정보를 가진다. 예 나이, 연간 소득, 제품 가격 등

(4) 표본 추출 방법

단순 무작위 추출	• N개의 원소로 구성된 모집단에서 n개($n \leq N$)의 표본을 추출할 때 각 원소에 1, 2, 3, … N 까지의 번호를 부여하고 여기서 n개의 번호를 임의로 선택해 그 번호에 해당하는 원소를 표본으로 추출한다. • 무작위 비복원 추출로 모집단으로부터 무작위 추출하고 독립적으로 선택한다. • 추출 모집단에 대해 사전지식이 적은 경우 시행하는 방법이다.
계통 추출	• 모집단에서 추출 간격을 설정해 일정한 간격을 두고 추출하는 방법이다. • 모집단의 모든 원소들에게 1, 2, 3, …, N의 일련번호를 부여하고 이를 순서대로 나열해 K개 ($K = N/n$)씩 n개의 구간으로 나눈다. 첫 구간에서 하나를 임의로 선택 후 K개씩 띄어 표본을 추출한다.
층화 추출	• 이질적인 원소들로 구성된 모집단에서 서로 유사한 것끼리 몇 개의 층으로 나눈다. 이후 각 계층을 골고루 대표하도록 표본을 추출하는 방법이다. • 각 집단별 분석이 필요한 분석의 경우나 모집단 전체에 대한 특성치의 추정이 필요한 경우 시행한다. • 모집단의 각 계층에 대한 정확한 정보가 필요하다.
군집 추출 (집락 추출법)	• 모집단을 차이가 없는 여러 군집으로 나눈 후 일부 또는 전체 군집에서 표본을 추출한다. • 표본 크기가 같은 경우 단순 임의 추출에 비해 표본 오차가 증대할 가능성이 있다. • 모집단이 몇 개의 군집이 결합된 형태로 구성되어 있고, 각 집단에서 원소들에게 일련번호를 부여할 수 있는 경우 사용한다.

2. 확률과 확률변수

(1) 확률(Probability)

① 확률의 개념

- 특정 사건이 일어날 가능성의 척도이다.

- 표본공간이 유한 개의 원소로 구성되어 있고 사건들이 일어날 가능성이 모두 같다면, 사건 E의 확률은 다음과 같다.

$$P(E) = \frac{n(E)}{n(S)}$$

② 확률의 성질

- 모든 사건 E의 확률값은 0과 1 사이에 있다. $\rightarrow 0 \leq P(E) \leq 1$

- 전체 집합의 확률은 1이다. $\rightarrow P(E) = 1$

- 서로 배반인 사건* $E_1, E_2, \ldots$ 들의 합집합의 확률은 각 사건들의 확률의 합이다.

$$\rightarrow P(\cup E_n) = \sum_{n=1}^{\infty} P(E_n)$$

③ 조건부 확률(Conditional Probability)

- 사건 A가 일어났다는 가정 하의 사건 B의 확률이다.

- $P(A) > 0$, $P(A) > 0$을 만족할 때, 사건 A가 주어진다면 조건부 확률은 $P(B \mid A)$이다.

$$P(B \mid A) = \frac{P(A \cap B)}{P(A)}$$

④ 독립

- 두 사건 A, B가 $P(A \cap B) = P(A)P(B)$를 만족하면 서로 독립이라고 한다.

- 두 사건 A, B가 독립이라면 $P(B \mid A) = P(B)$

- 따라서 사건 B의 확률은 A가 일어났다는 가정 하에서의 B의 조건부 확률과 동일하다.

기초 용어 정의

* **배반사건**: 교집합이 공집합인 사건들이다.

(2) 확률변수(Random Variable)

● 특정 값이 나타날 가능성이 확률적으로 주어지는 변수이다.

● 수집된 자료가 특정한 확률분포를 따른다고 가정하며 이는 확률변수의 종류에 따라 구분하여 사용한다.

① 확률변수의 종류

이산 확률변수	사건의 확률이 그 사건들이 속한 점들의 확률의 합으로 표현할 수 있는 확률변수를 말한다. 예 베르누이 확률분포, 이항분포, 기하분포, 다항분포, 포아송 분포 등
연속 확률변수	사건의 확률이 그 사건에서 어떤 0보다 큰 값을 갖는 함수의 면적으로 표현될 수 있는 확률변수를 말한다. 예 정규분포, 지수분포, 균일분포, t-분포 등

② 확률 함수: 확률변수에 의해 정의된 실수를 확률에 대응시키는 함수

변수	구분	내용
이산 확률변수	확률 질량 함수	특정 값에 대한 확률을 나타낸다.
	누적 질량 함수	특정 값보다 작거나 같을 확률을 나타낸다.
연속 확률변수	확률 밀도 함수	연속 확률변수의 분포를 나타낸다.
	누적 밀도 함수	특정 값보다 작거나 같을 확률을 나타낸다.

③ 확률변수의 기댓값

● 각 값이 발생할 확률에 가중치를 곱한 값의 합이다.

● 확률변수 X의 이론적 평균과 같으며 $E(X)$로 표기한다.

● 확률변수의 평균적인 값을 계산하는 데 사용된다.

확률변수의 종류	공식
이산 확률변수	$$E(X) = \sum_{x=1}^{N} xf(x)$$ (X: 확률변수, x: 확률변수 x의 값, $f(x)$: 확률 질량 함수)
연속 확률변수	$$E(X) = \int_{\alpha}^{\beta} xf(x)dx$$ (X: 확률변수, x: 확률변수 x의 값, $f(x)$: 확률 밀도 함수)

특성	이산형 확률변수	연속형 확률변수
확률변수 값	유한함	무한함
확률 함수	$P(X)$	$P(a \leq X \leq b)$
확률	0~1 사이에 존재하며, 총합은 1	분포 상의 모든 구간에서 0~1 사이의 면적이 1
함수	확률 질량 함수	확률 밀도 함수, 누적 확률 밀도 함수

④ 확률 변수의 분산

- 분산은 각 데이터 값이 평균으로부터 얼마나 떨어져 있는지를 나타내는 측정값이다.

- 데이터가 얼마나 집중적으로 분포되어 있는지 파악하는 데 유용하다.

이산 확률 변수	$$Var(X) = \sum_{i=1}^{n}(x_i - m)^2 p_i = E(X^2) - [E(X)]^2$$ (X:확률변수, x : 확률변수 x의 값, $f(x)$: 확률 질량 함수)
연속 확률 변수	$$Var(X) = \int_{\alpha}^{\beta} x^2 f(x)dx - m^2 = E(X^2) - [E(X)]^2$$ (X:확률변수, x : 확률변수 x의 값, $f(x)$: 확률 밀도 함수)

3. 확률 분포

실전 Tip
이산 확률 분포와 연속 확률 분포의 종류
와 내용에 대해서 숙지해야 합니다.

(1) 확률 분포의 종류

확률 분포의 종류	내용
이산 확률 분포	• 유한하거나 셀 수 있는 범위에서만 값을 가지는 확률변수를 나타낸다. • 각 값에 대한 확률이 명확하게 정의되며, 이산적인 값에 대해서만 확률이 존재한다.
연속 확률 분포	• 특정 범위 안에서 값이 나타날 확률이 정의된다. • 확률 밀도 함수를 통해 값을 계산하며, 연속적인 값에 대해서도 확률이 존재한다.

(2) 이산 확률 분포

① 포아송 분포

- 정해진 시간 안에 어떠한 사건이 일어날 횟수에 대한 확률을 구할 때 사용된다.

- 사건을 n회 시행할 때 특정한 사건이 y회 발생할 확률 분포 중에서 사건을 시행한 수인 n이 무한대인 경우

● 전제조건: 독립성, 일정성, 비집락성

$$p(x) = \frac{e^{-\lambda}\lambda^x}{x!}$$

(λ: 평균 발생 횟수, x: 0, 1, 2등 발생 횟수, e = 22.718281 …)

② 베르누이 분포(Bernoulli Distribution)

● 베르누이 시행에서 특정 실험 결과가 성공 또는 실패로 두 결과 중 하나를 얻는 확률 분포로 어떤 확률변수 X의 시행의 결과가 '성공'이면 1이고, '실패'면 0의 값을 갖는다고 할 때, 이 확률변수 X를 베르누이 확률변수라고 부르고, 이것의 분포를 베르누이 분포라고 한다.

● 베르누이 시행을 n번 독립적으로 반복 실행하면 이 분포는 이항분포를 따른다.

확률 질량 함수

$$f(x) = P(X=x) = Bern(p) = \begin{cases} p, & \text{if } x = 1 \\ 1 = p, & \text{if } x = 0 \end{cases}$$

기댓값: $E(X) = 1 \times p + 0 \times (1-p) = p$

분산: $Var(X) = p - p^2 = p(1-p)$

(p: 성공 확률, $1-p$: 실패 확률)

③ 이항분포(Binomial Distribution)

● 이진(Binary) 결과를 가지는 시행에서 성공 횟수를 나타내는 데 사용된다.

● n번 시행 중 각 시행의 확률이 p일 때, k번 성공할 확률분포이다.

확률 질량 함수

$$f(x) = P(X=x) = B(n,p) = \binom{n}{x} p^x (1-p)^{n-x} = \frac{n!}{x!(n-x)!} \times p^x (1-p)^{n-x}$$

기댓값: $E(X) = np$

분산: $Var(X) = np(1-p)$

(p: 성공 확률, $1-p$: 실패 확률, n: 총 시행 횟수)

(3) 연속 확률 분포

① 정규분포(Normal Distribution)

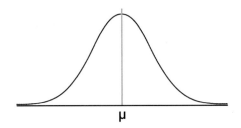

● 도수분포 곡선이 평균값을 중심으로 좌우대칭 '종 모양'을 이루는 것이다.

● 평균에서 좌우로 멀어질수록 x축에 무한히 가까워진다.

● 분포의 평균과 표준편차가 어떤 값을 취하는지와는 관계없이 정규곡선과 X축 사이의 면적은 $\dfrac{1}{\alpha\sqrt{2\pi}}$ 이다.

확률 밀도 함수

$$f(x) = \frac{1}{\sqrt{2\pi\sigma^2}} \times e^{-\frac{(x-\mu)^2}{2\sigma^2}}$$

기댓값: $E(X) = \mu$

분산: $Var(X) = \sigma^2$

(x: 확률변수, μ: 모평균, σ^2: 모분산)

---

② 표준 정규분포(Standard Normal Distribution)

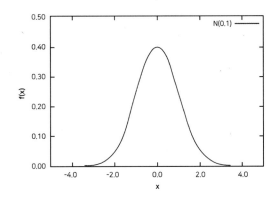

- 정규분포 함수에서 X를 Z로 정규화한 것이다.

- 정규분포에서 평균 $\mu = 0$이고, 분산 $\sigma^2 = 1$인 분포를 말한다.

$$Z = \frac{X-\mu}{\sigma}$$

기댓값: $E(X) = 0$

분산: $Var(X) = 1$

(μ: 모평균, σ: 모표준편차)

③ t-분포(Student's t-Distribution)

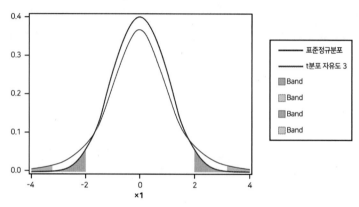

- 모집단이 정규분포라는 정도만 알고, 모표준편차는 모를 때 사용한다.

- 정규분포의 평균을 측정할 때 주로 사용되며, 두 집단 간 평균의 차이 검정에도 활용된다.

- 정규분포와 유사하게 좌우대칭의 '종 모양'을 이루지만 자유도(=t)에 따라 형태가 달라진다.

- 자유도가 30이 넘으면 표준 정규분포와 비슷해지고, 자유도가 증가할수록 표준 정규분포와 비슷해진다.

- 표본 수가 적을 경우 평균을 추정할 수 있다.

$$T = \frac{X-\mu}{s/\sqrt{n-1}}$$

기댓값 : $E(X) = 0$

분산 : $Var(X) = \dfrac{n}{n-2}$

(s: 표본 표준편차, μ : 모평균, n: 표본의 개수)

④ x^2 분포(카이제곱 분포)

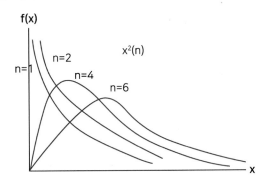

- 표준 정규분포를 제곱한 값에 대한 분포로 항상 양수이다.

- 우측 꼬리 분포로 자유도 n이 작을수록 왼쪽으로 치우치며, 커질수록 정규분포에 가까워진다.

$$x^2(n) = Z_1^2 + Z_2^2 + Z_3^2 + \dots Z_n^2$$

기댓값 : $E(X) = n$

분산 : $Var(X) = 2n$

(n : 자유도)

⑤ F-분포

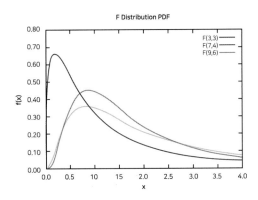

- 두 개의 독립적인 카이제곱 분포가 있을 때 두 확률변수의 비를 말하며, 두 분산 간의 동질성 여부를 검정하거나 두 개 이상의 평균치 간의 차이 유무를 검정할 때 사용한다.

- 왼쪽으로 치우친 모양으로 두 개의 자유도에 따라 모양이 달라진다.

$$F = \frac{k_1^2}{k_2^2}$$

기댓값 : $E(X) = \dfrac{k_2}{k_2 - 2}(k_2 > 2)$

분산 : $Var(X) = \dfrac{2k_2^2(k_1 + k_2 - 2)}{k_1(k_2 - 2)^2(k_2 - 4)}$

(k_1^2 : 첫 번째 집단의 표본 분산, k_2^2 : 두 번째 집단의 표본 분산)

4. 추론통계

주어진 데이터를 이용하여 모집단의 특성을 추론하고 결과의 신뢰성을 검정하는 통계적 방법이다. 표본의 개수가 많을수록 표본 오차는 감소한다.

(1) 점추정

표본의 정보로부터 가장 참이라 여겨지는 하나의 모수값을 선택하는 것이다.

① 표본 평균: 모집단의 평균을 추정하기 위한 추정량

$$\overline{X} = \frac{1}{n}\sum_{i=1}^{n} X_i$$

② 표본 분산: 모집단의 분산을 추정하기 위한 추정량

$$S^2 = \frac{1}{n-1}\sum_{i=1}^{n}(X_i - \overline{X})^2$$

(2) 점추정의 조건

불편성 (Unbiasedness)	• 표본으로부터 구한 통계량의 기대치가 추정하려 하는 모수의 실제 값에 같거나 가까워지는 성질 • 불편 추정량은 모수를 중심으로 분포

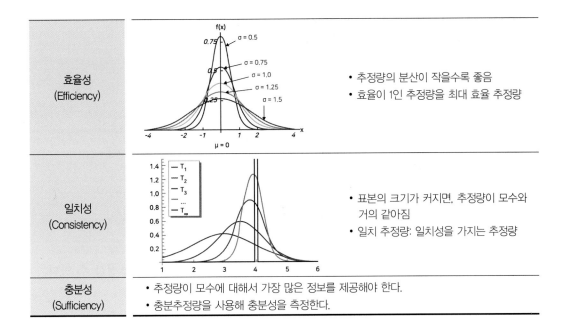

효율성 (Efficiency)		• 추정량의 분산이 작을수록 좋음 • 효율이 1인 추정량을 최대 효율 추정량
일치성 (Consistency)		• 표본의 크기가 커지면, 추정량이 모수와 거의 같아짐 • 일치 추정량: 일치성을 가지는 추정량
충분성 (Sufficiency)	• 추정량이 모수에 대해서 가장 많은 정보를 제공해야 한다. • 충분추정량을 사용해 충분성을 측정한다.	

5. 구간추정(Interval Estimation)

● 일정 크기의 신뢰수준으로 모수가 특정 구간에 있을 것이라고 선언하는 것이다.

● 신뢰수준 95%의 의미는 주어진 한 개의 신뢰구간이 미지의 모수를 포함할 확률이 95%라는 것이다.

● 추정값에 대한 신뢰도를 제시하면서 범위로 모수를 추정한다.

(1) 구간추정의 주요 용어

① 신뢰수준(Confidence Levels)

● 신뢰구간에 실제 모수가 포함될 확률을 말한다.

● 95% 신뢰수준에서, 표본평균에 의한 모평균의 신뢰구간 계산식은 다음과 같다.

$$P = (\mu - 1.96\,\sigma/\sqrt{n} \le \overline{X} \le \mu + 1.96\sigma/\sqrt{n}) = 95\%$$

(μ: 모평균, $\sigma/\sqrt{n}$: 표본 오차, σ: 표준편차, n: 표본크기, $\overline{X}$: 표본평균)

> **더 알아보기**
>
> 95% 신뢰수준은 샘플을 랜덤하게 추출해서 95% 신뢰구간을 구하면, 스무 번 중 한 번은 전체 평균이 벗어날 수 있다는 것을 의미한다.

② 신뢰구간(Confidence Intervals)

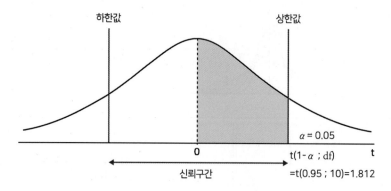

- 모수가 실제로 포함될 것으로 예측되는 범위를 말한다.

- 관측 개수가 클수록 신뢰구간이 좁아져 더 정확하게 모집단의 평균을 추정할 수 있다.

③ 유의수준

- 오차가 발생할 가능성을 말한다.

- 신뢰수준이 95%인 경우 유의수준은 5%이다.

6. 가설검정

모집단에 대해 어떤 가설을 설정하고 표본 관찰을 통해 그 가설의 채택 여부를 결정하는 분석 방법이다.

(1) 가설검정의 절차

검정에 사용되는 통계량을 '검정 통계량'이라고 하며, 가설검정의 절차는 '가설설정-유의수준 지정-검정통계량 계산-판단-의사결정'의 순으로 이루어진다.

① 가설설정

귀무가설 (Null hypothesis: H_0)	• 기존에 알려진 사실로서, 원래의 주장 및 가설이다.
대립가설 (Alternative hypothesis: H_1)	• 연구자가 표본연구를 통해 입증하고자 하는 가설이다. • 귀무가설에 대립하는 가설이다.

② 유의수준(significance level, α) 지정

- 유의수준: 귀무가설의 기각 여부를 결정하는 데 사용하는 기준이 되는 확률

- 기각역: 귀무가설이 기각되고 대립가설이 채택되는 검정 통계량의 영역

- 가설검정에서의 판단 기준

제1종 오류	귀무가설이 참일 때, 귀무가설을 기각하도록 결정하는 오류이다.
제2종 오류	귀무가설이 거짓일 때 귀무가설을 채택할 오류이다.

실전 Tip

제1종 오류와 제2종 오류를 헷갈리지 않고 구분할 수 있어야 합니다.

③ 검정 방법 설정

- 양측 검정: 가설검정에서 기각 영역이 양쪽에 있는 것

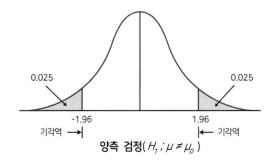

양측 검정($H_1 ; \mu \neq \mu_0$)

- 단측 검정: 가설검정에서 기각 영역이 좌우 한쪽에만 있는 것

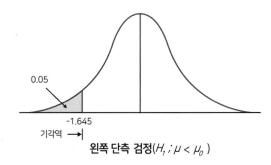

왼쪽 단측 검정($H_1 ; \mu < \mu_0$)

④ P-값(P-value) 산출

- P-value(유의 확률)이란 관찰된 데이터의 검정 통계량이 귀무가설을 지지하는 정도를 확률로 표현한 것이다.

- T-value, Z-value 등의 검정 통계량에 따른 P값을 산출한다.

- P-값이 작을수록 귀무가설을 기각할 수 있다.

⑤ 의사 결정

- P-value 〈 유의수준: 귀무가설을 기각
- P-value 〉 유의수준: 귀무가설을 채택

더 알아보기

가설검정의 절차

1단계	가설설정	• 귀무가설 및 대립가설 설정 • 단측 또는 양측 검정 결정
2단계	유의수준 지정	유의수준 지정
3단계	검정 방법 설정	검정 통계량 산출 및 그에 따른 p-값 산출
4단계	P-값 산출	p-값과 유의수준을 비교
5단계	의사 결정	귀무가설 기각 또는 채택

(2) 기각역의 설정

기각역	귀무가설을 기각하게 되는 검정 통계량의 범위
임계치	기각역의 경계로 주어진 유의수준에서 귀무가설에 관한 결정을 할 때의 기준점

2절 기초 통계분석

1. 기술 통계(Descriptive Statistics)

(1) 기술 통계

데이터 분석의 목적으로 수집된 데이터를 확률·통계적으로 정리하고 요약하는 기초통계이다. 평균, 분산, 표준편차, 왜도와 첨도, 빈도 등 데이터에 대한 대략적인 통계수치를 도출하며, 그래프를 활용하여 데이터를 파악하며, 분석 초기 단계에서 데이터 분포의 특징을 파악한다.

(2) 중심화 경향 기초통계량

평균값 (Mean)	• 자료를 모두 더한 후 자료의 개수로 나눈 값이다. • 표본평균: $\overline{X} = \dfrac{1}{n}\sum_{i=1}^{n} X_i$
중위수 (Median)	• 모든 데이터 값을 순서대로 배열했을 때 중앙에 위치한 값이다. $x_{median} = \dfrac{x+1}{2}$ 번 째 값 • 이상값에 대한 영향이 적다. • 데이터의 수가 짝수인 경우 중앙 두 개의 값의 평균을 중위값으로 한다.
최빈수 (Mods)	• 데이터 중 가장 빈도가 높은 값이다.
사분위 수 (Quartile)	• 모든 데이터 값을 순서대로 배열했을 때 4등분한 지점에 있는 값이다. 　－ 제1사분위 수(Q_1) : 데이터의 25%가 이 값보다 작거나 같다. 　－ 제1사분위 수(Q_3) : 데이터의 75%가 이 값보다 작거나 같다.

(3) 산포의 측도

주어진 자료가 흩어진 정도를 나타내는 값을 말한다.

분산 (Variance)	• 평균으로부터 얼마나 떨어져 있는지를 나타내는 값이다. • 표본분산: $s^2 = \dfrac{1}{n-1}\sum_{i=1}^{n} (X_i - \overline{X})^2$
표준편차 (Standard Deviation)	• 평균으로부터 데이터에 대한 오차범위의 근사값이다. • 분산에 양의 제곱근을 취한다. • 표본 표준편차: $s = \sqrt{\dfrac{1}{n-1}\sum_{i=1}^{n} (X_i - \overline{X})^2}$
범위 (Scope)	• 최댓값과 최솟값의 차이를 말한다. • $R = X_{\max} - X_{\min}$
사분위 수 (Quartile)	• 모든 데이터 값을 순서대로 배열했을 때 4등분한 지점에 있는 값이다. 　－ 제1사분위 수(Q_1): 데이터의 25%가 이 값보다 작거나 같다. 　－ 제1사분위 수(Q_3): 데이터의 75%가 이 값보다 작거나 같다.
백분위수 (Percentile)	• 데이터 세트 내에서 특정값의 위치를 나타낸다.
평균 절대 편차(MAD; Mean Absolute Deviation)	• 평균과 개별 관측치 차이의 평균을 말한다. • 표본 평균 절대 편차: $\dfrac{1}{n}\sum_{i=1}^{n} \lvert X_i - \overline{X} \rvert$

(4) 자료의 분포 형태

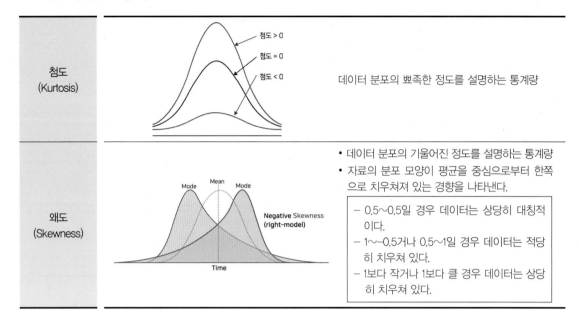

첨도 (Kurtosis)	데이터 분포의 뾰족한 정도를 설명하는 통계량
왜도 (Skewness)	• 데이터 분포의 기울어진 정도를 설명하는 통계량 • 자료의 분포 모양이 평균을 중심으로부터 한쪽으로 치우쳐져 있는 경향을 나타낸다. – 0.5~0.5일 경우 데이터는 상당히 대칭적이다. – 1~–0.5거나 0.5~1일 경우 데이터는 적당히 치우쳐 있다. – 1보다 작거나 1보다 클 경우 데이터는 상당히 치우쳐 있다.

2. 회귀 분석(Regression Analysis)

하나 또는 그 이상의 독립변수들이 종속변수에 미치는 영향을 파악할 수 있는 통계 기법이다. 독립변수와 종속변수의 개수 및 특성에 따라 단순선형 회귀, 다중선 회귀, 다항 회귀, 곡선 회귀, 로지스틱 회귀, 비선형 회귀로 분류한다. 데이터 속의 변수들 사이의 인과관계를 나타내며, 종속변수를 예측 또는 추론하기 위한 분석 방법이다.

> **🔷 더 알아보기**
>
> **구성요소**
>
> | 종속변수 | • 독립변수에 의해 영향을 받아 변화하는 변수, y로 표기한다.
• 반응 변수 또는 결과변수 등으로도 표기한다. |
> |---|---|
> | 독립변수 | • 어떠한 결과에 영향을 주는 변수, x로 표기한다.
• 연구자가 의도적으로 변화시키는 변수이다. |
> | 회귀 계수 | • 독립변수가 한 단위 변화함에 따라 종속변수에 주는 영향력의 크기 |
> | 최소 제곱법
(Method of Least Squares) | • 측정값을 기초로 제곱합을 만들고 그것을 최소로 하는 값 사용
• 오차제곱의 합이 가장 작은 해를 구하는 것

$$IQR = Q3-Q1$$

– 잔차 제곱합(SST): 관측된 값과 평균과의 차이
– 회귀 제곱합(SSR): 회귀선에 의해 설명되는 변동
– 오차 제곱합(SSE): 회귀선에 의해서 설명되지 않는 변동 |

(1) 선형회귀 분석

① 선형회귀 분석의 종류

독립변수(x)와 종속변수(y) 사이의 선형 관계를 파악하고 이를 예측에 활용하는 통계 기법이다.

단순 선형회귀 분석 (Simple Linear Regression Analysis)	다중 선형회귀 분석 (Multi Linear Regression Analysis)
• 한 개의 독립변수 x가 한 개의 종속변수 y에 영향을 미치는 회귀 분석 • $y_i = \beta_0 + \beta_1 x_i + \epsilon_i$	• 두 개 이상의 독립변수가 한 개의 종속변수 y에 영향을 미치는 회귀 분석 • $y_i = \beta_0 + \beta_1 x_i + \cdots + \epsilon_i$

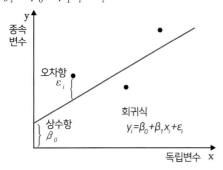

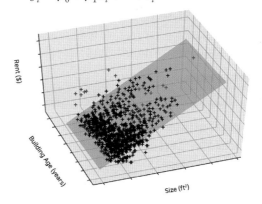

변수	• y_i: i번째 종속변수 • x_i: i번째 독립변수
회귀계수	• β_0: 회귀식 절편, 상수항
오차항	• ϵ: 오차항

변수	• Y: 종속변수 • $X_1, X_2, \cdots$: 독립변수
회귀계수	• β_0: 회귀식 절편, 상수항
오차항	• ϵ: 오차항

② 선형회귀 분석의 기본 가정

선형성	독립변수와 종속변수의 관계가 선형이다.
등분산성	독립변수와 무관하게 오차들의 분산이 일정하다.
독립성	오차와 독립변수의 값이 서로 독립적이어야 한다.
비상관성	관측값과 잔차는 서로 상관이 없어야 한다.
정상성	오차의 분포가 정규분포를 따른다.

암기 Tip

선형회귀 분석의 기본 가정은 '**선비등정독**
-**선비는 등을 켜고 정독한다**'이다.

③ 다중 공선성(Multicollinearity)

다중 선형회귀 분석에서 사용된 모형의 일부 독립변수가 다른 독립변수와 상관 관계가 강하
게 나타나 정확한 추정이 어려워지는 문제를 말한다. 검사 방법에는 분산팽창요인, 상태 지
수가 있다.

분산팽창요인 (VIF)	해당 값이 1에 가까울수록 다중 공선성이 낮으며, 4보다 크면 다중 공선성이 존재하고, 10 보다 크면 심각한 문제가 있는 것으로 본다.
상태지수	10 이상이면 문제, 30보다 크면 심각한 문제가 있는 것으로 본다.

(2) R을 활용한 회귀 분석

① lm()함수: lm(formula, data)

 따라하기

```
> data(swiss)
> model <- lm(Fertility ~ Agriculture + Examination, data = swiss)
> summary(model)
```

실행 결과

```
Call:
lm(formula = Fertility ~ Agriculture + Examination, data = swiss)

Residuals:
    Min      1Q  Median      3Q     Max
-26.4089 -6.3234  0.0577  6.3134 20.8937

Coefficients:
            Estimate Std.  Error  t value   Pr(>|t|)
(Intercept)  94.6097 7.8271 1 2.087   1.41e-15 ***
Agriculture  -0.0940 0.0859  -1.094      0.28
Examination  -1.1950 0.2445  -4.887   1.40e-05 ***
---
Signif. codes:  0 '***' 0.001 '**' 0.01 '*' 0.05 '.' 0.1 ' ' 1

Residual standard error: 9.621 on 44 degrees of freedom
Multiple R-squared: 0.4326,   Adjusted R-squared: 0.4068
F-statistic: 16.77 on 2 and 44 DF,  p-value: 3.85e-06
```

② 해석

- Residuals: 모형이 실제 데이터와 얼마나 일치하는지를 나타냄

- Residual standard error: 잔차의 표준편차

- Multiple R-squared: 모델이 종속 변수의 변동을 설명하는 비율

- F-statistic: 모델의 적합도를 평가하는 데 사용

(3) 회귀 분석의 통계검정

① 통계 모형: 주어진 모든 변수들이 어느 정도로 종속변수의 변동을 예측하는지 확인한다.

② 구분

구분	내용	
F- 통계량 (F-statistic)	• F 통계량의 값의 p-값이 0.05 보다 작으면 회귀식은 유의미하다.	**실전 Tip** 수정된 결정계수와 결정계수의 차이를 알아야 합니다.
잔차 표준오차	• 관측된 값들이 실제 회귀선으로부터 떨어진 정도를 나타내는 통계량	

R^2	• 회귀모형이 전체 데이터를 얼마나 잘 설명하는지를 나타내는 지표
	• 독립변수의 유의미성과 관계없이 그 수가 많아지면 결정계수가 높아지는 단점이 있음
	• $\dfrac{\text{회귀 제곱합}}{\text{전체 제곱합}} = \dfrac{SSR}{SSR} = \dfrac{SSR}{SSR+SSE}$
	  − SST : 전체 제곱합
	  − SSR : 회귀 제곱합
	  − SSE : 오차 제곱합	

수정된 결정계수 (Adjustied R^2)	• 설명력이 떨어지는 독립변수 추가 시 수정된 결정계수의 값이 감소한다. • 결정계수보다 적게 계산된다. $adjusted\ R^2 = 1 - \dfrac{n-1}{(n-p-1)(1-R^2)}$	

3. 변수 선택(Feature Selection)

(1) 변수 선택

y에 영향을 미칠 수 있는 모든 설명(독립) 변수 x들을 y의 값을 예측하는 데 참여시킨다. 또한 가능한 범위 내에서 적은 수의 설명변수를 포함해야 한다.

① 모든 가능한 조합의 회귀 분석(All Possible Regression)

가장 작은 값을 갖는 모형을 최적의 모형으로 선택한다.

AIC (Akaike Information Criterion)	$$AIC = -2\log L(\hat{\theta}) + 2k$$ • $\hat{\theta}$: 모수에 대한 최대 가능도 추정량 • $L(\theta)$: 가능도 함수 • k: 모형의 모수의 개수
BIC (Bayesian Informaion Criterion)	$$BIC = -2\log L(\hat{\theta}) + k\log(n)$$ • $\hat{\theta}$: 모수에 대한 최대 가능도 추정량 • $L(\theta)$: 가능도 함수 • k: 모형의 모수의 개수 • n: 자료의 개수

② 단계적 변수 선택(Stepwise Variable Selection)

전진 선택법 (Forward Selection)	• 중요도가 큰 변수부터 순차적으로 모형에 추가하여 변수를 추가하는 방법 • 제곱합의 기준으로 가장 설명을 잘하는 변수부터 추가하고 그렇지 않은 경우 추가 중단
후진 제거법 (Backward Elimination)	• 모든 독립변수가 추가된 전체 모형에서 설명력이 작은 변수부터 제거하는 방법 • 더 이상 유의하지 않은 변수가 없을 때까지 설명변수를 제거하고, 이때의 모형을 선택하는 방법
단계적 선택법 (Stepwise Method)	전진 선택법으로 중요도가 높은 변수를 추가하면서 중요도가 작은 변수를 후진 제거법으로 제거하는 혼합 방식

(2) R을 활용한 변수 선택 – Step 함수

 따라하기

```
> data(swiss)
> full_model <- lm(Fertility ~ ., data = swiss)
> stepwise_model <- step(full_model, direction = "both", trace = FALSE)
> summary(stepwise_model)
```

```
Call:
lm(formula = Fertility ~ Agriculture + Education + Catholic +
    Infant.Mortality, data = swiss)

Residuals:
     Min       1Q   Median       3Q      Max
-14.6765  -6.0522   0.7514   3.1664  16.1422

Coefficients:
                  Estimate  Std. Error  t value   Pr(>|t|)
(Intercept)       62.10131     9.60489    6.466   8.49e-08 ***
Agriculture       -0.15462     0.06819   -2.267    0.02857 *
Education         -0.98026     0.14814   -6.617   5.14e-08 ***
Catholic           0.12467     0.02889    4.315   9.50e-05 ***
Infant.Mortality1.07844        0.38187    2.824    0.00722 **
---
Signif. codes:  0 '***' 0.001 '**' 0.01 '*' 0.05 '.' 0.1 ' ' 1

Residual standard error: 7.168 on 42 degrees of freedom
Multiple R-squared:  0.6993,   Adjusted R-squared:  0.6707
F-statistic: 24.42 on 4 and 42 DF,  p-value: 1.717e-10
```

3절 다변량 분석

1. 상관 분석

데이터 안의 두 변수가 어떠한 관계를 가지고 있는지 분석하기 위해 상관계수를 이용하는 방법이다. 상관계수(Correlation coefficient)는 두 변수 사이에 연관성을 수치적으로 객관화하여 두 변수 사이의 방향성과 강도를 표현한 것을 말한다.

(1) 상관 관계의 종류

양(+)의 상관 관계	두 변수 사이에서 한 변수의 값이 증가할 때 다른 변수의 값도 증가하는 경향을 보이는 상관 관계
음(−)의 상관 관계	두 변수 사이에서 한 변수의 값이 증가할 때 다른 변수의 값은 감소하는 경향을 보이는 상관 관계
상관 관계 없음	한 변수의 값과 다른 변수의 값의 변화가 서로 상관이 없음

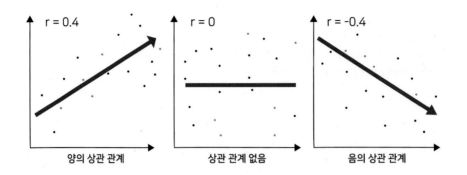

r = 0.4	r = 0	r = -0.4
양의 상관 관계	상관 관계 없음	음의 상관 관계

(2) 상관 분석 유형

실전 Tip
피어슨 상관 분석과 스피어만 상관 분석을 구분할 수 있어야 합니다.

피어슨 상관 분석 (PCC; Pearson Correlation Coefficient)	스피어만 상관 분석 (SCC: Spearman Correlation Coefficient)
• 피어슨 상관계수를 활용한 분석이다. • 두 변수 간의 선형적인 상관 관계를 측정한다. • 연속형 변수의 상관 관계를 측정한다. • 피어슨 상관계수는 +1과 -1 사이의 값을 가진다. → +1은 완벽한 양의 선형 상관 관계 → 0은 선형 상관 관계 없음 → -1은 완벽한 음의 선형 상관 관계	• 스피어만 상관계수를 활용한 분석이다. • 스피어만 상관계수가 1에 가까울수록 두 변수는 양의 상관 관계를 가지는 것이고, 0에 가까우면 상관성이 없는 것으로 판단할 수 있다. • 서열척도인 두 변수의 순위 사이의 통계적 의존성을 측정하는 비모수적 척도이다. • 비선형 관계의 연관성을 파악할 수 있다. • 두 변수 간의 연관 관계 여부를 알려주며, 자료의 이상값이 있거나 표본 크기가 작을 때 유용하다.

(3) 공분산(Covariance)

2개의 변수 사이의 관련성을 나타낸다. 값의 크기는 측정 단위에 따라 다르므로 선형 관계의 강도를 나타낼 수는 없다.

$Cov > 0$	두 변수 중 하나의 값이 상승할 때 다른 값도 상승하는 경향이 있다.
$Cov = 0$	두 변수는 독립적인 관계이고 선형 관계가 없다.
$Cov < 0$	두 변수 중 하나의 값이 상승할 때 다른 값이 하강하는 경향이 있다.

🔰 더 알아보기

상관 관계의 강도

상관계수 값이 0에 가까울수록 두 변수 간의 선형 관계가 약함을 의미하고, 값이 1 또는 -1에 가까울수록 강한 선형 관계를 나타낸다.

• 0 ~ 0.1: 거의 무관함(Negligible Correlation)
• 0.1 ~ 0.3: 약한 상관 관계(Weak Correlation)

- 0.3 ~ 0.5: 중간 정도의 상관 관계(Moderate Correlation)
- 0.5 ~ 0.7: 강한 상관 관계(Strong Correlation)
- 0.7 ~ 0.9: 매우 강한 상관 관계(Very strong Correlation)
- 0.9 ~ 1: 거의 완벽한 상관 관계(Near Perfect Correlation)

2. 주성분 분석(PCA: Principal Component Analysis)

(1) 개념과 특징

① 개념

- 상관 관계가 있는 고차원 자료를 자료의 변동을 최대한 보존하는 저차원 자료로 변환하는 차원 축소 방법이다.
- 특성들이 통계적으로 상관 관계가 없도록 데이터 세트를 회전시키는 기술이다. 회전한 뒤에 데이터를 설명하는 데 얼마나 중요하냐에 따라 새로운 특성 중 일부만 선택된다.
- 차원 축소는 고윳값이 높은 순으로 정렬해서, 높은 고윳값을 가진 고유 벡터만으로 데이터를 복원한다.

② 특징

- 누적 기여율이 85% 이상이면 주성분의 수로 결정한다.
- 차원의 저주는 데이터 차원이 증가할 때, 데이터의 구조를 변환하여 불필요한 정보도 최대한 축적하는 차원 감소 방법으로 해결해야 한다.
- 제1주성분은 가장 데이터를 폭넓게 설명할 수 있는 축으로, 데이터 분산이 가장 큰 방향에 대한 선형 결합식이다.

(2) 주성분 개수 선택 방법

스크리 산점도, 전체 변이 공헌도, 평균 고윳값 등을 활용하는 방법이 있다.

① 스크리 산점도(Scree Plot)

- x축에 주성분, y축에 각 주성분의 분산을 표현한 그래프이다.
- 기울기가 완만해지기 직전까지를 주성분 수로 결정한다.

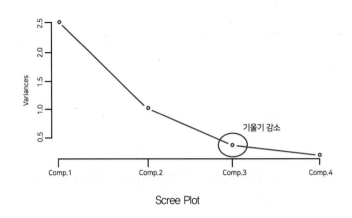

Scree Plot

② 전체 변이 공헌도

주성분들이 설명하는 총 분산의 비율이 70~90% 사이가 되는 주성분의 개수를 선택한다.

③ 평균 고윳값

고윳값들의 평균을 구한 다음 고윳값이 평균 이상이 되는 주성분을 선택하는 방법이다.

(3) R을 활용한 주성분 분석: $prcomp(x, scale, \cdots)$

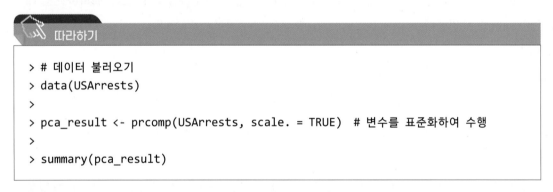

```
> # 데이터 불러오기
> data(USArrests)
>
> pca_result <- prcomp(USArrests, scale. = TRUE)   # 변수를 표준화하여 수행
>
> summary(pca_result)
```

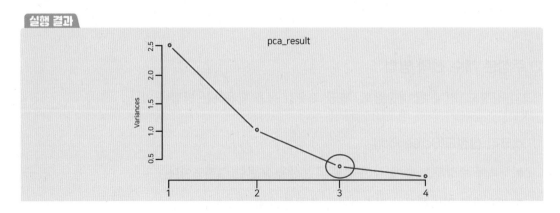

```
> summary(pca_result)
Importance of components:
                          PC1     PC2      PC3      PC4
Standard deviation     1.5749  0.9949  0.59713  0.41645
Proportion of Variance 0.6201  0.2474  0.08914  0.04336
Cumulative Proportion  0.6201  0.8675  0.95664  1.00000
>
```

> 📖 **더 알아보기**
>
> - Importance of components: 주성분에 대한 정보
> - Standard deviation: 주성분의 표준편차로 해당 주성분이 데이터의 분산을 얼마나 설명하는지 나타냄
> - Proportion of Variance: 주성분이 설명하는 분산의 비율
> - Cumulative Proportion: 누적된 설명 분산

4절 시계열 예측

1. 시계열 분석(Time Series Analysis)

(1) 시계열 분석의 개념과 절차

① 개념: 시간의 흐름에 따라서 관측된 데이터를 분석하여 미래를 예측하기 위한 분석 기법으로, 정상성을 만족해야 한다.

② 분석 절차

시간 그래프 작성	시간에 따라 인접한 관측값을 직선으로 연결한 그래프를 작성한다.
추세와 계절성 제거	시간 그래프를 통해 나타난 추세와 계절성을 차분을 통해 제거하여 정상 시계열로 변환한다.
잔차 예측	잔차가 서로 상관이 없는지, 평균은 0인지 확인한다.
잔차에 대한 모델 적합	잔차에 근거하여 모델을 추정한다.
미래 예측	추세와 계절성을 더하여 미래를 예측한다.

(2) 정상성(Stationary)

시점과 관계 없이 시계열의 특성이 일정한 것을 정상성이라고 하며, 정상성의 조건은 다음과 같다.

① 평균이 일정하다.

② 분산이 시점에 의존하지 않는다.

③ 공분산은 시차에만 의존하고 시점 자체에는 의존하지 않는다.

2. 시계열 모형

자기회귀 모형
(AR 모델; Auto Regressive Model)
	• 현시점의 자료가 p 시점 전의 유한 개의 과거 자료로 설명된다.
	• 변수의 과거값의 선형 조합을 이용해 관심 있는 변수를 예측하는 방법이다.
	$$Z_y = \Phi_1 Z_{t-1} + \Phi_2 Z_{t-2} + \cdots + \Phi_p Z_{t-p} + a_t$$
	  $- Z_t$: 현재 시점의 시계열 자료
	  $- \Phi_1 Z_{t-1} + \Phi_2 Z_{t-2} + \cdots + \Phi_p Z_{t-p}$: 1~p 시점 이전의 시계열 자료
	  $- \Phi_p$: p 시점이 현재 시점에 어느 정도 영향을 주는지 나타내는 모수
	  $- a_t$: 백색잡음*과정, 시계열 분석에서의 오차항

이동평균 모형 (MA 모델; Moving Average Model)	• 고전적인 시계열분해 기법으로 추세-주기를 측정하기 위해 사용한다. • 시간이 지날수록 관측치의 평균값이 지속적으로 증가하거나 감소한다. • 현시점의 자료를 유한 개의 백색잡음의 선형결합으로 표현하여 항상 정상성을 만족한다. $$Z_t = a_t - \theta_1 a_{t-1} - \theta_2 a_{t-2} - \cdots - \theta_p a_{t-p}$$

자기회귀 누적
이동평균 모형
(ARIMA 모델; Auto Regressive Integrated Moving Average Model)
	• 다음 지표를 예측하거나 지표를 리뷰하여 트렌드를 분석하는 기법이다.
	$$y'_t = c + \varnothing_1 y'_{t-1} + \cdots + \varnothing_p y'_{t-p} + \theta_1 \epsilon_{t-1} + \cdots + \theta_q \epsilon_{t-q} + \epsilon_t$$
	• ARIMA 모형은 비정상 시계열 모형이기 때문에 차분이나 변환을 통해 자기회귀 모형(AR), 이동평균 모형(MA), 자기회귀 이동평균 모형(ARMA)으로 정상화할 수 있다.
	• 하이퍼 파라미터: p, d, q
	  $-$ p: AR 모형과 관련이 있는 차수
	  $-$ d: ARIMA에서 ARMA로 정상화할 때 몇 번 차분했는가?
	  $-$ q: MA 모형과 관련이 있는 차수

기초 용어 정의

* 백색잡음: 모든 개별 확률변수들이 서로 독립이고, 동일한 확률분포를 따르는 확률 과정을 말한다.

3. 분해시계열

(1) 개념

시계열에 영향을 주는 일반적인 요인을 시계열에서 분리해 분석하는 방법이다.

$$Z_t = f(T_t, S_t, C_t, I_t)$$

(2) 시계열의 구성요소

불규칙(I_t; Irregular Component)	시간과 무관하게 변화하는 변동 성분으로, 잔차에 해당함
추세(T_t; Trend)	관측값이 시간에 따라 지속적으로 증가하거나 감소하는 현상
계절성(S_t; Seasonality)	고정된 주기에 따라 자료가 변화하는 현상
순환(C_t; Cycle)	경기 변동 등 정치·경제적 상황에 의한 변화로 알려지지 않은 주기를 가지고 자료가 변화하는 현상

4. 비정형 데이터 분석

비정형 데이터 안에서 체계적인 통계적 규칙이나 패턴을 탐색하고, 이를 의미 있는 정보로 변환함으로써 기업의 의사결정에 적용하는 분석 기법이다.

(1) 텍스트 마이닝(Text Mining)

① 텍스트 형태로 이루어진 비정형 데이터들을 자연어 처리 방식을 이용해 정보를 추출하는 기법이다.

② 사람들의 언어를 이해할 수 있는 자연어 처리(Natural Language Processing) 기술에 기반하며, 그 기능은 다음과 같다.

정보 추출	텍스트 문서로부터 필요한 정보를 추출하는 작업
문서 요약	텍스트 문서의 중요 내용을 요약하는 기법
문서 분류	키워드에 따라 문서를 분류하는 기법
문서 군집화	문서를 분석하여 동일한 또는 비슷한 문서를 군집화하는 기법

(2) 감정 분석(Sentiment Analysis)

① 오피니언 마이닝이라고 하며, 웹 사이트 또는 소셜미디어 내 의견이 포함된 데이터에서 여론이나 정보를 수집하고 분석하여 감정을 나타내는 패턴을 분석하는 기법이다.

② 특정 제품 및 서비스에 긍정적인지 부정적인지를 분석하고 이유를 파악하여 여론이 시간에 따라 어떻게 변하는지 확인한다. 트렌드 파악, 제품 및 서비스 평가, 매출 전략 등에 활용된다.

③ 오피니언 마이닝의 절차는 다음과 같다.

텍스트 수집	분석하고자 하는 데이터를 수집
극성 분석	긍정 또는 부정을 나타내는 단어 도출
극성 탐지	세부 평가 요소 및 가중치를 활용하여 텍스트의 극성을 분석

(3) 웹 마이닝(Web Mining)

① 웹상의 문서, 서비스, 로그 등에서 정보를 추출하는 방법이다.

② 정보 단위인 '노드'와 연결점인 '링크'를 활용한다.

③ 웹 크롤링(Web Crawling): 데이터의 수집을 위해 웹 페이지의 구조를 분석하여 데이터를 자동으로 수집하는 것이다.

④ 웹 마이닝의 유형

웹 구조 마이닝	웹 사이트 내의 노드와 연결 구조를 분석하는 방법
웹 사용 마이닝	웹 서버 로그 파일을 분석해 고객 맞춤 서비스 등을 제공
웹 콘텐츠 마이닝	웹 페이지 내에 저장된 콘텐츠로부터 사용자가 원하는 정보를 빠르게 찾는 기법

(4) 사회 연결망 문서(Social Network Analysis)

① 개인과 집단 간의 관계를 노드와 링크로 모델링하여 그 구조의 확산 및 진화과정을 분석하는 방법론이다.

② 중심성, 밀도, 중심화 등의 기법을 활용하며, 중심성 측정 방법은 다음과 같다.

연결 정도 중심성	• 한 노드에 직접적으로 연결된 노드들의 합으로 확인한다. • 연결된 노드의 수가 많을수록 연결 정도 중심성이 높아진다.
근접 중심성	• 간접적으로 연결된 모든 노드 간의 거리를 합산해 중심성을 측정한다. • 한 노드로부터 다른 노드에 도달하기까지 필요한 최소 단계의 합으로 정의한다.
매개 중심성	• 한 노드가 연결망 내의 다른 노드들 사이의 최다 경로에 위치할수록 그 노드의 매개 중심성이 높아진다.
위세 중심성	• 연결된 노드의 중요성에 가중치를 두어 노드의 중심성을 측정한다. 예 보나시치 권력 지수 등

01 모집단과 표본의 통계량에 대한 설명 중 틀린 것은?

① 모집단의 표준편차가 σ이면 표준편차는 $\frac{\sigma}{\sqrt{n}}$ 이라고 정의한다.

② 동일한 모집단의 표준편차에서 표본의 크기가 커질수록 표준오차는 늘어나는 경향이 있다.

③ 모집단의 크기가 무한대에 한해서 표본평균의 표준오차는 $\frac{\sigma}{\sqrt{n}}$로 정의한다.

④ 통계량은 표본의 특성을 나타낸다.

> 모집단의 크기가 커질수록 표준오차는 점점 줄어든다.
>
> 정답 ②

02 다음 중 자료의 척도에 대한 설명으로 옳지 않은 것은?

① 순서 척도의 예는 성적 순위, 선호도 등이 있다.

② 명목 척도는 집단의 분류를 목적으로 한다.

③ 비율 척도는 측정값 사이의 비율계산이 가능하며, 절대 영점이 존재하지 않는다.

④ 구간 척도는 대상이 갖고 있는 속성의 양을 측정하는 척도이다.

자료의 종류	
측정 방법	설명
명목 척도	측정 대상이 어느 집단에 속하는지 분류할 때 사용한다. 예 출생 지역, 성별 등
순서 척도	측정 대상의 특성이 가지는 서열 관계를 관측하는 척도이다. 예 선호도, 성적 순위
구간 척도	측정 대상이 갖고 있는 속성의 양을 측정하는 척도로, 절대적 원점이 없어 두 구간 척도 관측값 사이의 비율은 의미가 없다. 예 온도, 지수 등
비율 척도	절대적 기준인 0 값이 존재하고, 사칙연산이 모두 가능하며 제일 많은 정보를 가진다. 예 나이, 연간 소득, 제품 가격 등

정답 ③

03 다음 보기에서 설명하는 표본 추출 방법은?

> • 모집단에서 추출 간격을 설정해 일정한 간격을 두고 추출하는 방법이다.
> • 모집단의 모든 원소들에게 일련번호를 부여하고 이를 순서대로 나열해 K개씩 n개의 구간으로 나눈다. 첫 구간에서 하나를 임의로 선택 후 K개씩 띄어 표본을 추출한다.

① 계통 추출
② 단순 무작위 추출
③ 층화 추출
④ 군집 추출

계통 추출
• 모집단에서 추출간격을 설정해 일정한 간격을 두고 추출하는 방법이다.
• 모집단의 모든 원소들에게 1, 2, 3, …, N의 일련 번호를 부여하고 이를 순서대로 나열해 K개($K = N/n$)씩 n개의 구간으로 나눈다. 첫 구간에서 하나를 임의로 선택 후 K개씩 띄어 표본을 추출한다.

정답 ①

04 다음 중에서 층화 추출법에 대한 설명으로 가장 옳지 <u>않은</u> 것은?

① 모집단에서 서로 유사한 것끼리 몇 개의 계층으로 나눈다.
② 각 계층으로부터 표본을 추출한다.
③ 각 계층은 외부적으로는 동질적이다.
④ 확률 표본 추출 방법이다.

층화 추출법
• 이질적인 원소들로 구성된 모집단에서 서로 유사한 것끼리 몇 개의 층으로 나눈다. 이후 각 계층을 골고루 대표하도록 표본을 추출하는 방법이다.
• 각 집단별 분석이 필요한 분석의 경우나 모집단 전체에 대한 특성치의 추정이 필요한 경우 시행한다.
• 모집단의 각 계층에 대한 정확한 정보가 필요하다.

정답 ③

05 다음 중 확률 및 확률분포에 대한 설명으로 옳지 <u>않은</u> 것은?

① 두 사건 A, B가 독립이라면 $P(B \mid A) = P(B)$ 이다.
② 모든 사건의 확률은 0에서 1 사이이다.
③ 어떤 사건들이 서로 배반일 때 그 사건들의 합집합의 확률은 각 사건들 확률의 곱이다.
④ 확률변수 X가 연속적인 값을 갖는 확률분포함수를 연속형 확률밀도 함수라고 한다.

어떤 사건들이 서로 배반일 때 그 사건들의 합집합의 확률은 각 사건들 확률의 합이다.

정답 ③

06 다음 중 연속 확률 분포에 해당하지 않는 것은?

① 표준 정규 분포
② Z-분포
③ T-분포
④ 베르누이 확률 분포

베르누이 확률 분포는 이산 확률 분포이다.

연속 확률 분포
• 특정 범위 안에서 값이 나타날 확률이 정의된다.
• 확률 밀도 함수를 통해 값을 계산하며, 연속적인 값에 대해서도 확률이 존재한다.

정답 ④

---

07 다음 중 정규 분포에 대한 설명으로 가장 올바르지 않은 것은?

① 평균에서 좌우로 멀어질수록 x축에 무한히 가까워 진다.
② 도수분포곡선이 평균값을 중심으로 좌우대칭 종 모양을 이루는 것이다.
③ 평균을 0, 표준편차를 1로 표준화시킨다.
④ 분포의 평균과 표준편차가 어떤 값을 취하는 지와는 관계없이 정규곡선과 x축 사이의 면적은 $\dfrac{1}{\alpha\sqrt{2\pi}}$ 이다.

---

③은 표준 정규분포에 관한 설명이다.

정답 ③

---

08 다음 중 확률질량 함수의 확률변수 x의 기댓값은?

x	1	2	3
$f(x)$	$\dfrac{1}{6}$	$\dfrac{2}{6}$	$\dfrac{3}{6}$

① $\dfrac{1}{6}$ ② $\dfrac{4}{6}$

③ $\dfrac{10}{6}$ ④ $\dfrac{14}{6}$

이산형 확률변수 x의 기댓값 공식은 $\sum xf(x)$이다.

$$\sum xf(x) = \left(1 \times \frac{1}{6}\right) + \left(2 \times \frac{2}{6}\right) + \left(3 \times \frac{3}{6}\right)$$

$$= \frac{14}{6}$$

정답 ④

---

09 다음 중 이산형 확률변수 x의 기댓값은?

① $\sum xf(x^2)$
② $\sum xf(x)$
③ $E(x^2) - \mu$
④ μ

이산 확률변수	$E(X) = \displaystyle\sum_{x=1}^{N} xf(x)$ X: 확률변수 x: 확률변수 X의 값 $f(x)$: 확률 질량 함수
연속 확률변수	$E(X) = \displaystyle\int_{\alpha}^{\beta} xf(x)dx$ X: 확률변수 x: 확률변수 X의 값 $f(x)$: 확률 밀도 함수

정답 ②

10 다음 중 K개의 서로 독립적인 표준 정규 확률변수를 제곱한 다음 합해서 얻어지는 분포인 연속 확률 분포로 가장 알맞은 것은?

① 정규 분포
② T-분포
③ 베르누이 분포
④ 카이제곱 분포

카이제곱 분포

- 표준 정규 분포를 제곱한 값에 대한 분포로 항상 양수이다.
- 우측 꼬리 분포로 자유도 n이 작을수록 왼쪽으로 치우치며, 커질수록 정규 분포에 가까워진다.

$$x^2(n) = Z_1^2 + Z_2^2 + Z_3^2 + \ldots Z_n^2$$
기댓값: $E(X) = n$
분산: $Var(X) = 2n$
(n : 자유도)

정답 ④

---

11 대학생들 중에서 안경을 착용한 학생의 비율을 추정하기 위해 무작위로 체대생 100명, 미대생 100명을 조사하였다. 이중 체대생이 30명, 미대생 40명이 안경을 착용하였다. 전체 대학생 중에서 안경을 착용한 학생들에 대한 가장 적절한 추정값은?

① 0.3
② 0.4
③ 0.7
④ 0.35

모비율의 점추정량은 표본비율이다. 따라서 안경을 착용한 학생들에 대한 표본비율을 구하면 된다.

$$\frac{30}{100} + \frac{40}{100} = \frac{7}{10} = 0.35$$

정답 ④

---

12 다음 중 추정과 가설검정에 대한 설명으로 가장 알맞지 <u>않은</u> 것은?

① 구간추정이란 일정한 크기의 신뢰구간으로 모수가 특정한 구간에 있을 것이라 추정하는 것으로 구해진 구간을 신뢰구간이라고 한다.
② 점추정은 표본의 정보로부터 모집단의 모수가 특정한 값일 것이라 추정하는 것이다.
③ 신뢰수준이란 신뢰구간에 실제 모수가 포함될 확률을 말한다.
④ p-value 〈 유의수준인 경우 귀무가설을 채택한다.

---

p-value 〈 유의수준인 경우 귀무가설을 기각한다.

정답 ④

---

13 제2종 오류에 대한 설명으로 옳은 것은?

① 귀무가설이 참인데 이를 기각하게 되는 오류
② 귀무가설이 참일 때 이를 참이라고 판단하는 확률
③ 귀무가설이 참이 아닌데 이를 채택하게 되는 오류
④ 귀무가설이 참이 아닌 경우 이를 기각할 수 있는 확률

가설검증에서의 판단 기준

제1종 오류	귀무가설이 참일 때, 귀무가설을 기각하도록 결정하는 오류이다.
제2종 오류	귀무가설이 거짓일 때 귀무가설을 채택할 오류이다.

정답 ③

---

14 다음 중 기초통계량과 그 설명이 옳게 이어지지 <u>않은</u> 것은?

① 조화평균 – 변화율 등의 평균을 구할 때 사용한다.
② 표준편차 – 분산에 양의 제곱근을 취한 값이다.
③ 평균값 – 자료를 모두 더한 후 자료의 개수로 나눈 값이다.
④ 기하평균 – 모든 데이터 값을 순서대로 배열했을 때 4등분한 지점에 있는 값이다.

모든 데이터 값을 순서대로 배열했을 때 4등분한 지점에 있는 값은 사분위 수에 대한 설명이다.

정답 ④

16 박스 플롯에서 제1사분위는 15, 제3사분위는 21일 때, 하위 경계와 상위 경계가 바르게 짝지어진 것은?

① 6, 30
② 15, 30
③ 6, 24
④ 15, 24

$IQR = Q_3 - Q_1 = 21 - 15 = 6$
하위경계: $Q_1 - 1.5 \times IQR = 15 - 1.5 \times 6 = 6$
상위경계: $Q_3 + 1.5 \times IQR = 21 + 1.5 \times 6 = 30$

정답 ①

15 다음 보기에서 설명하는 것은?

- 수많은 표본을 추출한 후 각 표본에 대한 평균을 구하고, 각 평균에 대한 전체 평균을 다시 구한 값이다.
- 각 평균이 전체 평균으로부터 평균적으로 얼마나 떨어져 있는지를 나타낸다.

① 평균의 표준오차
② 범위
③ 표본의 분산
④ 최빈수

각 평균이 전체 평균으로부터 평균적으로 얼마나 떨어져 있는지 나타내는 값은 평균의 표준오차이다.

정답 ①

17 왜도(Skewness)에 대한 설명으로 옳지 <u>않은</u> 것은?

① 분포의 비대칭 정도를 나타내는 통계적 척도이다.
② 오른쪽으로 더 길면 양의 값이 되고 왼쪽으로 더 길면 음의 값이 된다.
③ 기초통계량 중 자료의 분산을 알아보는 통계량이다.
④ 데이터 분포의 기울어진 정도를 설명하는 통계량이다.

왜도는 기초통계량 중 자료의 분포를 알아보는 통계량이다.

정답 ③

18 다음 자료에 대한 사분위 범위는?

7, 9, 16, 36, 39, 45, 45, 46, 48, 51

① 24.54   ② 32.25   ③ 30.2   ④ 28.4

- Q1 = 14.25, Q2(중위수) = 42, Q3 = 46.50
- 사분위간 범위 = 32.25
- 제1사분위 수와 제3사분위 수 간의 거리(Q3−Q1)이므로, 데이터의 중간 50%에 대한 범위이다.

정답 ②

19 다음은 주성분 분석의 결과와 적재값이다. 이를 해석한 결과로 옳지 않은 것은?

Importance of components:

	PC1	PC2	PC3	PC4
Standard deviation	1.7084	0.9560	0.38309	0.14393
Proportion of Variance	0.7296	0.2285	0.03669	0.00518
Cumulative Proportion	0.7296	0.9581	0.99482	1.00000

〉

	PC1	PC2	PC3	PC4
Sepal.Length	0.5210659	−0.37741762	0.7195664	0.2612863
Sepal.Width	−0.2693474	−0.92329566	−0.2443818	−0.1235096
Petal.Length	0.5804131	−0.02449161	−0.1421264	−0.8014492
Petal.Width	0.5648565	−0.06694199	−0.6342727	0.5235971

① 첫 번째 주성분(PC1)은 전체 데이터의 72.96%를 설명한다.
② 첫 번째 주성분은 꽃받침 길이, 꽃잎 길이, 꽃잎 너비와는 양(+)의 관계이지만, 꽃받침 너비와는 음(−)의 관계이다.
③ PC1의 함수식은(0.5211 × Sepal.Length) + (0.5804 × Petal.Length) + (0.5649 × Petal.Width)이다.
④ 데이터의 90% 이상을 설명하려면 두 개의 주성분이 필요하다.

각 변수의 로딩값을 곱한 값들의 합으로 표현된다.
PC1=(0.5211×Sepal.Length)+(−0.2693×Sepal.Width)+(0.5804×Petal.Length)+(0.5649×Petal.Width)

정답 ③

20 회귀 분석의 기본가정으로 틀린 것은?

① 선형성 – 독립변수와 종속변수가 선형이다.
② 잔차 정규성 – 잔차의 기댓값은 0이며 정규분포를 이루어야 한다.
③ 다중 공선성 – 3개 이상의 독립변수 간의 상관관계로 인한 문제가 없어야 한다.
④ 잔차 등분산성 – 잔차들의 분산이 0이어야 한다.

> 잔차들의 분산은 일정해야 하지만, 반드시 0일 필요는 없다.
>
> 정답 ④

21 회귀 분석에서 가장 적합한 회귀 모형을 찾기 위한 과정에 대한 설명으로 옳지 않은 것은?

① 상태지수가 10 이상이면 문제, 30보다 크면 심각한 문제가 있는 것으로 본다.
② 독립변수의 수가 적어지면 독립변수 간에 서로 영향을 미치는 다중 공선성의 문제가 발생할 수 있다.
③ 분산팽창요인(VIF) 값이 1에 가까울수록 다중 공선성이 낮으며, 4보다 크면 다중 공선성이 존재하고, 10보다 크면 심각한 문제가 있는 것으로 본다.
④ 선형회귀 분석은 독립변수(x)와 종속 변수(y) 사이의 선형 관계를 파악하고 이를 예측에 활용하는 통계 기법이다.

> 독립변수의 수가 많아지면 독립변수 간에 서로 영향을 미치는 다중 공선성의 문제가 발생할 수 있다.
>
> 정답 ②

22 회귀 분석의 결정계수에 대한 설명으로 가장 옳지 않은 것은?

① 독립변수의 유의미성과 관계없이 그 수가 많아지면 결정계수가 높아지는 단점이 있다.
② 수정된 결정계수는 결정계수보다 적게 계산된다.
③ 회귀 모형이 전체 데이터를 얼마나 잘 설명하는지를 나타내는 지표를 의미한다.
④ 높은 결정계수는 항상 좋은 모델을 의미한다.

> 높은 결정계수는 항상 좋은 모델을 의미하지는 않는다. 과적합된 경우 결정계수가 매우 높지만 새로운 데이터에서는 예측 성능이 떨어질 수 있다.
>
> 정답 ④

23 다음 중 변수 선택에 대한 설명으로 옳지 않은 것은?

① 모형에 투입될 변수들을 식별하여 적절한 변수를 선택해야 한다.
② 관련이 없는 변수 또는 과대 적합을 발생시키는 변수를 제거한다.
③ 전진 선택법이란 잔차가 가장 큰 변수부터 순차적으로 모형에 추가하여 변수를 추가하는 것이다.
④ 단계적 선택법은 전진 선택법으로 상관 관계가 높은 변수를 추가하면서 중요도가 작은 변수를 후진 제거법으로 제거하는 혼합방식이다.

> 전진 선택법이란 상관 관계가 큰 변수부터 순차적으로 모형에 추가하여 변수를 추가하는 방법이다.
>
> 정답 ③

24 다음 중 상관 관계 분석에 대한 설명으로 가장 올바르지 않은 것은?

① 상관계수란 두 변수 사이에 연관성을 수치적으로 객관화하여 두 변수 사이의 방향성과 강도를 표현한 것이다.
② 상관 관계가 있다는 것은 인과 관계가 있다는 것은 아니다.
③ 다중 상관분석(Multiple Correlation Analysis)은 2개 이상의 변수 간 관계 강도를 측정한다.
④ 단순 상관분석(Simple Correlation Analysis)은 단순히 두 개의 변수가 어느 정도 강한 관계에 있는가를 측정한다.

다중 상관분석(Multiple Correlation Analysis)은 3개 이상의 변수 간 관계 강도를 측정한다.

정답 ③

25 주성분 분석에 대한 설명으로 옳지 않은 것은?

① 누적 기여율이 85% 이상이면 주성분의 수로 결정할 수 있다.
② 차원 축소는 고윳값이 높은 순으로 정렬해서, 높은 고윳값을 가진 고유 벡터만으로 데이터를 복원한다.
③ 분산이 가장 작은 것을 제1주성분으로 한다.
④ 상관 관계가 있는 고차원 자료를 자료의 변동을 최대한 보존하는 저차원 자료로 변환하는 차원 축소 방법이다.

제1주성분은 데이터 분산이 가장 큰 방향에 대한 변수들의 선형 결합식이다.

정답 ③

26 분해시계열에 대한 설명 중 적절하지 않은 것은?

① 추세 요인이란 관측값이 시간에 따라 지속적으로 증가하거나 감소하는 것이다.
② 계절 요인이란 고정된 주기에 따라 자료가 변화하는 것이다.
③ 순환 요인이란 알려진 어떠한 주기를 가지고 자료가 변화하는 것이다.
④ 불규칙 요인이란 시간과 무관하게 변화하는 변동 성분이다.

순환 요인이란 알려지지 않은 주기를 가지고 자료가 변화하는 것이다.

정답 ③

27 시계열 분석에 대한 설명으로 옳지 않은 것은?

① 시간의 흐름에 따라서 관측된 데이터를 분석하여 미래를 예측하기 위한 분석 기법이다.
② 정상성을 만족해야 한다.
③ 어떠한 추세를 가질 경우 변환을 통해 정상 시계열로 바꾸어야 한다.
④ 분해시계열이란 시계열에 영향을 주는 일반적인 요인을 시계열에서 분리해 분석하는 방법을 말한다.

시간 그래프를 통해 나타난 추세와 계절성을 차분을 통해 제거하여 정상 시계열로 변환한다.

정답 ③

28 다음 보기의 자기회귀 누적이동평균 모형은 ARIMA에서 ARMA로 정상화할 때 몇 번 차분한 것인가?

ARIMA(1,3,5)

① 1   ② 3   ③ 5   ④ 4

ARIMA 모형은 비정상시계열 모형으로, 차분이나 변환을 통해 AR 모형이나 MA 모형, 이 두 모형을 합친 ARMA 모형으로 정상화할 수 있다.

ARIMA(1,3,5)은 각각 AR의 차수, 차분횟수, MA의 차수를 나타낸다.

- 하이퍼 파라미터 : p, d, q (p: AR의 차수 / d : 차분 횟수 / q : MA의 차수)
  - p: AR 모형과 관련
  - d: ARIMA 에서 ARMA 로 정상화할 때 몇 번 차분했는가?
  - q: MA 모형과 관련이 있는 차수

정답 ②

29 다음 중 시간이 지날수록 관측치의 평균값이 지속적으로 증가하거나 감소하는 시계열 모형으로 가장 알맞은 것은?

① AR 모형   ② ARIMA 모형   ③ MA 모형   ④ Trend 모형

이동평균 모형(MA 모델; Moving Average Model)
- 고전적인 시계열 분해기법으로 추세-주기를 측정하기 위해 사용한다.
- 시간이 지날수록 관측치의 평균값이 지속적으로 증가하거나 감소한다.
- 현시점의 자료를 유한개의 백색잡음의 선형결합으로 표현하여 항상 정상성을 만족한다.

$$Z_t = a_t - \theta_1 a_{t-1} - \theta_2 a_{t-2} - \cdots - \theta_p a_{t-p}$$

정답 ③

30 다음은 2004년 미국의 지역별 강력 범죄율 데이터를 주성분 분석하여 도출된 결과이다. 제2주성분을 기준으로 했을 때의 누적 기여율은?

Importance of components:	Corp.1	Corp.2	Corp.3	Corp.4
Standard deviation	1.5748783	0.9948694	0.5971291	0.41644938
Proportion of Variance	0.6200604	0.2474413	0.0691408	0.04335752
Cumulative Proportion	0.6200604	0.8675017	0.9566425	1.00000000

① 95.66%   ② 99.4%   ③ 86.75%   ④ 62%

제2주성분인 Corp2의 누적 기여율은 0.8675017이므로 약 86.75%이다.

정답 ③

03 정형 데이터 마이닝

학 · 습 · 포 · 인 · 트 --

- 데이터 마이닝의 정의와 기능을 이해한다.
- 분류 분석의 종류와 그 내용을 습득한다.

1절 데이터 마이닝 개요

(1) 데이터 마이닝(Data Mining)의 개념

① 데이터 마이닝은 거대한 데이터 속에서 유용한 정보를 찾아내어 활용하는 일련의 과정이다.

② 내부 및 외부 데이터 등 모든 사용 가능한 데이터를 기반으로 감춰진 지식, 경향 및 새로운 규칙을 발견하고 이를 실제 의사결정에 유용한 정보로 활용하고자 하는 작업이다.

③ 데이터베이스에서의 지식 발견, 지식 추출, 정보 수확, 정보고고학, 데이터 패턴 프로세싱으로 불린다.

(2) 데이터 마이닝의 방법론

분류 (Classfication)	• 새롭게 나타난 현상을 검토하여 기존의 분류 또는 집합에 배정하는 것 • 주요 기법: 의사결정나무, Memory-Based Reasoning, Link Analysis 등
추정 (Estimation)	• 주어진 입력 데이터를 이용하여 알려지지 않은 결과의 값을 추정하는 것 • 주요 기법: 신경망 모형 등
예측 (Prediction)	• 미래의 양상을 예측하거나 미래의 값을 추정하는 것 • 주요 기법: 장바구니 분석, 의사결정나무 등
연관 분석 (Association Analysis)	• 아이템의 연관성을 파악하여 매장의 물건이나 카탈로그 배열, 교차 판매 등의 전략을 수립하는 데 사용하는 것 • 주요 기법: 장바구니 분석 등
군집 (Clustering)	• 이질적인 모집단을 동질성을 지닌 그룹별로 세분화하는 것 • 미리 분류된 기준에 의존하지 않고 데이터들 간의 유사성에 의해 그룹화되고 이질성에 의해 세분화됨 • 데이터 마이닝이나 모델링의 주요 단계에서 사용함
기술 (Description)	• 데이터가 갖고 있는 의미를 설명하고 이에 대한 답을 제공하는 것

(3) 데이터 마이닝의 단계

1단계 목적 정의	• 데이터 마이닝 도입의 목적 설정 • 1단계부터 전문가가 참여해 모델과 필요한 데이터를 정의
2단계 데이터 준비	• 데이터 마이닝에 필요한 데이터 수집 • 내부 및 외부 데이터 모두 데이터 마이닝에 활용할 수 있음 • 데이터 정제를 통해 데이터 품질을 보장 • 필요 시 보강 작업을 통해 충분한 데이터 확보
3단계 데이터 가공	• 데이터 마이닝 기법 적용이 가능하도록 수집된 데이터 가공 • 모델링 목적에 따라 목적변수를 정의하고 필요한 데이터를 데이터 마이닝 소프트웨어에 적용할 수 있도록 적합한 형식으로 가공
4단계 데이터 마이닝 기법 적용	• 준비한 데이터와 데이터 마이닝 소프트웨어를 활용하여 목적하는 정보를 추출 • 목적에 맞는 데이터 마이닝 모델 선정 및 소프트웨어 사용 시 필요한 값 지정 • 데이터 분석 전문가의 전문성이 필요
5단계 검증	• 테스트 마케팅 또는 과거 데이터 활용하여 추출한 정보 검증 • 상시적으로 데이터 마이닝 결과를 업무에 적용 • 연간 추가수익과 투자대비 성과 등으로 기대효과를 알리는 보고서 작성

2절 분류(Classification) 분석

분류 분석은 종속변수가 알려진 다변량 자료를 이용해 모형을 구축하고, 이를 통해 새로운 자료에 대한 예측 및 분류를 수행하는 것을 목적으로 한다. 종속변수가 범주형인 경우에는 새로운 자료에 대한 분류를 목적으로 하고, 연속형인 경우에는 예측하는 것이 주요 목적이다.

1. 로지스틱 회귀 모형

(1) 개념

● 종속변수가 범주형인 경우 적용되는 회귀 분석 모형이다.

● 새로운 설명변수의 값이 주어질 때 반응변수의 각 범주에 속할 확률이 얼마인지 추정하여 추정 확률을 기준치에 따라 분류하는 목적으로 사용된다.

● 모형의 적합을 통해 추정된 확률을 사후확률이라 부르기도 한다.

● 일반 선형회귀의 문제점을 극복하기 위한 방법으로 사용된다.

(2) 로지스틱 회귀 모형의 구분

단순 로지스틱 회귀 분석	종속변수가 이항형 문제인 회귀 분석이다.
다중 로지스틱 회귀 분석	종속변수가 두 개 이상의 범주를 가지는 경우의 회귀 분석이다. 다중 로지스틱 회귀 분석의 형태 $$\log\left(\frac{\pi(x)}{1-\pi(x)}\right) = \alpha + \beta_1 x_1 + \cdots + \beta_k x_k$$ $(\pi(x) : P(Y=1 \mid x), x = (x_1, \cdots, x_k))$

(3) 로지스틱 회귀 분석 이해

① 오즈와 오즈비

오즈 (Odds)	임의의 이벤트가 어떤 요인에 의해 발생하지 않을 확률 대비 발생할 확률 **예** 게임에서 이길 오즈가 2:8이라면 10회의 게임 중 8번 지는 동안 2번 이긴다. $$Odds = \frac{P}{1-P}$$ $P = 1$일 때 오즈는 $Odds = \infty$ $P = 0$일 때 오즈는 $Odds = 0$
오즈비 (Odds Ratio)	오즈비: 각 모수에대해 비선형식이며 승산으로 로짓 변환을 통해 선형 함수로 치환이 가능하다. $$Odds\,Ratio = \frac{Odds1}{Odds2}$$

> **더 알아보기**
>
> **흡연과 질병의 오즈비**
>
> | 오즈비 = 1인 경우 | 흡연이 질병 발생에 유의미한 영향을 준다고 볼 수 없다. |
> |---|---|
> | 오즈비 > 1인 경우 | 흡연자가 질병이 발생할 오즈가 비흡연자보다 n배 더 높다. |
> | 오즈비 < 1인 경우 | 흡연자가 질병이 발생할 오즈가 비흡연자보다 n배 더 작다. |

② 로짓 변환

오즈에 로그를 씌우는 변환으로 범위가 [0,1]일 때 출력값의 범위를 $(-\infty, \infty)$로 조정한다. 비선형 형태인 로지스틱 함수 형태를 선형 형태로 만들어 회귀 계수의 의미를 해석하기 쉽게 할 수 있다. 오즈의 범위를 $(-\infty, +\infty)$로 변환함으로써 다음과 같은 그래프 모양을 갖는다.

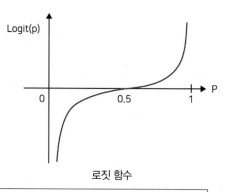

로짓 함수

$$Logit(p) = \log\frac{p}{1-p} = \log odds(p)$$

(p: 특정 사건의 발생 확률)

2. 인공신경망(ANN; Artificial Neural Network)

자연 뉴런(Natural Neurons)이 시냅스(Synapse)를 통하여 신호를 전달받는 과정에서, 신호의 강도가 기준치를 초과할 때 뉴런은 활성화되는 구조를 모방한 분석 방법이다.

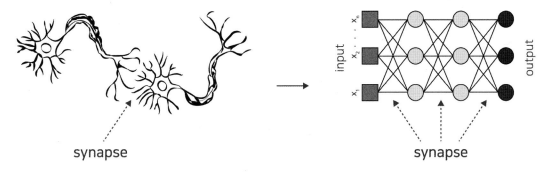

(1) 특징

① 인간의 두뇌 신경세포인 뉴런을 기본으로 한 기계학습 기법이다.

② 입력된 변수는 신호의 강도에 따라 가중처리되고 활성화 함수를 통해 출력이 계산된다.

③ 높은 복잡성으로 입력 자료의 선택에 민감하다.

> **더 알아보기**
> - 자연 뉴런(Natural Neurons)이 시냅스(Synapse)를 통하여 신호를 전달받는 과정에서, 신호의 강도가 기준치를 초과할 때 뉴런이 활성화된다.
> - 인공신경망에서 입력은 시냅스에 해당하며 개별 신호의 강도에 따라 가중(Weight)된다.
> - 활성 함수는 인공신경망의 출력(Outputs)을 계산한다.
> - 단층 신경망(Single-layer Neural Network)은 입력층이 은닉층을 거치지 않고 직접 출력층에 연결되는 것이다.
> - 다층 신경망(Multi-layer)은 입력층과 출력층 사이에 여러 개의 은닉층으로 이루어진 인공신경망이다.

(2) 인공신경망의 역사

1세대 (1943 ~ 1986년)	• 인공신경망의 개념이 등장 • XOR 연산 문제로 인공신경망에 대한 관심도가 떨어짐
2세대 (1986 ~ 2006년)	• 다층 퍼셉트론이 제시되면서 XOR 연산 문제를 해결 • 기울어지는 경사도와 과적합 문제가 발생
3세대 (2006년 ~ 현재)	• 딥 러닝 활용 • 기울어지는 경사도와 과적합 문제 해결

(3) 퍼셉트론(Perceptron)

인간의 신경망에 있는 뉴런을 모방하여 입력층과 출력층으로 구성한 인공신경망 모델이다.

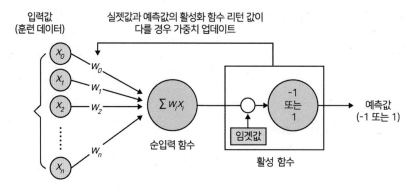

퍼셉트론 구조도

① 퍼셉트론의 구조

가중치	신경계 노드와의 연결계수($w_0, w_1, \cdots w_n$)
활성 함수	• 순입력 함수로부터 전달받은 값을 출력값으로 변환해 주는 함수 • 입력받은 값을 얼마나 출력할지 결정하고, 출력된 신호의 활성화 여부를 결정함
입력값	입력 데이터($x_0, x_1, \cdots x_n$)
순입력 함수	입력값에 가중치를 곱한 값을 모두 더해 하나의 값으로 만드는 함수

② 퍼셉트론의 원리

● 입력 데이터는 데이터의 특성을 나타내는 값으로 이루어져 있으며 인공신경망 모델에 데이터를 훈련시킨다.

Tip
구조와 그 설명을 이해해야 합니다.

● 입력 데이터에 가중치를 모두 곱한 값을 더해 하나의 값으로 만든다.

● 순입력 함수의 결과값을 특정한 임계값과 비교하고, 순입력 함수의 결과값이 해당 임계값보다 크면 1, 작으면 −1로 출력하는 활성 함수를 정의한다.

● 활성 함수의 예측값이 실제와 다를 경우 가중치를 업데이트한다.

● 위 과정을 반복하여 학습한다.

③ 문제점

배타적 논리합(exclusive OR)으로 두 개의 피연산자 중 하나만이 1일 때, 1을 반환하는 XOR 연산이 불가능하다.

(4) 다층 퍼셉트론

입력층과 출력층 사이에 1개 이상의 은닉층을 두어 비선형적으로 분리되는 데이터에 대해 학습이 가능한 퍼셉트론이다.

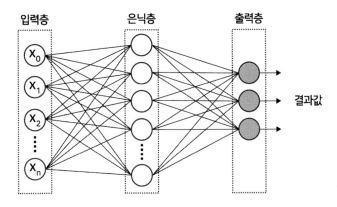

① 다층 퍼셉트론 구조

- 입력층, 은닉층, 출력층으로 구성되며 역전파 알고리즘을 사용한다.

- 활성화 함수는 시그모이드 함수를 사용한다.

> **더 알아보기**
>
> **은닉층**
>
> XOR 게이트는 기존의 AND, NAND, OR 게이트를 조합하여 만들 수 있으므로 퍼셉트론에서 층을 계속 추가하면서 만들수 있다. 이렇게 층을 여러 겹으로 쌓아가면서 선형 분류만으로 풀지 못했던 문제를 비선형적으로 풀 수 있게 된다.

② 역전파 알고리즘

- 발생하는 에러(Error)를 통해 '가중치 조정 → 연결 강도 갱신 → 목적 함수 최적화'로 진행한다.

> **Tip**
> 에러(Error)는 예측값과 실젯값의 차이를 말합니다.

- 오차를 출력층에서 입력층으로 전달하여 역전파를 통해 가중치와 편향을 계산하여 모델을 업데이트한다.

③ 문제점

과대 적합 문제	• 머신러닝에서 학습 데이터를 과하게 학습하여 지나치게 최적화되는 문제이다. • 학습 데이터에서는 모델 성능이 높게 나타나지만, 새로운 데이터를 학습할 때는 수행 능력이 저하된다. • 학습 데이터가 적고, 매개변수가 많은 경우 발생한다. • 학습 데이터가 적은 경우 데이터 추가, 가중치 감소, 드롭아웃 등의 방법을 사용해 해결할 수 있다.

기울기 소실 문제	• 출력값과 멀어질수록 학습이 모호하게 진행되어 시그모이드(Sigmoid) 함수가 편미분을 진행하여 지속적으로 0에 가까워져 기울기 값이 작아진다. • 렐루(ReLU) 함수를 사용하여 해결할 수 있다.

(5) 뉴런의 활성화 함수(Activation Function)

① 순입력 함수에서 전달받은 값을 출력값으로 반환하는 함수이다.

② 입력값에 대한 출력값이 비선형(Nonlinear)적으로 나와 선형분류기를 비선형분류기로 만들 수 있다.

③ 활성화 함수의 종류

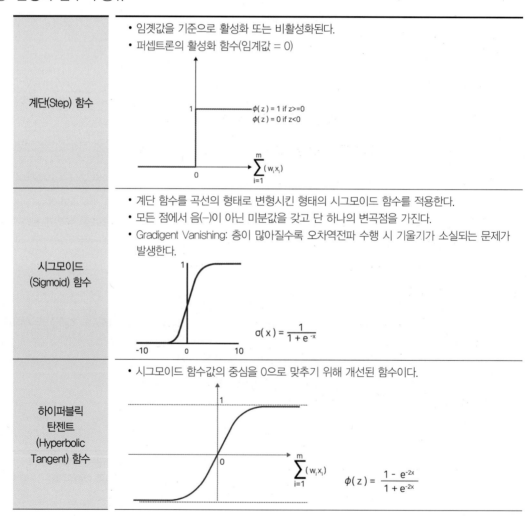

계단(Step) 함수	• 임곗값을 기준으로 활성화 또는 비활성화된다. • 퍼셉트론의 활성화 함수(임계값 = 0) $\phi(z) = 1$ if $z >= 0$ $\phi(z) = 0$ if $z < 0$
시그모이드 (Sigmoid) 함수	• 계단 함수를 곡선의 형태로 변형시킨 형태의 시그모이드 함수를 적용한다. • 모든 점에서 음(−)이 아닌 미분값을 갖고 단 하나의 변곡점을 가진다. • Gradient Vanishing: 층이 많아질수록 오차역전파 수행 시 기울기가 소실되는 문제가 발생한다. $\sigma(x) = \dfrac{1}{1 + e^{-x}}$
하이퍼블릭 탄젠트 (Hyperbolic Tangent) 함수	• 시그모이드 함수값의 중심을 0으로 맞추기 위해 개선된 함수이다. $\phi(z) = \dfrac{1 - e^{-2x}}{1 + e^{-2x}}$

렐루(ReLU) 함수	• 입력값이 양수인 경우만 뉴런을 전달하는 함수이다. • 시그모이드 함수의 기울기 소실 문제를 해결한다. 10 max(0,x) -10　　0　　10
소프트 맥스 (Softmax) 함수	• 시그모이드와 비슷하게, 0~1 사이로 변환하여 출력하지만, 출력값들의 합이 1이 되도록 　하는 함수이다. • 다중 분류의 최종 활성화 함수이다. 1 0.5 0

3. 의사결정나무(Decision Tree)

● 의사결정나무 모형은 의사결정 규칙을 나무(Tree) 구조로 도표화하여 분류 및 예측을 수행하는 지도학습 알고리즘이다.

● 계산 결과가 의사결정나무에 직접적으로 나타나므로 직관적으로 이해하기 쉽다.

● 과대 적합의 발생률이 높아 적절한 기준값을 선택해야 한다.

● 분리 경계점 근처에서 오룻값이 발생할 확률이 있다.

(1) 의사결정나무의 종류

분류나무	• 이산형 목표변수에 따른 빈도 기반 분리 • 분리 기준: 카이제곱 통계량의 P값, 지니 지수, 엔트로피 지수
회귀나무	• 연속형 목표변수에 따른 평균/표준편차 기반 분리 • 분리 기준: 분산 분석의 F값, 분산의 감소량

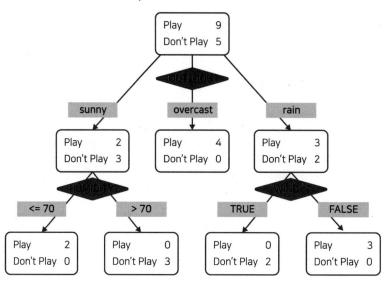

Dependent variable: PLAY

(2) 구성

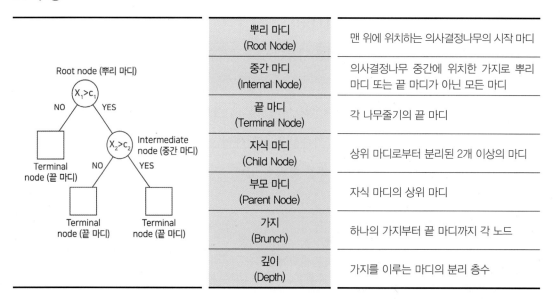

뿌리 마디 (Root Node)	맨 위에 위치하는 의사결정나무의 시작 마디
중간 마디 (Internal Node)	의사결정나무 중간에 위치한 가지로 뿌리 마디 또는 끝 마디가 아닌 모든 마디
끝 마디 (Terminal Node)	각 나무줄기의 끝 마디
자식 마디 (Child Node)	상위 마디로부터 분리된 2개 이상의 마디
부모 마디 (Parent Node)	자식 마디의 상위 마디
가지 (Brunch)	하나의 가지부터 끝 마디까지 각 노드
깊이 (Depth)	가지를 이루는 마디의 분리 층수

(3) 분리 기준(Splitting Criterion)

● 부모 마디로부터 자식 마디들을 분리할 때, 입력변수의
선택이 이루어지는 기준이다.

> **Tip**
> 목표변수에 따른 분리 기준을 암기해야
> 합니다.

● 이산형 목표변수와 연속형 목표변수에 사용되는 분리 기준을 다르게 적용한다.

● 목표변수의 분포를 구별하는 정도를 순수도* 또는 불순도**에 의해서 측정하는 것이다.

| 낮은 불순도 | 높은 불순도 | 낮은 불순도 |
| (불순도 0) | | (엔트로피 지수 0) |

① 분류나무

카이제곱 통계량	• 각 셀에 대한 [(실제도수−기대도수)의 제곱/기대도수]의 합 • 기대도수 = 열의 합계×합의 합계/전체 합계
카이제곱 통계량의 P 값	P–value가 가장 작은 예측 변수와 그 최적 분리
지니 지수 (Gini Index)	• 노드의 불순도를 나타내는 값 • 값이 클수록 이질적(Diversity)이며 순수도가 낮다고 볼 수 있음
엔트로피 지수 (Entropy Index)	• 열역학에서 쓰는 개념으로 무질서 정도에 대한 측도 • 값이 클수록 순수도가 낮음 • 엔트로피 지수가 가장 작은 예측 변수와 이때의 최적 분리 규칙에 의해 자식 마디를 형성

② 회귀나무

분산 분석에서 F–통계량	P–값이 가장 작은 예측변수와 그 당시의 최적 분리를 통해서 자식 마디를 형성한다.
분산의 감소량	예측 오차를 최소화하는 기준으로 분산의 감소량을 최대화하는 기준의 최적 분리를 통해서 자식 마디를 형성한다.

> **더 알아보기**
>
> **불순도 계산**
>
> | 카이제곱 통계량 | $x^2 = \sum_{i=1}^{k} \frac{(O_i - E_i)^2}{E_i}$ | • k: 범주의 수
• O_i: 실제 도구
• E_i: 기대도수 |
> |---|---|---|
> | 지니 지수 | $Gini(T) = 1 - \sum_{i=1}^{k} P_i^2$ | • k: 범주의 수
• P_i: 한 그룹에 속한 데이터 중 범주에 속하는 데이터의 비율 |
> | 엔트로피 지수 | $Entropy(T) = -(\sum_{i=1}^{k} P_i \log_2 P_i)$ | • k: 범주의 수
• P_i: 한 그룹에 속한 데이터 중 범주에 속하는 데이터의 비율 |

기초 용어 정의

* **순수도(Purity)**: 같은 클래스끼리 얼마나 많이 포함되어 있는지를 말한다.
** **불순도(Impurity)**: 다양한 범주(Factor)의 개체들이 얼마나 포함되어 있는지를 말한다.

(4) 의사결정나무의 분석 과정

의사결정나무 형성	• 분리 규칙을 찾아 나무를 성장시키는 과정으로 적절한 정지 규칙을 만족하면 중단한다. • 이산형과 연속형에 따라 분리 기준이 다르다.
정지 규칙 (Stopping Rule)	• 더 이상 분리가 일어나지 않고 현재의 마디가 끝마디가 되도록 하는 규칙이다. • 끝 마디의 자료의 최소 개수를 지정한다.
가지치기 (Pruning)	• 분류 오류를 크게 할 위험이 높거나 부적절한 추론 규칙을 갖고 있는 가지를 제거한다. • 의사결정나무의 크기를 모형의 복잡도로 볼 수 있으며 이는 과대 적합 또는 과소 적합을 발생시킬 수 있다. • 일반적으로 사용되는 방법은 마디에 속하는 자료가 일정 수준 이하일 때 분할을 멈추고 비용−복잡도 가지치기(Cost Complexity Pruning)를 활용하여 가지치기를 한다.
해석 및 예측	• 이익도표, 위험도표 이용해 모형을 평가한다.

(5) 의사결정나무의 알고리즘

CART	• 범주형인 경우 지니 지수, 연속형인 경우 분산의 감소량을 사용하여 이진 분리하는 알고리즘 • 일반적으로 사용되는 의사결정나무 알고리즘으로 가장 성취도가 좋은 변수 및 수준을 찾는 것에 중점 • 개별 입력변수 및 독립변수들의 선형 결합 중에서 최적의 분리를 구할 수 있음
C4.5와 C5.0	• 범주형 목표변수에만 사용되며, 분리 기준으로 엔트로피 지수 사용함 • 각 마디에서 다지 분리(Multiple Split)가 가능하며 범주의 수만큼 분리가 일어남 • 가지치기를 사용할 때 학습자료를 사용하는 알고리즘
CHAID	• 범주형 및 연속형 목표변수에만 사용되며, 분리 기준으로 카이제곱 통계량을 사용함 • 분리변수의 각 범주가 하나의 부 마디(Sub−Node)를 형성함 • AID(Automatic Interaction Deleclion)를 발전시킨 알고리즘으로 변수의 가장 중요한 레벨을 식별 후 변수의 중요도를 기반으로 두 가지 노드로 분할하는 과정을 반복함 • 가지치기를 하지 않고 적당한 크기에서 나무의 성장을 중지하며, 자동으로 최적의 가지를 선택함 • 분리변수의 각 범주가 하나의 부 마디(Sub−Node)를 형성

4. 앙상블(Ensemble) 모형

여러 개의 학습 모델을 훈련하고 투표를 통해 최적화된 예측을 수행하고 결정한다. 여러 가지 모형들의 예측 및 분류 결과를 종합하여 최종적인 의사결정에 활용한다.

(1) 배깅(Bagging; Bootstrap Aggregating)

① 다수의 부트스트랩 자료*를 생성하고, 각 자료를 모델링한 후 결합해 최종 예측 모형을 만든다.

기초 용어 정의

* **부트 스트랩 자료**: 주어진 자료에서 같은 크기의 표본을 랜덤 복원추출로 뽑은 자료를 말한다.

② 학습 데이터가 충분하지 않더라도 충분한 학습효과를 주어 높은 바이어스(bias)나 과소 적합 (Under-fitting) 문제, 높은 분산(Variance)으로 인한 과적합(Over-fitting) 문제를 해결하는 데 도움을 준다.

③ 계산 복잡도가 높다는 문제가 있다.

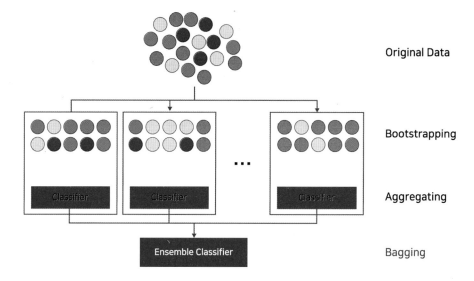

Original Data

Bootstrapping

Aggregating

Bagging

(2) 부스팅(Boosting)

① 잘못 분류된 개체에 가중치를 적용해서 새로운 분류 규칙을 만들고, 이 과정을 반복해서 최종 모형을 만들면 오분류된 데이터에 더 많은 가중치를 주고 리샘플링할 때 더 많이 학습시키게 만드는 알고리즘이다.

② 다수의 약학습기를 결합하여 강학습기를 만든다.

③ 초기에는 모든 데이터가 동일한 가중치를 가지지만, 각 회차가 종료된 후 가중치와 중요도를 계산한다.

④ 특정 케이스의 경우 높은 성능을 가지며 과대 적합 발생을 방지한다.

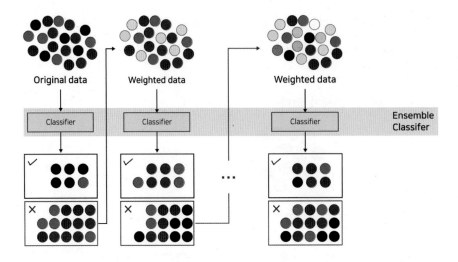

(3) 랜덤 포레스트(Random Forest)

① 배깅과 부스팅보다 더 많은 무작위성을 주어 약한 학습기들을 생성한 후 이를 선형 결합하여 최종 학습기를 만드는 방법이다.

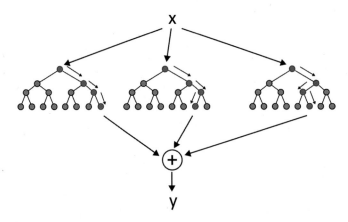

② 장단점

장점	단점
• 출력변수와 입력변수 간의 복잡한 관계를 모델링할 수 있다. • 변수의 제거가 없어 정확도가 높다. • 이상치에 영향을 적게 받는다. • 다양한 상황을 고려하여 학습하게 되어 과적합을 방지한다.	• 모형의 해석이 어렵다. • 계산량이 많고 학습 소요시간이 의사결정나무에 비해 길다.

5. 모형평가

모형평가의 기준은 일반화의 가능성, 효율성, 예측과 분류의 정확성으로 구분한다.

모델	목표변수 유형	모델	평가 방법
회귀	연속형	선형회귀	MSE, RMSE, MAE, MAPE 등
분류	범주형	• 로지스틱 회귀 분석 • 의사결정나무 • 서포트 벡터 머신	정확도, 정밀도, 재현율 등

(1) 교차검증

전체 자료에서 모형구축을 위한 훈련용 자료와 성과 검증을 위한 검증용 자료를 추출하는 것이다. 과적합 문제를 해결하기 위한 단계로 2종 오류의 발생을 방지한다.

① 홀드아웃 교차검증(Hold-out Cross Validation)

● 전체 데이터를 비복원추출하여 이용하며, 일정 비율로 학습 데이터와 평가 데이터로 1회씩 나누어 검증하는 기법으로, 데이터를 어떻게 나누느냐에 따라 결과가 많이 달라질 수 있다는 단점이 있다.

● 학습 데이터로 최적의 모델 정확도를 산출한 다음 검증 데이터로 과적합을 정지한다.

● 전체 데이터에서 평가 데이터 만큼은 학습에 사용할 수 없으므로 데이터 손실이 발생한다.

훈련 데이터 (Train Data)	모델을 학습해 파라미터값을 산출하기 위해 사용하는 데이터 세트
검증 데이터 (Validation Data)	학습 데이터로 과도하게 학습해 과적합을 방지하기 위한 데이터 세트
평가 데이터 (Test Data)	학습한 모델의 성능을 평가하기 위한 데이터 세트

② 랜덤 서브샘플링

● 모집단으로부터 조사의 대상이 되는 표본을 무작위 추출하는 기법이다.

● 홀드아웃을 반복하여 데이터 손실 방지를 해결할 수 있다.

● 각 샘플들이 학습과 평가에 얼마나 많이 사용할 것인지 횟수를 제한하지 않아 특정 데이터만 학습되는 경우 있다.

③ K-Fold 교차검증(K-Fold Cross Validation)

- 전체 데이터를 무작위의 동일 크기 K개의 Fold로 나누어 다른 Fold 1개를 평가 데이터로, 나머지 K-1개의 Fold를 훈련 데이터로 분할하는 과정을 K번 반복하는 방법이다.

- K의 수만큼 모델을 생성하기 때문에 연산량이 커진다는 단점이 있다.

- 장단점

장점	단점
모든 데이터를 훈련 및 평가에 활용할 수 있으므로 과대 적합 및 과소 적합을 탐지할 수 있다.	• 순서형 데이터가 순서대로 내재된 경우 오류가 발생한다. • 각기 다른 Fold에 같은 데이터가 존재할 경우 유의하지 않은 결과가 도출된다.

- K-Fold 교차검증의 단계

1단계	학습 데이터를 K개로 분리한다.
2단계	1개의 조각은 검증 데이터로, 나머지는 학습 데이터로 설정한다.
3단계	설정한 데이터로 모델을 학습하여 결과와 정확도를 산출한다.
4단계	위의 방법을 K번 반복한다.
5단계	K개 모델의 계수값 평균을 구하거나 최고의 성능을 내는 모델을 선택한다.
6단계	테스트 데이터를 활용하여 모델의 최종 예측력을 평가한다.

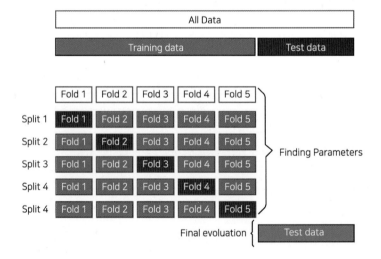

> **더 알아보기**
>
> K-Fold 교차검증은 K가 클수록 평가의 편중은 낮아지지만, 각 결과의 분산이 높아질 수 있으므로 최적의 분할값을 찾기 위한 실험적 검증이 필요하다.

④ LOOCV(Leave-One-Out Cross Validation)

● 전체 데이터 N개에서 단 하나의 샘플만 평가 데이터에 사용하고 나머지는 학습 데이터로 사용한다.

● N번 반복하여 도출된 n개의 MSE를 평균하여 최종 MSE를 계산한다.

● 가능한 모든 데이터를 훈련에 사용할 수 있지만, 수행 시간과 계산량이 많다.

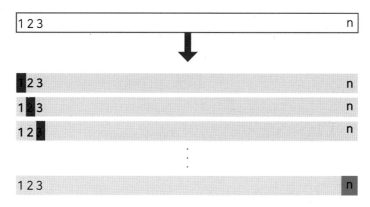

⑤ 부트스트랩(Bootstrap)

● 주어진 자료에서 단순 랜덤 복원추출 방법을 활용해 동일 크기의 표본을 여러 개 생성하는 샘플링 방법이다.

● 무작위 복원추출 방법으로, 전체 데이터에서 중복을 허용하여 데이터 크기만큼 샘플을 추출하고 이를 학습 데이터로 한다.

● 전체 데이터 샘플이 N개인 부트스트랩으로, N개의 샘플을 추출하는 경우 특정 샘플이 학습 데이터에 포함될 확률은 약 63.2%이다.

● 부트스트랩을 통해 1,000개의 샘플을 추출하더라도 샘플에 한 번도 선택되지 않는 원데이터가 발생할 수 있으며, 전체 샘플의 약 36.8%가 이에 해당한다. 이때 한 번도 포함되지 않은 데이터는 검증(Validation)에 사용한다.

(2) 분류 모형의 평가지표

여러 분류 모형을 구축하였을 때, 그중 최적화된 분류 모형을 판단한다.

① 혼동행렬(Confusion Matrix)

모델의 예측값이 실제 관측값을 정확히 예측했는지 보여주는 행렬로, 일반적으로 지도학습에서 알고리즘의 성능을 시각화할 수 있는 표이다.

실제값 (Reference)		예측값(Reference)	
		True	**False**
	True	True Positive(TP)	False Negative(FN)
	False	False Positive(FP)	True Negative(TN)

🔧 더 알아보기

- TP(True Positive): 옳은 것을 옳다고 예측한 것
- TN(True Negative: 틀린 것을 틀리다고 예측한 것
- FP(False Positive): 틀린 것을 옳다고 예측한 것
- FN(False Negative): 옳은 것을 틀리다고 예측한 것

② 혼동행렬을 통한 분류 모형의 평가지표

평가지표	공식	설명
정확도	$\dfrac{TP+TN}{TP+TN+FN+FP}$	• 전체 중 True를 True라고 옳게 예측한 경우와 False를 False라고 예측한 경우 • 예측 모형의 전체적인 정확도를 평가한다.
재현율 =민감도	$\dfrac{TP}{TP+FN}$	실제 True인 것 중에서 모델이 True라고 예측한 것의 비율
정밀도	$\dfrac{TP}{TP+FP}$	True라고 예측한 것 중에서 실제 True인 것의 비율
특이도	$\dfrac{TN}{TN+FP}$	실제 False인 data 중에서 실제 False인 것의 비율
거짓 긍정률	$\dfrac{FP}{TN+FP}$	실제 False인 data 중에서 모델이 True라고 예측한 비율
F1-Score	$2 \times \dfrac{정밀도 \times 재현율}{정밀도 + 재현율}$	정밀도와 재현율의 조화평균으로 어느 한쪽으로 치우치지 않는 수치를 나타낼 때 F1-Score는 높은 값을 가진다.

카파 통계량	$K = \dfrac{\Pr(a) - \Pr(e)}{1 - \Pr(e)}$	• 두 관찰자와 측정한 범주 값에 대한 일치도 측정 • 모형의 평가 결과가 우연히 나온 값이 아니라는 것을 말한다. 　$-K$: 카파 상관계수 　$-\Pr(a)$: 예측이 일치할 확률 　$-\Pr(e)$: 예측이 우연히 일치할 확률

🔷 더 알아보기

F–Beta Score

• F1 기반 평가 산식 중 하나로 Beta를 매개변수로 사용해 정밀도(Precision)과 재현율(Recall) 사이의 균형에 가중치를 부여하는 방법이다.
• 재현율에 더 비중을 두려는 경우 F–Beta Score의 Beta 값을 1보다 큰 값으로 지정하면 된다.
• Beta 값이 1.0보다 크면 Recall에 비중을 두고 계산하고, Beta 값이 1.0보다 작으면 정밀도에 비중을 두고 계산하게 된다.
• 재현율 값과 정밀도 값이 정확이 같다면 Beta에 관계 없이 같은 결과가 나온다.

③ ROC(ROC; Receiver Operating Characteristic) 곡선

● 혼동행렬의 거짓 긍정률이 변할 때 민감도가 어떻게 변하는지를 시각화한 곡선이다.

실전 Tip

거짓 긍정률과 민감도는 반비례 관계입니다.

● ROC 곡선은 그래프가 왼쪽 꼭대기에 가깝게 그려질수록 분류 성능이 우수하다.

● AUC(Area Under the ROC)는 ROC 곡선 밑의 면적으로 1에 가까울수록 좋다. 분류 모델의 정확도를 측정하는 지표로 사용된다.

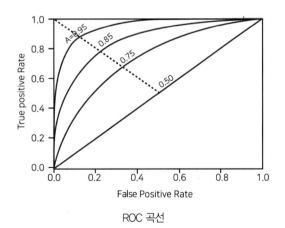

ROC 곡선

④ 이익*도표(Gain Chart)

분류 모형의 성능을 평가하는 척도이며, 분류된 관측치가 각 등급별로 얼마나 분포하는지를 나타낸 도표이다.

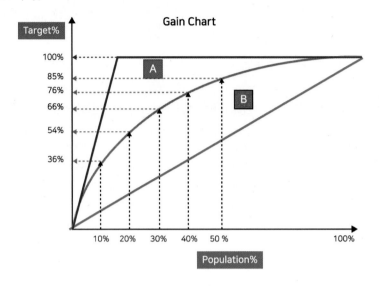

⑤ 향상도 곡선(Lift Curve)

랜덤 모델과 비교하여 해당 모델의 성과가 얼마나 향상되었는지를 각 등급별로 파악하는 그래프이다. 상위 등급에서 향상도가 매우 크고 하위 등급으로 갈수록 향상도가 감소하게 되면 예측력이 적절함을 의미한다.

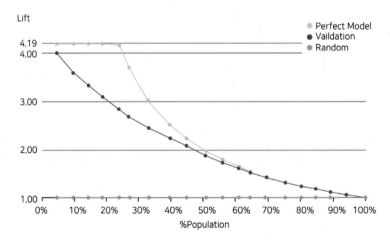

기초 용어 정의

* **이익**: 목표 범주에 속하는 개체들이 임의로 나눈 등급별로 얼마나 분포하는지 나타내는 값이다.

(3) 군집 분석 모델의 평가지표

실루엣 계수 (Silhouette Index)	• 같은 군집 내의 데이터와는 얼마나 가까운지, 타 군집의 데이터와는 얼마나 멀리 분포되어 있는지를 나타내는 지표이다. $$\text{실루엣 계수} = s(i) = \frac{b(i) - a(i)}{\max a(i), b(i)}$$ • $-1\sim1$의 값을 나타내며, 1에 가까울수록 군집화가 적합함을 의미한다.
듄 계수 (Dunn Index)	• 클러스터 내 최대 거리에 대한 클러스터 간의 최소 거리의 비율이다. • 군집 간 거리는 멀수록, 군집 내 분산은 작을수록 좋은 군집화이며, 값이 클수록 좋다. 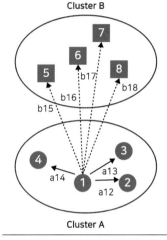
엘보우 기법 (Elbow Method)	• 클러스터 개수를 늘렸을 때 데이터 간의 평균 거리가 더 이상 많이 감소하지 않는 경우의 K를 선택하는 방법이다. • 개수가 늘 때마다 평균값이 급격히 감소하는데 적절한 K가 발견되면 매우 천천히 감소한다. 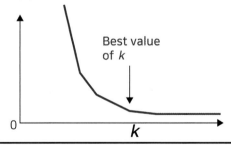

3절 군집 분석(Clustering)

1. 군집 분석

(1) 개념

① 주어진 관측값들 사이의 거리(Distance) 또는 유사성(Similarity)을 이용하여 전체를 몇 개의 집단으로 집단화하고 각 집단의 성격을 파악하여 데이터에 대한 이해를 돕고자 하는 분석 방법이다.

② 군집 분석의 목적은 레이블이 없는 데이터 집합의 요약된 정보를 추출하고, 이를 통해 전체 데이터 세트가 가지고 있는 특징을 발견하는 것이다.

③ 관측값 사이의 거리 또는 분산을 기초로 분류한다. 동일 집단 내의 유사성은 높아야 하고, 집단 간에는 이질성이 높아야 한다.

④ 이상값 탐지, 고객의 특성 분류 및 추천, 구매 패턴 분석, 패턴 인식 등의 분야에 활용된다.

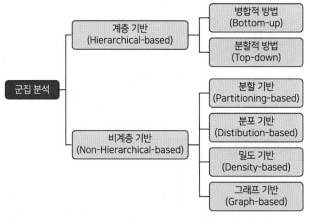

군집 분석 유형

(2) 기본적 가정

① 하나의 군집 내에 속한 개체들의 특성은 동일하며 다른 군집에 속한 개체들과 특성은 이질적이다.

② 군집의 개수 또는 구조와 관계없이 개체 간의 거리를 기준으로 분류한다.

③ 개별 군집의 특성은 군집에 속한 개체들의 평균값으로 나타낸다.

④ 군집 내의 응집도는 최대화하고 군집 간의 분리도는 최대화한다.

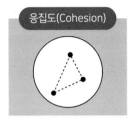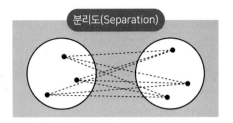

응집도와 분리도

(3) 계층적 군집 분석

① 개별 관측치 간의 거리를 계산해서 가장 가까운 관측치부터 결합하면서 계층적 트리 구조를 형성, 이를 통해 군집화를 수행하는 방법이다.

② 군집을 형성하는 매 단계에서 지역적 최적화를 수행하는 방법을 사용하므로 그 결과가 전역적인 최적해라고 볼 수는 없다. 또한 군집 형성 방법에는 병합적 방법과 분할적 방법이 있다.

병합적 (Agglomerative) 방법	• 하나의 데이터를 하나의 군집으로 간주하여 가까운 데이터부터 순차적으로 병합하는 방법 • 매 단계마다 모든 그룹 쌍 간의 거리를 계산해 가까운 순으로 병합을 수행한다. • 한 번 군집이 형성되면 군집에 속한 개체는 다른 군집으로 이동할 수 없다. • R 언어에서 stats 패키지의 hclust()함수와 cluster 패키지의 agnes(), mclust()함수를 이용한다.
분할적 (Divisive) 방법	• 전체 데이터를 하나의 군집으로 간주하고 각각의 관측치가 한 개의 군집이 될 때까지 군집을 순차적으로 분리하는 방법 • R 언어에서 cluster 패키지의 diana(), mona() 사용한다.

③ 중심 연결법, 와드 연결법 등에서는 군집의 크기에 가중을 두어 병합을 시도하므로 크기가 큰 군집과의 병합이 유도될 수 있다.

④ 계층적 군집 방법

최단 연결법	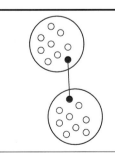	• 두 군집 사이의 거리를 각 군집에서 하나씩 관측값을 뽑았을 때 나타날 수 있는 거리의 최소값으로 측정 • 측정 최단 거리를 사용할 때 사슬 모양으로 생길 수 있으며, 고립된 군집을 찾는 데 중점을 둔 방법

최장 연결법		• 두 군집 사이의 거리를 각 군집에서 하나씩 관측값을 뽑았을 때 나타날 수 있는 거리의 최댓값으로 측정 • 같은 군집에 속하는 관측치는 알려진 최대 거리보다 짧으며 군집들의 내부 응집성에 중점을 둔 방법
중심 연결법		• 두 군집의 중심 간의 거리를 측정 • 평균 연결법보다 계산량이 적고, 모든 관측치 사이의 거리를 측정할 필요 없이 중심 사이 거리 한 번만 계산하는 방법
평균 연결법		• 생성된 군집과 기존 데이터들의 거리를 군집 내 평균 데이터로 계산하는 방법 • 모든 항목에 대한 거리 평균을 구하면서 군집화를 하기 때문에 계산량이 불필요하게 많아질 수 있음
와드 연결법		• 생성된 군집과 기존의 데이터들의 거리를 군집 내 오차가 최소가 되는 데이터로 계산하는 방법 • 비슷한 크기의 군집끼리 병합하는 경향성이 있음

(4) 연속형 변수 군집 분석의 척도

① 수학적 거리

| 유클리드
(Euclidean) 거리 | • 피타고라스 정리를 통해 측정하며 두 점 간의 거리로 두 점을 잇는 가장 짧은 거리를 측정한다.
• 두 점 간 차이 제곱해 더한 값의 제곱근이다.
$$d(x,y) = \sum_{i=1}^{p} (x_i - y_i)^2$$ |
| 맨해튼
(Manhattan) 거리 | • 블록 지도에서 출발지에서 도착지까지 가로지르지 않고 도착하는 가장 짧은 거리를 말한다.
• 실제 진행경로 기준으로 거리를 산출하며, 두 점 간 차의 절댓값을 합한 값이다.
$$d(x,y) = \sum_{i=1}^{p} |x_i - y_i|$$ |

민코프스키 (Minkowski) 거리	m 차원의 민코프스키 공간에서의 거리이며, 1차원일 때는 맨해튼 거리와 같으며 2차원일 경우는 유클리드 거리와 같다. $$d(x,y) = \left(\sum_{i=1}^{p} (x_i - y_i)^m \right)^{\frac{1}{m}}$$

② 통계적 거리

표준화 (Standardized) 거리	변수의 분산를 고려한 거리로 해당 변수를 표본 편차로 표준화한 후 유클리드 거리를 계산 한다. $$d(x,y) = \sum_{i=1}^{p} \left(\frac{x_i - y_i}{s_i} \right)^2$$
마할라노비스 (Mahalanobis) 거리	두 변수의 상관 관계를 고려한 거리로, 해당 변수를 표본 공분산으로 나눈 후 유클리드 거 리를 계산한다. $$d_M = \sqrt{\overrightarrow{(x-y)} \sum\nolimits^{-1} \overrightarrow{(x-y)}^T}$$

(5) 명목형 변수 거리

모든 변수가 명목형인 경우 개체 i와 j 간 거리를 말한다.

단순 일치 계수 (SMC; Simple Matching Coefficient)	• 두 객체 i와 j 간의 상이성을 불일치 비율로 계산한 것이다. • 전체 중에 일치하지 않은 비율을 의미한다.
자카드 거리 (Jaccard Distance)	• 비교 대상인 두 집합 사이의 비유사도를 측정하는 지표이다. $$Jaccard\,Distance = 1 - Jaccard\,Index$$ • 자카드 지수(Jaccard Index)는 두 집합 사이의 유사도를 측정하는 지표로 두 집합이 같으면 1, 완전히 다르면 0의 값을 가진다. $$J(A, B) = \frac{\mid A \cap B \mid}{\mid A \cup B \mid} = \frac{\mid A \cap B \mid}{\mid A \mid + \mid B \mid - \mid A \cap B \mid}$$

(6) 순서형 변수 거리

값에 순위를 매겨 그 순위에 대해 상관계수를 구하는 것을 순위 상관계수(Rank Correlation Coefficient)라고 한다.

2. K-평균(K-means) 군집

(1) 개념

① 군집의 수(K)를 사전에 정하고, 각 개체를 가까운 초깃값에 할당해 군집을 형성하고 각 군집의 평균을 재계산하여 초깃값을 갱신하는 과정을 반복하여 K개의 최종 군집을 형성하는 방법이다.

② 분석 기법 적용이 단순하고 빨라 다양한 데이터에서 사용할 수 있다.

③ 초승달 모양의 데이터 세트에 적합하다.

④ 초깃값 K의 설정이 어렵고, 이상값에 민감하게 반응하는 단점이 있다.

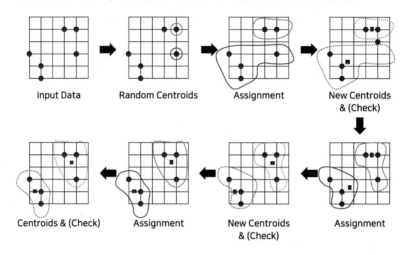

(2) K-평균 군집의 알고리즘의 단계

1단계	초기 군집 중심으로 K개의 임의의 객체를 선정한다.
2단계	• 각 자료를 가장 가까운 군집 중심에 할당한다. • 자료들의 군집의 중심점으로부터 오차제곱의 합이 최소가 되도록 각 자료를 할당하는 과정이다.
3단계	각 군집 내의 자료들의 평균을 계산해 군집의 중심을 갱신한다.
4단계	군집 중심의 변화가 거의 없을 때까지 2단계와 3단계를 반복한다.

(3) K값 선정 기법

엘보우 기법 (Elbow Method)	러스터의 개수를 두고 비교를 한 그래프를 통해 급격한 경사도를 보이다가 완만한 경사를 보이는 SSE값을 보이는 부분에 해당하는 클러스터를 선택하는 기법이다. 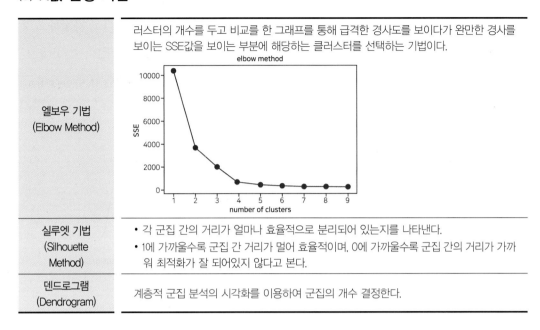
실루엣 기법 (Silhouette Method)	• 각 군집 간의 거리가 얼마나 효율적으로 분리되어 있는지를 나타낸다. • 1에 가까울수록 군집 간 거리가 멀어 효율적이며, 0에 가까울수록 군집 간의 거리가 가까워 최적화가 잘 되어있지 않다고 본다.
덴드로그램 (Dendrogram)	계층적 군집 분석의 시각화를 이용하여 군집의 개수 결정한다.

3. 혼합분포 군집(Mixture Distribution Clustering)

(1) 개념

① 모형 기반의 군집 방법으로 같은 확률분포에서 추출된 데이터들끼리 군집화하는 분석 기법이다.

② 데이터가 K개의 모수적 모형의 가중합으로 표현되는 모집단 모형으로부터 나왔다는 가정하에서 모수와 함께 가중치를 자료로부터 추정하는 방법을 사용한다.

(2) 특징

① EM 알고리즘*을 이용한 모수 추정에서 데이터가 커지면 수렴에 시간이 걸릴 수 있다.

② 군집의 크기가 너무 작으면 추정의 정도가 떨어지거나 어려울 수 있다.

③ 이상값에 민감하므로 이상값 제거 등 조치가 필요하다.

기초 용어 정의

* **EM 알고리즘**: 관측되지 않은 잠재변수에 의존하는 확률 모델에서 최대 가능도나 최대 사후 확률을 갖는 모수의 추정 값을 찾는 반복적인 알고리즘이다.

(3) 가우시안 혼합 모델(GMM; Gaussian Mixture Model)

① 전체 데이터의 확률분포가 K개의 가우시안 분포의 선형결합으로 이루어 졌다고 가정하고 각 분포에 속할 확률이 높은 데이터들 사이의 군집을 형성하는 방법이다.

② 각각의 데이터들이 여러 개의 가우시안 분포 중에 어디에 속하는 것이 최적인지 추정하여 군 집화시킨다.

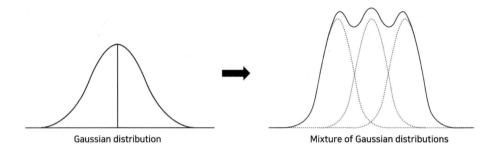

4. 밀도 기반 군집(DBSCAN 알고리즘)

(1) 개념

① 밀도 기반 군집 분석으로 서로 인접한 데이터들은 같은 군집 내에 있다는 것을 가정한 알고 리즘이다.

② 일정한 거리 안에 밀집된 데이터들끼리 그룹으로 묶어 클러스터를 형성하고, 낮은 밀도 영역 에 존재하는 이상치들을 검출하는 방식으로 작동한다.

③ 데이터 세트에 대한 사전 정보 없이도 적절한 클러스터링 결과를 도출할 수 있다.

④ 노이즈가 포함된 데이터 세트에 대해서도 효과적으로 군집 형성이 가능하며 초기 군집의 수 를 설정할 필요가 없다.

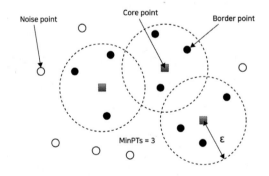

(2) 구성

Core Point (핵심 포인트)	주변 영역 내에 최소 데이터 개수 이상의 타 데이터를 가지고 있을 경우
Min Points (최소 데이터 개수)	개별 데이터의 입실론 주변 영역에 포함되는 타 데이터의 개수
Neighbor Point (이웃 포인트)	주변 영역 내에 위치한 타 데이터
Border Point (경계 포인트)	주변 영역 내에 최소 데이터 개수 이상의 이웃 포인트를 가지고 있지 않지만 핵심 포인트를 이웃 포인트로 가지고 있는 데이터
Noise Point (잡은 포인트)	최소 데이터 개수 이상의 이웃 포인트를 가지고 있지 않으며, 핵심 포인트도 이웃 포인트로 가지고 있지 않는 데이터
Epsilon (주변 영역)	개별 데이터를 중심으로 입실론 반경을 가지는 원형의 영역

(3) DBSCAN의 장단점

장점	단점
• 클러스터의 수를 분석가가 정하지 않아도 된다. • 데이터의 분포가 일정하지 않아도 군집을 찾아내기 용이하다.	• 매개변수의 선택에 민감하다. • 차원이 클 때 계산이 어렵다.

5. SOM(Self-Organizing Maps)

(1) 개념

① 대뇌피질 중 시각피질의 학습 과정을 모델화한 인공신경망으로써 자율 학습에 의한 클러스터링을 수행하는 알고리즘이다.

② 실제 공간의 입력변수가 가까이 있으면 지도상에는 가까운 위치에 있게 된다.

③ 고차원의 데이터를 이해하기 쉬운 저차원의 뉴런으로 정렬하여 지도의 형태로 형상화한 비지도 신경망이다.

④ 코호넨 네트워크에 근간을 두고 있다.

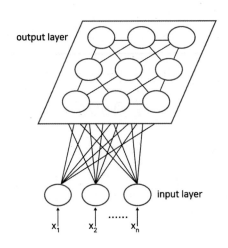

(2) 특징

① 고차원의 데이터를 저차원의 지도 형태로 형상화하기 때문에 시각적으로 이해하기 쉽다.

② 입력 변수의 위치 관계를 그대로 보존하기 때문에 실제 데이터가 유사하면 지도상에서 가깝게 표현되어 패턴 발견, 이미지 분석 등에서 뛰어난 성능을 보인다.

③ 하나의 전방 패스(Feed-Forward Flow)를 사용함으로써 속도가 매우 빨라 실시간으로 학습 처리를 할 수 있는 모형이다.

(3) 구성요소

입력층	• 입력 벡터를 받는 층 • 입력변수의 개수와 뉴런 수는 동일함 • 입력층에 있는 각각의 뉴런은 경쟁층에 있는 각각의 뉴런들과 연결되어 있지 않으며 이때 완전 연결되어 있음
경쟁층	• 입력벡터의 특성에 따라 벡터의 한 점으로 클러스터링 되는 층 • 연결 강도는 입력패턴과 가장 유사한 경쟁층 뉴런이 승자가 됨 • 승자 독식 구조로 인해 경쟁층에는 승자 뉴런만이 나타나며, 승자와 유사한 연결 강도를 갖는 입력 패턴이 동일한 경쟁 뉴런으로 배열
노드	한 항목의 집합이 빈발이면, 이 항목의 모든 부분집합이 빈발항목 집합경쟁층 내에서 입력 벡터들이 서로의 유사성에 근거하여 집합하는 영역
가중치	한 항목의 집합이 빈발이면, 이 항목의 모든 부분집합이 빈발항목 집합이며, 입력 값의 중요도를 나타냄

6. 다차원 척도법(MDS: Multi Dimensional Scaling)

① 데이터상의 거리를 바탕으로 이들 간의 관계 구조를 시각적으로 표현하는 통계 데이터 분석 기법이다.

② 대상 간의 유사성 측도에 의거하여 대상을 다차원 공간에 배치시키는 것으로 유사성이 작으면 멀리, 크다면 가까이 배치한다.

더 알아보기

유럽 도시들 간의 유사성을 다차원 척도법으로 표현하면 다음과 같다.

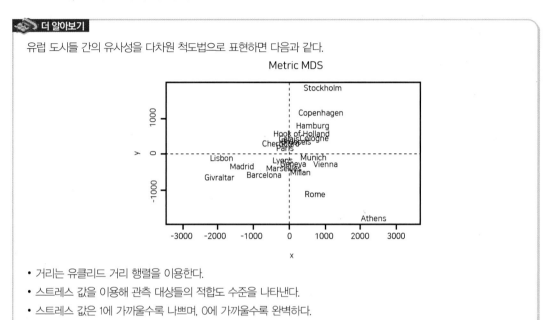

Metric MDS

- 거리는 유클리드 거리 행렬을 이용한다.
- 스트레스 값을 이용해 관측 대상들의 적합도 수준을 나타낸다.
- 스트레스 값은 1에 가까울수록 나쁘며, 0에 가까울수록 완벽하다.

4절 연관 분석(Association Analysis)

- 데이터 내부에 존재하는 항목 간의 유용한 패턴 찾아내는 분석 기법이다.

- A 제품을 구매한 사람은 B 제품도 구매할 확률이 높다는 결과를 도출하는 모델이다.

- 쇼핑 시 고객들이 물건을 살 때 선택하는 물건의 규칙성을 발견하여 상품 진열 시 연관해서 물건을 보여줄 수 있도록 판매 전략을 수립하는 데 사용될 수 있어 '장바구니 분석'이라고도 한다.

1. 연관규칙

(1) 개념

'조건—결과'식으로 표현되는 유용한 패턴으로, 'If— A, then B'와 같은 형식으로 표현된다. 그러나 모든 규칙이 유용한 것은 아니다.

(2) 순차 패턴

순서가 고려되어 상품 간의 연관성이 측정되고 유용한 연관규칙을 찾는 기법이다.

2. 연관 분석 알고리즘

(1) Apriori 알고리즘

① 복잡한 계산량을 줄이기 위해 모든 항목 집합에서 최소 지지도 이상의 빈발항목 집합만을 찾아내 연관규칙을 계산하는 기법이다.

② 신뢰도 혹은 지지도가 낮을 조합은 처음부터 연산대상에서 제외한다.

③ 많은 연관규칙을 발견할 수 있으며 원리가 간단해 이해가 쉽다.

규칙 1	한 항목의 집합이 빈발이면, 이 항목의 모든 부분집합이 빈발항목 집합이다.
규칙 2	한 항목의 집합이 빈발하지 않는다면, 이 항목의 모든 부분집합이 빈발하지 않는다.

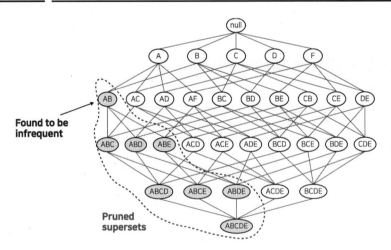

Apriori 알고리즘 방법의 단계

1단계	빈도 수 집합 탐색	대용량 데이터베이스 내의 단위 트랜잭션에서 빈번하게 발생하는 사건의 유형 발견
2단계	최소 지지도 확인	최소 지지도 이상을 만족하는 빈발항목 집합을 발견
3단계	후보 집합 생성	빈발항목으로 집합 생성
4단계	2-3단계 반복 수행	새로운 빈발항목 집합이 더 이상 생성되지 않을 때까지 반복 수행
5단계	연관규칙 생성	발견된 다량 항목 집합 내에 포함된 항목 중 최소 신뢰도 이상을 만족시키는 항목들 간의 연관규칙 생성

```
          최소한의 지지도
┌──────────┐  ─────────→  ┌──────────┐
│후보 데이터군│    DB검색     │대용량 데이터군│
└──────────┘              └──────────┘
  의미가 있는                     │ 최소한의
  후보 데이터군을 추출              ↓ 신뢰성
                           ┌──────────┐
                           │  연관규칙  │
                           └──────────┘
```

(2) FP-Growth* 알고리즘

① FP Tree구조를 이용하여 Apriori 알고리즘보다 훨씬 빠른 속도로 계산된다.

② 최소 지지도 이상에 해당하는 아이템 집합만 선택한다.

③ 데이터 세트가 큰 경우 모든 후보 아이템 세트들에 대하여 반복적으로 계산하는

④ 단점이 있는 Apriori 알고리즘을 개선한 알고리즘이다.

⑤ 대용량 데이터 세트에서 메모리가 비효율적이며, 설계가 어렵다. 그 원리는 다음과 같다.

- 전체 거래를 확인하여, 각 아이템마다 지지도(Support)를 계산 후 최소 지지도 이상의 아이템만 선택

- 빈도가 높은 아이템 순서대로 정렬

- 부모노드를 중심으로 자식노드에 거래를 추가하면서 tree를 생성

- 새로운 아이템이 나올 경우에는 부모노드부터 시작, 그렇지 않으면 기존 노드에서 확장

- 모든 과정을 전체 거래에 반복하여 FP Tree를 만들어 최소 지지도 이상의 패턴만 추출

기초 용어 정리
* FP-Growth 알고리즘: Apriori 알고리즘을 개선한 알고리즘이다.

3. 연관 분석의 기준 지표

지지도 (Support)	• 전체 거래 중 A와 B를 동시에 포함하는 거래의 비율 $$P(A \cap B) = \frac{A와 B가 동시에 포함된 거래 수}{전체 거래 수}$$
신뢰도 (Confidence)	• A 상품을 샀을 때 B 상품을 살 확률에 대한 척도 $$\frac{P(A \cap B)}{P(A)} = \frac{A와 B가 동시에 포함된 거래 수}{A가 포함된 거래 수}$$
향상도 (Lift)	• 연관성의 정도를 측정하는 정도 • 향상도가 1이면 상호 연관성이 없으며, 1보다 크면 해당 규칙은 결과를 예측하는 데 있어 우수하다. $$\frac{P(B \mid A)}{P(B)} = \frac{(A와 B가 동시에 포함된 거래 수) \div (A를 포함하는 거래 수)}{(B를 포함하는 거래 수) \div (전체 거래 수)}$$ $$= \frac{(A와 B가 동시에 포함된 거래 수) \times (전체 거래 수)}{(A를 포함하는 거래 수) \times (B를 포함하는 거래 수)}$$ $$= \frac{신뢰도}{P(B)} = \frac{P(A \cap B)}{P(A) \times P(B)}$$

4. 연관 분석의 장단점

(1) 장점

① **탐색적인 기법**: 조건 반응(if-then)으로 표현되는 연관 분석의 결과를 이해하기 쉽다.

② **강력한 비목적성 분석 기법**: 분석 방향이나 목적이 특별하게 없는 경우 목적변수가 없으므로 유용하다.

③ **사용이 편리한 분석 데이터의 형태**: 거래 내용에 대한 데이터를 변환 없이 그 자체로 이용할 수 있는 간단한 자료구조를 갖는 분석 방법이다.

④ **계산의 용이성**: 분석을 위한 계산이 상당히 간단하다.

(2) 단점

① **상당한 수의 계산 과정**: 품목 수가 증가하면 분석에 필요한 계산은 기하급수적으로 늘어난다.

② **적절한 품목의 결정**: 너무 세분화된 품목을 가지고 연관규칙을 찾으려고 하면 의미 없는 분석 결과가 나올 수도 있다.

③ **품목의 비율 차이**: 상대적으로 거래량이 적은 품목은 당연히 포함된 거래 수가 적을 것이기에 규칙 발견 시 제외되기 쉽다.

01 데이터 마이닝의 단계 중 모델링의 목적에 따라 목적변수를 정의하고, 필요한 데이터를 데이터 마이닝 소프트웨어에 적용 가능한 적합한 형식으로 준비하는 단계로 가장 알맞은 것은?

① 데이터 준비
② 데이터 가공
③ 데이터 마이닝 기법 적용
④ 목적 정의

> 데이터 가공 단계에서는 데이터 마이닝 기법 적용이 가능하도록 수집된 데이터를 가공하거나 모델링 목적에 따라 목적변수를 정의하고 필요한 데이터를 데이터 마이닝 소프트웨어에 적용할 수 있도록 적합한 형식으로 가공하는 작업을 수행한다.
>
> 정답 ②

02 데이터 마이닝 기능 중 하나로 주어진 입력 데이터를 이용하여 알려지지 않은 결과의 값을 추정하는 것으로 옳은 것은?

① 분류
② 군집
③ 추정
④ 예측

> ① 분류(Classfication): 새롭게 나타난 현상을 검토하여 기존의 분류 또는 집합에 배정하는 것
> ② 군집(Clustering): 이질적인 모집단을 동질성을 지닌 그룹별로 세분화하는 것
> ④ 예측(Prediction): 미래의 양상을 예상하거나 미래의 값을 추정하는 것
>
> 정답 ③

03 다음 중 종속변수가 범주형인 경우에 적용되는 회귀 분석 모형은?

① 단수 회귀 모형
② 다중 회귀 모형
③ 로지스틱 회귀 모형
④ 더미 변수를 이용한 회귀 모형

> 로지스틱 회귀 분석은 독립변수가 수치형이고 종속변수가 범주형(이항형)인 경우 적용되는 회귀 분석 모형이다. 새로운 설명변수의 값이 주어질 때 반응변수의 각 범주에 속할 확률이 얼마인지 추정하여 추정 확률을 기준치에 따라 분류하는 목적으로 사용된다.
>
> 정답 ③

04 다음 중 로지스틱 회귀 모형에 대한 설명으로 옳지 <u>않은</u> 것은?

① 모형의 적합을 통해 추정된 확률을 사후 확률이라 부른다.
② 새로운 설명변수의 값이 주어질 때 반응변수의 각 범주에 속할 확률이 얼마인지 추정하여 추정 확률을 기준치에 따라 분류하는 목적으로 사용된다.
③ 오즈란 임의의 이벤트가 어떤 요인에 의해 발생하지 않을 확률 대비 발생할 확률을 말한다.
④ 로짓 변환은 오즈에 로그를 씌우는 변환으로 범위가 $[-1,1]$일 때 출력값의 범위를 $(-\infty, \infty)$로 조정한다.

> 로짓 변환은 오즈에 로그를 씌우는 변환으로 범위가 $[0,1]$일 때 출력값의 범위를 $(-\infty, \infty)$로 조정한다.
>
> 정답 ④

05 활성화 함수 중 0보다 크면 입력값을 그대로 출력하고, 0 이하의 값만 0으로 출력하는 함수는?

① 시그모이드 함수
② 소프트 맥스 함수
③ ReLU 함수
④ 퍼셉트론

렐루(ReLU) 함수
• 입력값이 양수인 경우만 뉴런을 전달하는 함수이다.
• 시그모이드 함수의 기울기 소실 문제를 해결한다.

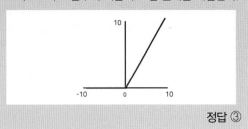

정답 ③

06 다음 중 다층 퍼셉트론 구조에 대한 설명으로 옳지 <u>않은</u> 것은?

① 입력층, 은닉층, 출력층으로 구성되어 있으며 역전파 알고리즘을 사용한다.
② 활성화 함수로는 시그모이드 함수를 사용한다.
③ 퍼셉트론은 입력층과 출력층 사이에 1개 이상의 은닉층을 두어 비선형적으로 분리되는 데이터에 대해 학습이 가능하다.
④ 출력값과 멀어질수록 학습이 모호하게 진행되어 시그모이드 함수에서의 1보다 작으면 0에 가까워진다는 이유로 계속 0에서 멀어져 기울기가 커진다.

기울기 소실 문제로 출력값과 멀어질수록 학습이 모호하게 진행되어 시그모이드 함수에서의 1보다 작으면 0에 가까워진다는 이유로 계속 0에 가까워져 기울기값이 작아진다.

정답 ④

07 인공신경망이 알아내고자 하는 목적은 무엇인가?

① 순입력 함수
② 가중치
③ 활성 함수
④ 오차

인공신경망의 목적은 출력층에서 계산된 출력과 실제 출력값 차이를 최소화시키는 가중치를 알아내는 것이다.

정답 ②

08 다음 중 의사결정나무의 구성과 그 설명이 <u>틀린</u> 것은?

① 부모 마디: 자식 마디의 상위 마디
② 깊이: 가지를 이루는 마디의 분리 층수
③ 뿌리 마디: 의사결정나무가 시작되는 마디로 맨 위에 위치함
④ 중간 마디: 상위 마디로부터 분리된 2개 이상의 마디

상위 마디로부터 분리된 2개 이상의 마디는 '지식 마디'이다. 중간 마디는 의사결정나무 중간에 위치한 가지로, 뿌리 마디 또는 끝 마디가 아닌 모든 마디를 말한다.

정답 ④

09 다음 중 의사결정나무에서 이산형 목표변수에 사용되는 분리 기준에 대한 설명으로 올바르지 <u>않은</u> 것은?

① 카이제곱 통계량의 P값은 P–값이 가장 작은 예측변수와 그 당시의 최적 분리를 통해서 자식 마디가 형성된다.
② 지니 지수(Gini Index)는 노드의 불순도를 나타내는 값으로, 그 값이 클수록 순수도가 낮다고 볼 수 있다.
③ 엔트로피 지수(Entropy Index)는 엔트로피 지수가 가장 작은 예측변수와 그 당시의 최적 분리를 통해서 자식 마디를 형성한다.
④ 분산 분석에서 F–통계량은 이산형 목표변수에 사용되는 분리 기준이다.

> 분산 분석에서 F–통계량은 연속형 목표변수에 사용되는 분리 기준이다.
>
> 정답 ④

10 다음 중 의사결정나무에 대한 설명으로 옳지 <u>않은</u> 것은?

① 분리 경계점 근처에서 오룻값이 발생할 확률이 있다.
② 과소 적합의 발생률이 높아 적절한 기준값을 선택해야 한다.
③ 비지도학습 알고리즘이다.
④ 깊이는 가지를 이루는 마디의 분리 층수를 말하며 분석가가 조정할 수 있다.

> 의사결정나무는 대표적인 지도학습 알고리즘이다.
>
> 정답 ③

11 다음 중 앙상블 모형의 특징으로 가장 <u>부적합</u>한 것은?

① 예측값들의 분산을 감소시켜 정확도를 높인다.
② 여러 가지 모형들의 예측 및 분류 결과를 종합하여 최종적인 의사결정에 활용한다.
③ 투표를 통해 최적화된 예측을 수행하고 결정한다.
④ 계산이 간단하여 모형의 학습 속도가 빠르다.

> 여러 개의 학습 모델을 반복해서 학습하므로 계산량이 많다.
>
> 정답 ④

12 다음 중 보기에서 설명하는 지도학습 기법으로 옳은 것은?

> 배깅과 부스팅보다 더 많은 무작위성을 주어 약한 학습기들을 생성한 후 이를 선형 결합하여 최종 학습기를 만드는 방법이다.

① 랜덤 포레스트
② 서포트벡터 머신
③ 인공신경망 분석
④ 의사결정나무

> **랜덤 포레스트(Random Forest)**
> 배깅과 부스팅보다 더 많은 무작위성을 주어 약한 학습기들을 생성한 후 이를 선형 결합하여 최종 학습기를 만드는 방법이다.
>
> 정답 ①

13 다음 중 랜덤 포레스트(Random Forest)에 대한 설명으로 옳지 <u>않은</u> 것은?

① 출력변수와 입력변수 간의 복잡한 관계를 모델링할 수 있다.

② 모형의 해석이 용이한 편이다.

③ 이상치에 영향을 적게 받는다.

④ 다양한 상황을 고려하여 학습하게 되어 과적합을 방지한다.

랜덤 포레스트(Random Forest)의 장단점	
장점	• 출력변수와 입력변수 간의 복잡한 관계를 모델링할 수 있다. • 변수의 제거가 없어 정확도가 높다. • 이상치에 영향을 적게 받는다. • 다양한 상황을 고려하여 학습하게 되어 과적합을 방지한다.
단점	• 모형의 해석이 어렵다. • 계산량이 많고 학습 소요시간이 의사결정 나무에 비해 길다.

정답 ②

14 K-Fold 교차검증(K-Fold Cross Validation)에 대한 설명으로 옳지 <u>않은</u> 것은?

① 1개는 훈련 데이터, K-1개는 검증 데이터로 사용한다.

② 데이터를 K개로 나눈다.

③ K번 반복 수행한다.

④ 결과를 다수결 또는 평균으로 분석한다.

K-Fold 교차검증(K-Fold Cross Validation)

• 전체 데이터를 무작위의 동일 크기 K개의 Fold로 나누어 다른 Fold 1개를 평가 데이터로, 나머지 K-1개의 Fold를 훈련 데이터로 분할하는 과정을 K번 반복하는 방법이다.

• K의 수만큼 모델을 생성하기 때문에 연산량이 커진다는 단점이 있다.

• 장단점

장점	단점
모든 데이터를 Train 및 Test에 활용할 수 있으므로 과대 적합 및 과소 적합을 탐지할 수 있다.	• 순서형 데이터가 순서대로 내재된 경우 오류가 발생한다. • 각기 다른 Fold에 같은 데이터가 존재할 경우 유의하지 않은 결과가 도출된다.

정답 ①

15 모형 평가방법 중 주어진 원천 데이터를 랜덤하게 두 분류로 분리하여 교차 검정을 실시하는 방법이 있다. 전체 데이터를 비복원추출 방법을 이용하여 하나는 모형의 학습 및 구축을 위한 훈련 데이터로, 다른 하나는 성과 평가를 위한 평가 데이터로 사용하는 방법은?

① LOOCV
② K-Fold Cross Widation
③ LpOCV
④ 홀드아웃 교차검증

홀드아웃 교차검증(Hold-out Cross-Validation)
- 전체 데이터를 비복원추출 하여 이용해 일정 비율로 학습 데이터와 평가 데이터로 1회 나눠 검증하는 기법으로, 데이터를 어떻게 나누느냐에 따라 결과가 많이 달라질 수 있다는 단점이 있다.
- 학습 데이터로 최적의 모델 정확도를 산출한 다음 검증 데이터로 과적합을 정지한다.
- 전체 데이터에서 평가 데이터만큼은 학습에 사용할 수 없으므로 데이터 손실이 발생한다.

정답 ④

---

16 10개의 샘플 데이터를 LpOCV(Leave-p-Out Cross Validation)을 통하여 교차검증을 실시하고자 한다. p = 2일 경우 반복되는 교차 검증은 몇 번인가?

① 20
② 45
③ 80
④ 90

---

n개의 데이터에서 LpOCV를 사용할 때 반복되는 교차 검증의 횟수는 전체 데이터 n개 중 샘플 p개만 평가하고 (n-p)개는 학습한다.

따라서 $_nC_p = {}_{10}C_2 = 45$이다.

정답 ②

---

17 혼동행렬(Confusion Matrix)을 사용하여 계산할 수 있는 평가지표 중 민감도와 동일하며 모형의 완전성(Completeness)을 평가하는 지표는 무엇인가?

① 특이도
② 재현율
③ F1-지표
④ 정밀도

재현율은 실제 양성인 것들 중에서 올바르게 양성으로 판단한 비율로, 양성 결과를 정확히 예측하는지 평가한다. 즉, 실제 True인 것 중에서 모델이 True라고 예측한 것의 비율이다.

정답 ②

---

18 다음 혼동행렬에서 F1-Score는?

실제값	예측값	
	TRUE	FALSE
TRUE	60	40
FALSE	20	80

① $\dfrac{2}{3}$
② $\dfrac{1}{3}$
③ $\dfrac{3}{4}$
④ $\dfrac{3}{2}$

정밀도와 재현율의 조화평균으로 어느 한쪽으로 치우치지 않는 수치를 나타낼 때 F1-Score는 높은 값을 가진다.

$$2 \times \frac{precision \times recall}{precision + recall}$$

정밀도 $= \dfrac{TP}{TP+FP} = \dfrac{60}{60+20} = \dfrac{60}{80} = \dfrac{6}{8}$

재현율 $= \dfrac{TP}{TP+FN} = \dfrac{60}{60+40} = \dfrac{60}{100} = \dfrac{6}{10}$

F1-Score $= 2 \times \dfrac{\dfrac{6}{8} \times \dfrac{6}{10}}{\dfrac{6}{8} + \dfrac{6}{10}} = \dfrac{2}{3}$

정답 ①

---

19 군집 분석 모델의 평가지표에 대한 설명으로 옳지 <u>않은</u> 것은?

① 실루엣 계수는 같은 군집 내의 데이터와는 얼마나 가까운지, 타 군집의 데이터와는 얼마나 멀리 분포되어 있는지를 나타내는 지표이다.

② 실루엣 계수는 0~1의 값을 나타내며, 1에 가까울수록 군집화가 적합함을 의미한다.

③ 엘보우 기법(Elbow Method)은 클러스터 개수를 늘렸을 때 데이터 간의 평균 거리가 더 이상 많이 감소하지 않는 경우의 K를 선택하는 방법이다.

④ Dunn Index는 클러스터 내 최대 거리에 대한 클러스터 간의 최소 거리의 비율이다.

실루엣 계수는 −1~1의 값을 나타내며, 1에 가까울수록 군집화가 적합함을 의미한다.

정답 ②

20 다음 중 ROC 커브에 대한 설명으로 적합하지 <u>않은</u> 것은?

① AUC가 1.0에 가까울수록 분석 모형 성능이 우수하다.

② AUC가 0.5일 경우, 랜덤 선택에 가까운 성능이다.

③ x축은 특이도를 의미한다.

④ y축은 민감도를 의미한다.

x축은 특이도가 아닌, 거짓 긍정률(FP Rate)을 의미한다.

정답 ③

21 다음 중 군집 분석에 대한 기본적 가정으로 옳지 <u>않은</u> 것은?

① 개별 군집의 특성은 군집에 속한 개체들의 중앙값으로 나타낸다.

② 군집의 개수 또는 구조와 관계없이 개체 간의 거리를 기준으로 분류한다.

③ 하나의 군집 내에 속한 개체들의 특성은 동일하며, 다른 군집에 속한 개체들과 특성은 이질적이다.

④ 군집 내의 응집도는 최대화하고 군집 간의 분리도는 최대화한다.

개별 군집의 특성은 군집에 속한 개체들의 평균값으로 나타낸다.

정답 ①

22 계층적 분석에 대한 설명으로 옳지 <u>않은</u> 것은?

① 분할적 방법은 전체 데이터를 하나의 군집으로 간주하고 각각의 관측치가 한 개의 군집이 될 때까지 군집을 순차적으로 분리하는 방법이다.

② 군집을 형성하는 매 단계에서 지역적 최적화를 수행하는 방법을 사용하므로 그 결과가 전역적인 최적해라고 볼 수는 없다.

③ 하나의 군집 내에 속한 개체들의 특성은 동일하며, 다른 군집에 속한 개체들과 특성은 이질적이다.

④ 중심 연결법, 와드 연결법 등에서는 군집의 밀도에 가중을 두어 병합을 시도하므로 응집력이 큰 군집과의 병합이 유도될 수 있다.

중심 연결법, 와드 연결법 등에서는 군집의 크기에 가중을 두어 병합을 시도하므로 크기가 큰 군집과의 병합이 유도될 수 있다.

정답 ④

23 블록 지도에서 출발지에서 도착지까지 가로지르지 않고 도착하는 가장 짧은 거리는?

① 맨해튼 거리
② 유클리드 거리
③ 민코프스키 거리
④ 표준화 거리

② 유클리드 거리: 피타고라스 정리를 통해 측정하며 두 점 간의 거리로 두 점을 잇는 가장 짧은 거리를 측정한다.

$$d(x,y) = \sum_{i=1}^{p} (x_i - y_i)^2$$

③ 민코프스키 거리: m 차원의 민코프스키 공간에서의 거리이며, 1차원일 때는 맨해튼 거리와 같으며 2차원일 경우는 유클리드 거리와 같다.

$$d(x,y) = \left(\sum_{i=1}^{p} (x_i - y_i)^m \right)^{\frac{1}{m}}$$

④ 표준화 거리: 변수의 분산를 고려한 거리로 해당 변수를 표본 편차로 표준화한 후 유클리드 거리를 계산한다.

$$d(x,y) = \sum_{i=1}^{p} \left(\frac{x_i - y_i}{s_i} \right)^2$$

정답 ①

24 다음은 학생들의 수학 성적과 국어 성적을 정규화한 데이터이다. 맨해튼 거리를 이용하여 A와 B의 거리를 구한 값은?

학생	(수학, 국어)
A	(2, 4)
B	(5, 1)

① 2
② 4
③ 6
④ 8

맨해튼 거리는 $d(x,y) = \sum_{i=1}^{p} |x_i - y_i|$ 이므로,

$|5-2| + |1-4| = 3+3 = 6$이다.

정답 ③

25 학생 A와 B의 유사성을 유클리드 거리로 계산한 값은?

구분	키	몸무게
A	185	70
B	165	60

① $\sqrt{5}$
② $\sqrt{50}$
③ $\sqrt{500}$
④ 25

유클리드 거리는 $d(x,y) = \sqrt{\sum_{i=1}^{p} (x_i - y_i)^2}$ 이므로,

$\sqrt{(185-165)^2 + (70-60)^2} = \sqrt{500}$ 이다.

정답 ③

26 다음 중 군집 간 거리 연결법과 그 설명이 잘못 연결된 것은?

① 최단 연결법 – 측정 최단거리를 사용할 때 사슬 모양으로 생길 수 있으며 고립된 군집을 찾는데 중점을 둔 방법
② 와드 연결법 – 생성된 군집과 기존의 데이터들의 거리를 군집 내 오차가 최소가 되는 데이터로 계산하는 방법
③ 평균 연결법 – 생성된 군집과 기존 데이터들의 거리를 군집 내 중심 간의 거리를 계산하는 방법
④ 최장 연결법 – 같은 군집에 속하는 관측치는 알려진 최대 거리보다 짧으며 군집들의 내부 응집성에 중점을 둔 방법

> 생성된 군집과 기존 데이터들의 거리를 군집 내 중심 간의 거리를 계산하는 방법은 '중심 연결법'이다.
>
> 정답 ③

27 K-평균 군집 분석에 대한 설명으로 옳지 않은 것은?

① 분석 기법 적용이 단순하고 빠르다.
② 계층적 군집 분석의 덴드로그램 시각화를 이용하여 군집의 개수 결정할 수 있다.
③ 초기 군집의 수는 초 매개변수로 분석자가 설정해야 한다.
④ 실루엣 기법은 각 군집의 응집도가 강한지를 나타낸다.

> 실루엣 기법은 각 군집 간의 거리가 얼마나 효율적으로 분리되어 있는지를 나타낸다.
>
> 정답 ④

28 혼합분포 군집에 대한 설명으로 옳지 않은 것은?

① EM 알고리즘을 이용한 모수 추정에서 데이터가 커지면 수렴에 시간이 걸릴 수 있다.
② 이상값에 민감하지 않다는 장점이 있다.
③ 모형 기반의 군집 방법으로 같은 확률분포에서 추출된 데이터들끼리 군집화하는 분석 기법이다.
④ 데이터가 K개의 모수적 모형의 가중합으로 표현되는 모집단 모형으로부터 나왔다는 가정하에서 모수와 함께 가중치를 자료로부터 추정하는 방법을 사용한다.

> 혼합분포 군집은 이상값에 민감하므로 이상값 제거 등의 조치가 필요하다.
>
> 정답 ②

29 다음 중 SOM(Self-Organizing Maps)에서 입력벡터의 특성에 따라 벡터의 한 점으로 클러스터링되는 층은?

① 경쟁층 ② 입력층
③ 노드 ④ 가중치

SOM의 구성요소	
입력층	• 입력 벡터를 받는 층 • 입력변수의 개수와 뉴런수는 동일함 • 입력층에 있는 각각의 뉴런은 경쟁층에 있는 각각의 뉴런들과 연결되어 있지 않으며 이때 완전 연결되어 있음
경쟁층	• 입력벡터의 특성에 따라 벡터의 한 점으로 클러스터링 되는 층 • 연결 강도는 입력패턴과 가장 유사한 경쟁층 뉴런이 승자가 됨 • 승자 독식 구조로 인해 경쟁층에는 승자 뉴런만이 나타나며, 승자와 유사한 연결 강도를 갖는 입력 패턴이 동일한 경쟁 뉴런으로 배열
노드	한 항목의 집합이 빈발이면, 이 항목의 모든 부분집합이 빈발항목 집합경쟁층 내에서 입력벡터들이 서로의 유사성에 근거하여 집합하는 영역
가중치	한 항목의 집합이 빈발이면, 이 항목의 모든 부분집합이 빈발항목 집합이며, 입력 값의 중요도를 나타냄

정답 ①

30 다음 중 연관 분석의 특징으로 옳지 않은 것은?

① 품목의 수가 증가하면 분석에 필요한 계산은 기하급수적으로 늘어난다.
② 거래 내용에 대한 데이터를 변환하여 간단한 자료구조를 갖는 분석 방법이다.
③ 조건 반응(if-then)으로 표현되는 연관 분석의 결과를 이해하기 쉽다.
④ 상대적으로 거래량이 적은 품목은 당연히 포함된 거래 수가 적을 것이고, 규칙 발견 시 제외되기 쉽다.

> 연관 분석은 거래 내용에 대한 데이터를 변환 없이 그 자체로 이용할 수 있는 간단한 자료구조를 갖는 분석 방법이다.
>
> 정답 ②

31 Apriori 알고리즘의 단점을 보완하여 최소 지지도를 만족하는 빈발 아이템 집합을 추출하는 기법으로 옳은 것은?

① FP-Growth
② CART
③ C5.0
④ Kohonen

> **FP-Growth 알고리즘**
> • FP Tree 구조를 이용하여 Apriori 알고리즘보다 훨씬 빠른 속도로 계산된다.
> • 최소 지지도 이상에 해당하는 아이템 집합만 선택한다.
> • 데이터 세트가 큰 경우 모든 후보 아이템 세트들에 대하여 반복적으로 계산하는 단점이 있는 Apriori 알고리즘을 개선한 알고리즘이다.
> • 대용량 데이터 세트에서 메모리가 비효율적이며, 설계가 어렵다.
>
> 정답 ①

32 다음 중 '빵→우유' 간의 지지도, 신뢰도, 향상도가 순서대로 나열된 것은?

A: 책, 와인
B: 책, 빵, 우유, 와인
C: 책, 빵, 우유, 과자
D: 책, 과자, 빵, 우유
E: 책, 와인, 빵, 주스

① $\dfrac{2}{4}, \dfrac{3}{4}, \dfrac{5}{4}$

② $\dfrac{3}{5}, \dfrac{3}{4}, \dfrac{5}{4}$

③ $\dfrac{3}{5}, \dfrac{3}{4}, \dfrac{3}{4}$

④ $\dfrac{2}{5}, \dfrac{2}{4}, \dfrac{5}{4}$

- 지지도: 전체 데이터에서 해당 물건을 구입한 확률
$$= \frac{\text{빵과 우유를 동시에 구매한 수}}{\text{전체 데이터 수}} = \frac{3}{5}$$
- 신뢰도: 빵을 구매했을 때 우유가 구매될 확률
$$= \frac{\text{빵과 우유를 동시에 구매한 수}}{\text{빵이 포함된 구매 수}} = \frac{3}{4}$$
- 향상도:
$$= \frac{\text{신뢰도}}{\text{우유를 포함하는 거래 수}}$$
$$= \frac{\text{신뢰도}}{P(\text{우유})} = \frac{P(\text{빵} \cap \text{우유})}{P(\text{빵}) \times P(\text{우유})}$$
$$= \frac{\dfrac{3}{5}}{\dfrac{4}{5} \times \dfrac{3}{5}} = \frac{5}{4}$$

정답 ②

33 다음 거래 내역 중 '우유→빵'에 대한 신뢰도로 옳은 것은?

항목	거래 건수
우유	20
빵	5
우유, 빵	10
빵, 맥주	15

① $\dfrac{1}{2}$ ② $\dfrac{1}{4}$

③ $\dfrac{3}{4}$ ④ $\dfrac{1}{3}$

신뢰도(Confidence)는 A 상품을 샀을 때 B 상품을 살 확률에 대한 척도를 말한다.
$$\frac{P(A \cap B)}{P(A)} = \frac{\text{우유와 빵이 동시에 포함된 거래 수}}{\text{우유가 포함된 거래 수}}$$
$$= \frac{10}{30} = \frac{1}{3}$$

정답 ④

34 연관규칙의 측정 지표인 향상도에 대한 설명으로 가장 알맞은 것은?

① 품목 B에 대한 품목 A의 조건부 확률로 나타낸다.
② 품목 A와 B의 구매가 서로 관련이 없는 경우 향상도는 0이다.
③ 향상도가 1보다 크면 해당 규칙은 결과를 예측하는 데 있어 우수하다.
④ 전체 거래 중에서 품목 A, B가 동시에 포함된 거래의 비율이다.

① 신뢰도에 대한 설명이다.
② 품목 A와 B의 구매가 서로 관련이 없는 경우 향상도는 1이다.
④ 지지도에 대한 설명이다.

정답 ③

기출복원문제

※ 변경된 출제기준에 따라 단답형 문제를 선택형으로 변형하여 수록했습니다.

제36회 기출복원문제

제한시간: 90분
문항당 2점
시행일: 2023. 02. 26

1과목 데이터의 이해(10문제)

01 암묵지와 형식지의 상호작용 중 개인 또는 집단이 형식지를 본인의 지식에 연결해 새로운 형식지를 창조하는 것으로 옳은 것은?

① 표출화
② 공통화
③ 연결화
④ 내면화

키워드 | 암묵지와 형식지의 상호작용
해설 | ① 표출화(Externalization): 개인이나 집단에 내재된 암묵지를 언어나 기호, 숫자 등의 형태로 표현하는 것
② 공통화(Socialization): 경험을 공유하는 등의 타인과의 상호작용을 통해 개인이 암묵지를 습득하는 것
④ 내면화(Internalization): 형식지가 개인의 암묵지로 변환되어 내재되는 것

02 데이터에 대한 설명으로 가장 적절하지 <u>않은</u> 것은?

① 데이터는 개별 데이터 자체로는 의미가 중요하지 않지만, 축적된 지식과 아이디어가 결합된 창의적 산물이다.
② 객관적 사실(Fact)이라는 존재적 특성과 더불어 추론, 추정, 예측, 전망을 위한 근거로써 당위적 특징을 갖는다.
③ 정성적 데이터의 경우 데이터 양이 증가하여도 관리시스템에 저장, 검색, 분석 등 활용이 용이하다.
④ 추론과 추정의 근거를 이루는 사실로, 단순한 객체로서의 가치와 함께 다른 객체와의 상호관계 속에서 가치를 갖는다.

키워드 | 데이터
해설 | 정성적 데이터가 아니라, 정량적 데이터에 대한 설명이다.

03 데이터베이스에 대한 설명으로 가장 적절하지 않은 것은?

① 여러 사용자가 서로 다른 목적으로 데이터베이스의 데이터를 공동으로 이용한다.
② 기계 가독성, 검색 가능성, 원격 조작성을 갖는다.
③ 이용자의 정보요구에 따라 다양한 정보를 신속하고 경제적으로 획득할 수 있다.
④ 데이터는 현시점의 정확한 데이터를 유지하며 갱신되지 않는다.

키워드 | 데이터베이스
해설 | 데이터는 현시점의 정확한 데이터를 유지하면서 지속적으로 갱신된다. 데이터베이스는 항상 변화하지만, 항상 현재의 정확한 데이터를 유지해야 한다.

04 데이터베이스에 대한 설명으로 가장 적절하지 않은 것은?

① 데이터베이스 내의 데이터는 1차원 테이블로 표현된다.
② 이용자의 정보요구에 따라 다양한 정보를 신속하고 경제적으로 획득할 수 있다.
③ 일반적으로 대용량화되고 구조가 복잡하다.
④ 동일한 데이터가 중복되어 저장되지 않는다.

키워드 | 데이터베이스
해설 | 데이터베이스 내의 모든 데이터는 2차원 테이블로 표현된다.

05 다음 보기의 비식별화 방법에 해당하는 것은?

> 홍길동, 35세, 서울 거주, 한국대 재학
> → 홍○○, 35세, 서울 거주, ○○대학 재학

① 데이터 삭제
② 데이터 범주화
③ 데이터 총계처리
④ 데이터 마스킹

키워드 | 비식별화 방법
해설 | 보기의 비식별화 방법은 데이터 마스킹(Data Masking)으로, 개인 식별정보에 대해 전체 또는 부분적으로 대체 값으로 변환하는 것을 말한다.

06 개인정보가 포함된 데이터가 목적 외로 사용될 경우 사생활 침해를 넘어 사회·경제적 위협이 확대될 수 있다. 이러한 문제를 해결하기 위한 통제 방안으로 가장 적절한 것은?

① 알고리즘 접근권을 보장한다.
② 빅데이터 시스템에 의해 부당하게 피해를 보는 상황을 최소화할 장치를 마련한다.
③ 특정인의 '성향'에 따라 처벌하는 것이 아닌 '행동 결과'를 보고 처벌해야 한다.
④ 사용자에게 개인정보의 유출 및 동의 없는 사용으로 발생하는 피해에 대한 책임을 지게 한다.

키워드 | 개인정보 통제 방안
해설 | ④ 개인정보 사용자 책임제도를 도입한다.
①은 데이터 오용에 대한 통제 방안이다.
②, ③은 책임원칙 훼손에 관한 통제 방안이다.

01 ③ 02 ③ 03 ④ 04 ① 05 ④ 06 ④

07 데이터 사이언스에 대한 설명으로 가장 적절하지 <u>않은</u> 것은?

① 강력한 호기심은 데이터 사이언티스트의 중요한 특징이다.
② 정형 또는 비정형, 반정형 등 다양한 유형의 데이터를 대상으로 한다.
③ 데이터 사이언스가 기존의 통계학과 다른 점은 분할적 접근법을 사용한다는 점이다.
④ 분석뿐 아니라 이를 효과적으로 구현하고 전달하는 과정까지를 포함한 포괄적 개념이다.

키워드 | 데이터 사이언스
해설 | 데이터 사이언스가 기존의 통계학과 다른 점은 총체적(holistic) 접근법을 사용한다는 점이다.

08 빅데이터가 가치 창출 측면에서 기업, 정부, 개인에게 미친 영향으로 옳지 <u>않은</u> 것은?

① 기업은 빅데이터를 원가절감, 제품 차별화, 기업 활동의 투명성 제고 등에 활용하여 강한 경쟁력을 확보할 수 있다.
② 기업은 소비자의 행동을 분석하고 시장 변동을 예측하여 비즈니스 모델을 혁신할 수 있다.
③ 정부는 미래 사회 도래에 대비한 법제도 및 거버넌스 시스템 정비 방향, 미래 성장 전략, 국가 안보 등에 대한 정보를 습득할 수 있다.
④ 개인은 생산성이 향상되고, 국가 전체로서는 GDP가 올라가는 효과가 있다.

키워드 | 빅데이터 가치 창출
해설 | 기업은 운용 효율성 증가로 인해 산업 전체의 생산성이 향상되고 국가 전체로서는 GDP가 올라가는 효과가 나타날 수 있다.

09 다음 중 보기에서 설명하는 것으로 옳은 것은?

- 웨어러블(Wearable) 단말 시장 확산
- CCTV 등으로 대화 기록, 전자책 독서 기록, 음악 청취 기록, 영상 등의 저장
- 스마트홈 시스템

① 사물인터넷(IoT)
② 데이터화(datafication)
③ 인공지능
④ 분석 알고리즘

키워드 | 사물인터넷(IoT)
해설 | 사물인터넷(IoT; Internet of Things)은 무선 통신을 통해 가전제품, 모바일 장비 등의 각종 사물을 연결하는 기술로, 사물인터넷 시대가 도래하여 훨씬 더 많은 정보가 끊임없이 생산되고 공유될 것이다. 이는 모든 것들의 데이터화를 촉진시킨다.

10 다음 중 보기에서 설명하는 용어는?

- 거래정보를 하나의 덩어리로 보고 이를 차례로 연결한 거래장부이다.
- 거래에 참여하는 모든 사용자에게 거래 내역을 보내주며 거래 때마다 이를 대조하여 위조를 막는 방식이다.

① 플랫폼
② 블록체인
③ 인공지능
④ 토큰화

키워드 | 블록체인
해설 | ① 플랫폼: 디지털 공간에서 다양한 행위자들이 네트워크에 참여하여 서로 연결된 관계를 맺으며 가치를 만들어 내는 체계(system)
③ 인공지능: 학습, 창조, 이미지 인식 등과 같이 주로 인간 지능과 연결된 인지 문제를 해결하는 데 주력하는 컴퓨터 공학 분야
④ 토큰화: 민감한 데이터 요소를 대리 값 또는 토큰으로 대체하는 프로세스

2과목 데이터 분석 기획(10문제)

11 분석 대상은 명확하지만 분석 방식이 명확하지 않은 경우 수행하는 분석 주제의 유형은?

① 발견   ② 최적화
③ 솔루션   ④ 통찰

키워드 | 솔루션
해설 | 분석 기획의 주제에 따른 분류

최적화 (Optimization)	• 해결해야 할 문제가 무엇인지를 알고, 이미 분석의 방법도 인지하는 경우 • 최적화 작업을 통해 분석을 수행
솔루션 (Solution)	• 분석의 대상이 무엇인지 알지만, 분석의 방법을 모르는 경우 • 해당 분석 주제에 대한 솔루션을 찾아냄
통찰 (Insight)	• 분석의 대상을 모르지만, 분석의 방법은 알고 있는 경우 • 기존 분석 방식을 활용해 새로운 지식인 통찰을 도출하여 문제 도출 및 해결에 기여
발견 (Discovery)	• 분석의 대상과 방법을 모르는 경우 • 분석의 대상 자체를 새롭게 도출함

12 분석과제의 특징 중 Accuracy와 Precision에 대한 설명으로 **틀린** 것은?

① 안정성 측면에서는 Precision이 중요하다.
② 분석의 활용 측면에서는 Accuracy가 중요하다.
③ Accuracy와 Precision은 트레이드 오프되는 경우가 많다.
④ 사후 고려 대상이다.

키워드 | 분석과제의 특징
해설 | Accuracy(정확도)와 Precision(정밀도)은 트레이드 오프(Trade off)되는 경우가 많아 사전에 고려해야 할 대상이다.

13 다음 중 하향식 접근방법에 대한 설명으로 적절하지 **않은** 것은?

① 유사한 사례 탐색을 통해 도출된 분석 문제를 사용할 수 있다.
② 주어진 문제점으로부터 문제를 탐색하고 탐색한 문제를 데이터 문제로 정의하기 위해 각 과정이 체계적으로 단계화되어 수행하는 방식이다.
③ 문제 정의(Problem Definition) 단계에서는 전문적인 분석가 관점에서 데이터 분석 문제와 요구사항을 정의해야 한다.
④ 비용 대비 편익 관점의 접근 필요하다.

키워드 | 하향식 접근방법
해설 | 문제 정의(Problem Definition) 단계에서는 최종 사용자 관점에서 데이터 분석 문제와 요구사항을 정의해야 한다.

제36회
제37회
제38회
제39회
제40회

14 분석 마스터 플랜을 수립할 때 우선순위 설정에 대한 고려 요소가 **아닌** 것은?

① 내부 데이터 및 외부 데이터 범위
② 전략적 필요성과 시급성
③ 투자 용이성 및 기술 용이성
④ 비즈니스 성과에 따른 투자 여부

키워드 | 분석 마스터 플랜
해설 | 내부 데이터 및 외부 데이터 범위는 로드맵 수립 시 분석 데이터 적용 수준에 따라 결정하는 요소이다.

---

07 ③ 08 ④ 09 ① 10 ② 11 ③ 12 ④ 13 ③ 14 ①

15 기업의 데이터 분석 도입 수준을 파악하기 위한 진단 방법인 분석준비도 프레임워크에 해당하지 <u>않은</u> 것은?

① 분석 문화
② 분석 업무 및 파악
③ 분석 성과 파악
④ 인력 및 조직

키워드 | 분석 수준 진단
해설 | 분석 수준 진단 시에는 조직이 데이터를 분석하여 업무 및 의사결정에 활용하기 위한 준비가 얼마나 되어 있는지 아래 6개 영역을 진단하여 분석준비도를 파악한다.
• 분석 업무 및 파악
• 인력 및 조직
• 분석 기법
• 분석 데이터
• 분석 문화
• IT 인프라

16 분석 성숙도 모델 구성에서 고려하는 분석 성숙도 진단 부문으로 적절하지 <u>않은</u> 것은?

① IT 부문
② 기업 문화 부문
③ 조직·역량 부문
④ 비즈니스 부문

키워드 | 분석 성숙도 모델
해설 | 분석 성숙도 모델은 데이터 분석 능력 및 데이터 분석결과 활용에 대한 조직의 성숙도 수준을 평가하여 단계적으로 나타낸다. 조직·역량 부문, 비즈니스 부문, IT 부문을 대상으로 성숙도 수준을 평가한다.

17 분석 마스터 플랜의 세부 이행계획 수립 시 고려해야 하는 것으로 옳지 <u>않은</u> 것은?

① 최종적인 실행 우선순위를 토대로 하여 단계적으로 구현 로드맵을 수립한다.
② 데이터 수집 및 확보와 분석 데이터를 준비하는 단계를 순차적으로 진행하고 모델링 단계는 반복적으로 수행하는 폭포수형을 많이 적용한다.
③ 기존의 순차적 구현방식은 설계-구현-테스트 단계로 구성되어 있다.
④ 프로젝트의 세부 일정 계획도 데이터 분석체계를 고려하여 작성한다.

키워드 | 분석 마스터 플랜의 세부 이행계획
해설 | 데이터 수집 및 확보와 분석 데이터를 준비하는 단계를 순차적으로 진행하고 모델링 단계는 반복적으로 수행하는 혼합형을 많이 적용한다.

18 분석과제 정의서에 대한 설명으로 가장 적절하지 <u>않은</u> 것은?

① 향후 프로젝트 수행계획의 입력물로 사용된다.
② 필요한 소스 데이터, 데이터 입수 및 분석 난이도 등이 포함된다.
③ 분석 방법보다는 데이터 수집 방법에 대하여 상세히 작성한다.
④ 프로젝트의 방향을 설정하고 성공 여부를 판별하는 주요 자료이다.

키워드 | 분석과제 정의서
해설 | 분석과제 정의서는 소스 데이터, 분석 방법, 난이도 등의 분석 과정을 기록한 문서이다. 내·외부의 비구조적인 데이터와 소셜 미디어 및 오픈 데이터까지 범위를 확장하여 고려하고 분석 방법 또한 상세하게 작성한다.

19 분석 ROI 요소의 4V 중 비즈니스 효과에 해당하는 것으로 옳은 것은?

① Value   ② Volume

③ Variety   ④ Velocity

키워드 | 분석 ROI 요소

해설 | ROI 요소의 3V와 4V

구분	ROI 요소	특징
3V	투자비용 요소	데이터 크기(Volume)
		데이터 형태(Variety)
		데이터 속도(Velocity)
4V	비즈니스 효과	새로운 가치(Value)

20 다음 중 분석 ROI 요소를 고려한 과제 우선순위 평가 기준 중 중장기적 관점에서 전략적인 가치를 둘 것인지 판단하는 평가 관점으로 옳은 것은?

① 비즈니스 효과

② 투자비용

③ 난이도

④ 시급성

키워드 | 분석 ROI 요소

해설 | 시급성과 난이도의 평가 요소

평가 관점	평가 요소	내용
시급성	• 전략적 중요도 • 목표가치	• 전략적 중요도에 따른 시급성 판단 • 중장기적 관점에서 전략적인 가치를 둘 것인지 판단
난이도	• 데이터 획득, 가공, 저장 비용 • 분석 적용 비용 • 분석 수준	• 비용과 범위 측면의 난이도를 파악 • 데이터 분석의 적합성 여부 확인

3과목 데이터 분석(30문제)

21 다음 중 웹 데이터의 수집을 위해 웹 사이트에 대한 정보를 색인화하고 저장하며, 웹 페이지의 구조를 분석하여 데이터를 자동으로 수집하는 방법은?

① 웹 콘텐츠 마이닝

② 웹 크롤링

③ 웹 스크래핑

④ 파싱

키워드 | 웹 크롤링

해설 | ① 웹 콘텐츠 마이닝: 웹 페이지 내에 저장된 콘텐츠로부터 사용자가 원하는 정보를 빠르게 찾는 기법

③ 웹 스크래핑 : 특정 웹 사이트나 페이지에서 필요한 데이터를 자동으로 추출해 내는 것

④ 파싱: 컴퓨터 과학 및 프로그래밍에서 특정 형식으로 구성된 데이터를 분석하고 그 의미를 이해하는 과정

15 ③ 16 ② 17 ② 18 ③ 19 ① 20 ④ 21 ②

22 다음은 미국 뉴욕시에서 수집된 대기질 데이터이다. airquality 데이터에 대한 회귀 분석 코드의 결과로 옳지 <u>않은</u> 것은?

```
Call:
lm(formula = Ozone ~ Solar.R + Wind + Temp, data = airquality)

Residuals:
    Min      1Q    Median      3Q     Max
 -40.485  -14.219  -3.551   10.097  95.619

Coefficients:
              Estimate Std.      Error       t value       Pr(>|t|)
(Intercept)   -64.34208         23.05472     -2.791        0.00623   **
Solar.R         0.05982          0.02319      2.580        0.01124   *
Wind           -3.33359          0.65441     -5.094        1.52e-06  ***
Temp            1.65209          0.25353      6.516        2.42e-09  ***
---
Signif. codes:  0 '***' 0.001 '**' 0.01 '*' 0.05 '.' 0.1 ' ' 1

Residual standard error: 21.18 on 107 degrees of freedom
Multiple R-squared:  0.6059,        Adjusted R-squared:  0.5948
F-statistic: 54.83 on 3 and 107 DF,  p-value: < 2.2e-16
```

① 일조량(Solar.R)이 오존(Ozone) 농도에 큰 영향을 미치지 않는다고 볼 수 있다.

② 바람과 오존은 음(-)의 상관관계를 가진다.

③ 일조량과 오존은 양(+)의 상관관계를 가진다.

④ 모든 설명변수에 대한 회귀계수 값이 유의미하다.

키워드 | 회귀 분석

해설 | 회귀계수를 보면 일조량(Solar.R)의 계수가 유의수준(0.05)에서 유의미하다.

```
Call:
lm(formula = Ozone ~ Solar.R + Wind + Temp, data = airquality)

Residuals:
    Min    1Q  Median    3Q    Max
 -40.485 -14.219 -3.551  10.097  95.619

Coefficients:
              Estimate Std.   Error      t value      Pr(>|t|)
(Intercept)   -64.34208       23.05472   -2.791       0.00623   **
Solar.R         0.05982        0.02319    2.580       0.01124   *
Wind           -3.33359        0.65441   -5.094       1.52e-06  ***
Temp            1.65209        0.25353    6.516       2.42e-09  ***

Signif. codes:  0 '***' 0.001 '**' 0.01 '*' 0.05 '.' 0.1 ' ' 1

Residual standard error: 21.18 on 107 degrees of freedom
Multiple R-squared:  0.6059,        Adjusted R-squared:  0.5948
F-statistic: 54.83 on 3 and 107 DF,  p-value: < 2.2e-16
```

23 R의 데이터 구조에서 숫자형, 문자형, 논리형을 모두 합쳐 하나의 벡터를 구성하였을 경우 합쳐진 벡터의 형식으로 알맞은 것은?

① 문자형 벡터　　② 복합형 벡터
③ 논리형 벡터　　④ 리스트

키워드 | 벡터
해설 | 여러 형태로 입력되었을 때 데이터 타입 중 하나라도 문자가 있다면 문자형 벡터로 처리된다.
② '복합형 벡터'라는 것은 존재하지 않는다.
③ 논리형 벡터: TRUE 또는 FALSE라는 논리값으로 이루어진 데이터로, 데이터 값 비교 시 사용함
④ 리스트: (키, 값) 형태로 데이터를 저장하는 1차원 데이터 구조. R의 모든 객체를 동시에 담을 수 있으며, 벡터, 데이터 프레임, 리스트 등을 저장할 수 있음

24 다음 중 이상치 판정 방법으로 가장 옳지 <u>않</u>은 것은?

① 사용하는 모형들의 상호 연관성이 높을수록 정확도가 높아진다.
② Q2(중위수) + 1.5 × IQR 보다 크거나 Q2(중위수)−1.5 × IQR 작은 데이터를 이상치로 규정한다.
③ 딕슨의 Q 검정은 데이터 수가 30개 미만인 경우에 적절하다.
④ 기하평균으로부터 표준편차의 2.5배 보다 멀리 떨어진 값을 이상값으로 판단할 수 있다.

키워드 | 이상치 판정 방법
해설 | 이상치란 보통 관측된 데이터의 범위에서 많이 벗어난 아주 작은 값이나 큰 값을 말한다. 제1사분위수를 Q1, 제3사분위수를 Q3라고 했을 때 Q1 − 1.5 × IQR보다 작거나 Q3 + 1.5 × IQR 보다 큰 수는 이상치로 판단한다.

25 오른쪽 꼬리가 긴 분포를 가지는 자료의 평균과 중앙값의 관계로 옳은 것은?

① 평균과 중앙값의 중심에 위치한다.
② 평균이 중앙값보다 작다.
③ 평균이 중앙값보다 크다.
④ 평균과 중앙값이 같다.

키워드 | 왜도와 첨도
해설 | 오른쪽으로 꼬리가 긴 분포를 가지는 자료는 평균이 중앙값보다 큰 경향을 보인다.

제36회
제37회
제38회
제39회
제40회

22 ① 23 ① 24 ② 25 ③

26 다음 중 표본추출의 방법에 대한 설명으로 옳지 <u>않은</u> 것은?

① 단순 무작위 추출은 무작위 비복원 추출로 모집단으로부터 무작위로 추출하고 독립적으로 선택한다.
② 계통 추출은 이질적인 원소들로 구성된 모집단에서 서로 유사한 것끼리 몇 개의 층으로 나눈 후 각 계층을 골고루 대표하도록 표본을 추출하는 방법이다.
③ 층화 추출은 모집단의 각 계층에 대한 정확한 정보가 필요하다.
④ 군집 추출은 표본 크기가 같은 경우 단순 임의 추출에 비해 표본 오차가 증대할 가능성이 있다.

키워드 | 표본추출
해설 | 표본추출 방법

단순 무작위 추출	• N개의 원소로 구성된 모집단에서 n개 ($n \le N$)의 표본을 추출할 때 각 원소에 1, 2, 3, ··· N까지의 번호를 부여하고 여기서 n개의 번호를 임의로 선택해 그 번호에 해당하는 원소를 표본으로 추출한다. • 무작위 비복원 추출로 모집단으로부터 무작위로 추출하고 독립적으로 선택한다. • 추출 모집단에 대해 사전지식이 적은 경우 시행하는 방법이다.
계통 추출	• 모집단에서 추출간격을 설정해 일정한 간격을 두고 추출하는 방법이다. • 모집단의 모든 원소들에게 1, 2, 3, ··· N의 일련번호를 부여하고 이를 순서대로 나열해 K개($K = N/n$)씩 n개의 구간으로 나눈다. 첫 구간에서 하나를 임의로 선택 후 K개씩 띄어 표본을 추출한다.
층화 추출	• 이질적인 원소들로 구성된 모집단에서 서로 유사한 것끼리 몇 개의 층으로 나눈 후 각 계층을 골고루 대표하도록 표본을 추출하는 방법이다(②). • 각 집단별 분석이 필요한 분석의 경우나 모집단 전체에 대한 특성치의 추정이 필요한 경우 시행한다. • 모집단의 각 계층에 대한 정확한 정보가 필요하다.
군집 추출 (집락 추출법)	• 모집단을 차이가 없는 여러 군집으로 나눈 후 일부 또는 전체 군집에서 표본을 추출한다. • 표본 크기가 같은 경우 단순 임의 추출에 비해 표본 오차가 증대할 가능성이 있다. • 모집단이 몇 개의 군집이 결합된 형태로 구성되어 있고, 각 집단에서 원소들에게 일련번호를 부여할 수 있는 경우 사용한다.

27 다음 중 표본들이 서로 관련된 경우 짝지어진 두 관찰치의 크고 작음을 표시하여 두 분포의 차이에 대한 가설을 검증하는 방법은?

① T test
② 부호 검정
③ 유의성 검정
④ Q-Q plot

키워드 | 부호 검정

해설 | ① T test: 정규분포의 평균을 측정할 때 주로 사용되며, 두 집단 간 평균의 차이 검정에도 활용함
③ 유의성 검정: 표본 자료를 이용해 모집단 값에 대한 주장을 평가하는 방법
④ Q-Q plot(Quantile-Quantile Plot): 분위수(Quantile) 값을 사용해 두 확률분포를 비교할 때 사용함

28 다음 중 데이터 전처리 과정에 대한 설명으로 옳지 <u>않은</u> 것은?

① 이상치가 비무작위성(Non-Randomly)을 갖고 분포되면 데이터의 정상성(Normality)이 감소한다.

② 일반적으로 결측값은 제거하는 방식을 선택하지만, 결측값 분포가 많은 원 데이터의 경우 데이터의 유실이 심해 유의미한 정보 획득에 실패할 수 있다.

③ 이상값은 입력 오류 및 데이터 처리 오류 등으로 특정 범위에서 벗어난 값으로 평균에는 영향을 미치지 않는다.

④ 데이터 특성을 파악하고 통찰을 얻기 위한 방법을 데이터 EDA라고 한다.

키워드 | 데이터 전처리 과정

해설 | 이상값은 입력 오류 및 데이터 처리 오류 등으로 특정 범위에서 벗어난 값으로 평균에 영향을 미친다.

29 다음 중 앙상블(Ensemble) 모형의 특징으로 가장 옳지 <u>않은</u> 것은?

① 여러 개의 학습 모델을 훈련하고 투표를 통해 최적화된 예측을 수행하고 결정한다.

② 랜덤 포레스트(Random Forest)의 경우 모형의 해석이 어렵다는 단점이 있다.

③ 배깅(Bagging)의 경우 학습 데이터가 충분하지 않더라도 충분한 학습효과를 준다.

④ 사용하는 모형들의 상호 연관성이 높을수록 정확도가 높아진다.

키워드 | 앙상블(Ensemble) 모형

해설 | 사용하는 모형들의 상호 연관성이 낮을수록 정확도가 높아진다.

30 다음 중 T-분포와 Z-분포에 대한 설명으로 가장 적절하지 <u>않은</u> 것은?

① T-분포는 정규분포의 평균을 측정할 때 주로 사용되며, 두 집단 간 평균의 차이 검정에도 활용된다.

② 표본의 크기가 큰 대표본의 경우에는 Z-분포를 사용한다.

③ Z-분포의 평균은 0이고 분산은 1이다.

④ 표본의 크기와 상관없이 T-분포는 정규분포를 따른다.

키워드 | T-분포와 Z-분포

해설 | 표본의 크기(n)가 큰 경우에 T-분포는 정규분포를 따른다. 표본 수가 적을 경우 평균을 추정할 수 있다.

31 다음 중 신경망 모형에서 출력값이 여러 개이고, 목표치가 다범주인 경우 사용하는 활성 함수로 옳은 것은?

① 계단(Step) 함수

② 소프트맥스(Softmax) 함수

③ 시그모이드(Sigmoid) 함수

④ 하이퍼블릭 탄젠트(Hyperbolic Tangent) 함수

키워드 | 신경망 모형

해설 | ① 계단(Step) 함수: 임계값을 기준으로 활성화 또는 비활성화되는 함수

③ 시그모이드(Sigmoid) 함수: 계단 함수를 곡선의 형태로 변형시킨 형태로, 모든 점에서 음이 아닌 미분값을 갖고 단 하나의 변곡점을 가지는 함수

④ 하이퍼블릭 탄젠트(Hyperbolic Tangent) 함수: 시그모이드 함수값의 중심을 0으로 맞추기 위해 개선된 함수

26 ② 27 ② 28 ③ 29 ④ 30 ④ 31 ②

32 분류 모형의 평가를 위해 사용되는 방법으로 틀린 것은?

① 혼동행렬
② ROC 곡선
③ 이익도표
④ 덴드로그램

키워드 | 분류 모형의 평가
해설 | 덴드로그램(Dendrogram)은 계층적 군집 분석의 시각화를 이용하여 군집의 개수 결정하는 기법이다.

33 다음 중 자료의 종류에 대한 설명으로 옳지 않은 것은?

① 비율척도는 절대적 기준인 0의 값이 존재하고, 사칙연산이 모두 가능하며 제일 많은 정보를 가진다.
② 출생 지역, 성별 등은 명목척도에 해당한다.
③ 온도, 지수 등은 순서척도에 해당한다.
④ 구간척도는 절대적 원점이 없으므로 두 구간척도 관측값 사이의 비율은 의미가 없다.

키워드 | 자료
해설 | 자료의 종류

명목척도	측정 대상이 어느 집단에 속하는지 분류할 때 사용하는 척도 예 출생 지역, 성별 등
순서척도	측정 대상의 특성이 가지는 서열 관계를 관측하는 척도 예 선호도, 성적 순위
구간척도	• 측정 대상이 갖고있는 속성의 양을 측정하는 척도 • 절대적 원점이 없으므로 두 구간척도 관측값 사이의 비율은 의미가 없음 예 온도, 지수 등
비율척도	절대적 기준인 0 값이 존재하고, 사칙연산이 모두 가능하며 제일 많은 정보를 가짐 예 나이, 연간 소득, 제품 가격 등

34 다음 중 인공신경망 모형에서 활성 함수인 시그모이드(sigmoid) 함수의 결과값으로 옳은 것은?

① $-1 \leq y \leq 1$
② $0 \leq y \leq 1$
③ $-1 \leq y \leq 0$
④ $0 < y \leq 1$

키워드 | 활성 함수
해설 | 시그모이드 함수의 결과값은 $0 \leq y \leq 1$ 이다.

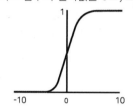

35 군집 분석에 대한 설명으로 적절하지 않은 것은?

① 이상값 탐지, 고객의 특성 분류 및 추천, 구매패턴 분석, 패턴인식 등의 분야에 많이 활용된다.
② 군집의 개수 또는 구조와 관계없이 개체 간의 거리를 기준으로 분류한다.
③ 목적은 레이블이 없는 데이터 집합의 요약된 정보를 추출하고 이를 통해 전체 데이터 세트가 가지고 있는 특징을 발견하는 것이다.
④ 동일 집단 내의 이질성은 높아야 하고, 집단 간에는 유사성이 높아야 한다.

키워드 | 군집 분석
해설 | 군집 분석은 하나의 군집 내에 속한 개체들의 특성은 동일하며, 다른 군집에 속한 개체들과 특성은 이질적이다. 따라서 동일 집단 내의 유사성은 높아야 하고, 집단 간에는 이질성이 높아야 한다.

36 다음 R코드 실행 결과에 대한 설명으로 적절한 것은?

Welch Two Sample t–test

data: extra by group

t = −1.8608, df = 17.776, p–value = 0.07939

alternative hypothesis: true difference in means between group 1 and group 2 is not equal to 0

95 percent confidence interval:

  −3.3654832 0.2054832

sample estimates:

mean in group 1 mean in group 2

    0.75   2.33

---

① 변수의 개수는 17.776이다.

② 유의수준 1%하에서 수면유도제 1과 2는 평균 수면시간에 유의한 차이가 없다.

③ 유의수준 0.05에서 귀무가설을 채택할 수 있다.

④ 그룹 1의 평균은 2.33이다.

키워드 | R

해설 | p–값은 0.07939로 유의수준 0.05보다 크다. 따라서 유의수준 0.05에서 귀무가설을 기각할 수 없다.

Welch Two Sample t–test

data: extra by group
t = −1.8608, df = 17.776, p–value = 0.07939
alternative hypothesis: true difference in means between group 1 and group 2 is not equal to 0
95 percent confidence interval:
 −3.3654832 0.2054832
sample estimates:
mean in group 1 mean in group 2
    0.75   2.33

---

① 자유도가 17.7760이다.

② 주어진 p-value는 0.079390이므로 유의수준 1%하에서 귀무가설을 기각할 충분한 증거가 없다.

④ 그룹 2의 평균은 2.330이다.

32 ④ 33 ③ 34 ② 35 ④ 36 ③

37 데이터 마이닝의 단계에 대한 설명으로 옳지 <u>않은</u> 것은?

① 목적 정의 단계에서는 데이터 마이닝 도입의 목적을 설정한다.
② 데이터 준비 단계에서는 모델링 목적에 따라 목적변수를 정의하고 필요한 데이터를 데이터 마이닝 소프트웨어에 적용할 수 있도록 적합한 형식으로 가공한다.
③ 데이터 마이닝 기법 적용 단계에서는 준비한 데이터와 데이터 마이닝 소프트웨어를 활용하여 목적하는 정보를 추출한다.
④ 검증 단계에서는 테스트 마케팅 또는 과거 데이터 활용하여 추출한 정보를 검증한다.

키워드 | 데이터 마이닝
해설 | ②는 데이터 가공 단계에 대한 설명이다.

38 다음 중 군집 분석 기법으로 적절하지 <u>않은</u> 것은?

① DBSCAN 알고리즘
② 혼합분포군집
③ 엘보우 기법
④ K-평균(K-means) 군집

키워드 | 군집분석 기법
해설 | 엘보우 기법(Elbow Method)은 K-평균 군집에서 적절한 K값을 찾는 기법이다.

39 다음 중 보기에 해당하는 연속형 변수 군집 분석의 척도로 옳은 것은?

$$d(x,y) = \sum_{i=1}^{p} |x_i - y_i|$$

① 유클리드(Euclidean) 거리
② 민코프스키(Minkowski) 거리
③ 맨해튼(Manhattan) 거리
④ 표준화(Standardized) 거리

키워드 | 연속형 변수 군집 분석의 척도
해설 | 맨해튼(Manhattan) 거리
• 블록 지도에서 출발지에서 도착지까지 가로지르지 않고 도착하는 가장 짧은 거리
• 실제 진행경로 기준으로 거리를 산출하며, 두 점간 차의 절댓값을 합한 값

40 다음 중 연관 분석에 대한 특징으로 옳지 <u>않은</u> 것은?

① 판매 전략을 수립하는 데 사용될 수 있으므로 '장바구니 분석'이라고도 한다.
② 너무 세분화된 품목을 가지고 연관규칙을 찾으려고 하면 의미 없는 분석 결과가 나올 수도 있다.
③ 분석을 위한 계산이 복잡하다는 단점이 존재한다.
④ 분석 방향이나 목적이 특별하게 없는 경우 목적변수가 없으므로 유용하다.

키워드 | 연관 분석에 대한 특징
해설 | 연관 분석은 분석을 위한 계산이 상당히 간단하다는 장점이 있다.

41 다음 중 의사결정나무에 대한 특징으로 틀린 것은?

① 과소 적합의 발생률이 높아 적절한 기준값을 선택해야 한다.
② 의사결정나무 알고리즘 C4.5와 C5.0는 범주형 목표변수에만 사용되며, 분리 기준으로 엔트로피 지수를 사용한다.
③ 분리 경계점 근처에서 오룻값이 발생할 확률이 있다.
④ 깊이는 가지를 이루는 마디의 분리 층수이다.

키워드 | 의사결정나무
해설 | 과대 적합의 발생률이 높아 적절한 기준값을 선택해야 한다.

42 다음 중 교차검증에 대한 설명으로 옳지 않은 것은?

① 홀드아웃 교차검증(Hold-out Cross Validation)은 전체 데이터에서 평가 데이터만큼은 학습에 사용할 수 없으므로 데이터 손실이 발생한다.
② 검증 데이터는 학습한 모델의 성능을 평가하기 위한 데이터 세트이다.
③ K-fold Cross Vaildation은 K의 수만큼 모델을 생성하기 때문에 연산량이 커진다는 단점이 있다.
④ K-fold Cross Vaildation의 경우 각기 다른 fold에 같은 데이터가 존재할 경우 유의하지 않은 결과가 도출된다.

키워드 | 교차검증
해설 | 학습한 모델의 성능을 평가하기 위한 데이터 세트는 평가 데이터에 대한 설명이다.

43 다음 변수 가공 중 구간화에 대한 설명으로 적절하지 않은 것은?

① 구간화의 개수가 감소하면 정확도는 높아지고, 속도는 느려진다.
② 의사결정나무를 사용하면 동일한 변수를 여러 개의 분리 기준으로 사용할 수 있다.
③ 신용평가모델, 고객 세분화 등의 시스템에서 모형에 활용하는 각 변수들을 구간화하여 구간별 점수를 산정하기 위해 많이 사용한다.
④ 연속형 변수를 분석 목적에 활용하기 위해 변수를 구간화할 수 있다.

키워드 | 구간화
해설 | 구간화의 개수가 감소하면 정확도는 낮아지고, 속도는 빨라진다.

44 다음 중 모형평가에 관한 내용으로 적절하지 않은 것은?

① 분류모형에서 정확도(Accuracy)는 전체에서 True를 True라고 옳게 예측한 경우와 False를 False라고 예측한 경우이다.
② ROC 곡선은 그래프가 왼쪽 꼭대기에 가깝게 그려질수록 분류 성능이 우수하다.
③ 향상도 곡선(Lift Curve)은 상위등급에서 향상도가 감소하고, 하위등급으로 갈수록 향상도가 커지면 예측력이 적절함을 의미한다.
④ 실루엣 계수는 −1~1의 값을 나타내며, 1에 가까울수록 군집화가 적합함을 의미한다.

키워드 | 모형평가 방법
해설 | 향상도 곡선(Lift Curve)은 상위등급에서 향상도가 매우 크고, 하위등급으로 갈수록 향상도가 감소하면 예측력이 적절함을 의미한다.

45 다음 보기에서 설명하는 시계열 모형으로 옳은 것은?

> - 현시점의 자료가 p 시점 전의 유한개의 과거 자료로 설명된다.
> - 변수의 과거 값의 선형 조합을 이용해 관심 있는 변수를 예측하는 방법이다.
> - $Z_t = \Phi_1 Z_{t-1} + \Phi_2 Z_{t-2} + \cdots + \Phi_p Z_{t-p} + a_t$

① 자기회귀 모형
② 분해시계열 모형
③ 이동평균 모형
④ 자기회귀 누적이동평균 모형

키워드 | 시계열 모형

해설 | ② 분해시계열 모형: 시계열에 영향을 주는 일반적인 요인을 시계열에서 분리하여 분석하는 방법이다.
③ 이동평균(MA) 모형: 현시점의 자료를 유한한 개수의 백색잡음의 선형결합으로 표현하여 항상 정상성을 만족한다.
④ 자기회귀 누적이동평균(ARIMA) 모형: 비정상 시계열 모형이기 때문에 차분이나 변환을 통해 자기회귀(AR) 모형, 이동평균(MA) 모형, 자기회귀 이동평균(ARMA) 모형으로 정상화할 수 있다.

46 다음 중 아래의 특징을 가지는 분석 기법으로 옳은 것은?

장점	• 출력변수와 입력변수 간의 복잡한 관계를 모델링할 수 있다. • 변수의 제거가 없어 정확도가 높다. • 이상치에 영향을 적게 받는다.
단점	• 모형의 해석이 어렵다. • 계산량이 많고 학습 소요시간이 의사결정나무에 비해 길다.

① 배깅
② 부스팅
③ 랜덤 포레스트
④ 랜덤 서브샘플링

키워드 | 분석 기법

해설 | ① 배깅(Bagging; Bootstrap Aggregating): 주어진 자료에서 같은 크기의 표본을 랜덤 복원추출로 뽑은 부트스트랩 자료를 여러 개 생성하고, 각 자료를 모델링한 후 결합하여 최종 예측모형을 만드는 기법
② 부스팅(Boosting): 잘못 분류된 개체에 가중치를 적용해서 새로운 분류 규칙을 만들고, 이 과정을 반복해서 최종 모형을 만들면 오분류된 데이터에 더 많은 가중치를 주고 리샘플링할 때 더 많이 학습시키게 만드는 알고리즘
④ 랜덤 서브샘플링: 집단으로부터 조사의 대상이 되는 표본을 무작위 추출하는 기법

47 다음 중 아래 오분류표를 이용하여 특이도를 계산한 값은?

구분		예측치		합계
		True	False	
실제값	True	100	200	300
	False	200	300	500
합계		300	500	800

① 0.3 ② 0.4
③ 0.5 ④ 0.6

키워드 | 특이도

해설 | 특이도(Specificity) = $\dfrac{TN}{TN+FP} = \dfrac{300}{500} = 0.6$

48 $P(A) = 0.2$, $P(B) = 0.5$이고, 두 사건 A와 B가 독립일 경우 $P(B \mid A)$은?

① 0.1 ② 0.2
③ 0.3 ④ 0.5

키워드 | 확률

해설 | 두 사건 A와 B가 독립이라면, 사건 A가 발생했을 때, 사건 B가 발생할 조건부 확률은 사건 B의 단독 확률과 같다. 이를 식으로 나타내면 다음과 같다.
$P(B|A) = P(B) = 0.5$

49 시험 성적이 정규분포를 따른다고 가정한 경우, 다음 중 상위 2%의 시험 성적을 거두기 위한 최저 점수는?(단, 상위 2%에 해당하는 표준점수(z) = 2.05, 평균점수 = 85, 표준편차 = 5)

① 90.34점 ② 92.48점
③ 95.25점 ④ 96.44점

키워드 | 표준화 점수

해설 | $X = $ 평균 점수$(\mu) + 2.05(z) \times$ 표준편차(σ)
$X = 85 + (2.05 \times 5)$
$\quad = 85 + 10.25 = 95.25$

50 다음 중 확률질량 함수의 확률변수 x의 기댓값은?

x	1	2	3
$f(x)$	$\dfrac{2}{6}$	$\dfrac{1}{6}$	$\dfrac{3}{6}$

① $\dfrac{14}{6}$ ② $\dfrac{13}{6}$
③ $\dfrac{8}{6}$ ④ $\dfrac{5}{6}$

키워드 | 이산형 확률변수

해설 | 이산형 확률변수 x의 기댓값 공식은 $\sum xf(x)$이다.
$\sum xf(x) = \left(1 \times \dfrac{2}{6}\right) + \left(2 \times \dfrac{1}{6}\right) + \left(3 \times \dfrac{3}{6}\right) = \dfrac{13}{6}$

---

45 ① 46 ③ 47 ④ 48 ④ 49 ③ 50 ②

제37회 기출복원문제

제한시간: 90분
문항당 2점
시행일: 2023. 05. 20

1과목 데이터의 이해(10문제)

01 다음 중 데이터에 대한 설명으로 옳지 <u>않은</u> 것은?

① 정성적 데이터는 언어, 문자 등으로 표현되는 데이터이다.
② 메타정보가 포함된 구조는 비정형 데이터이다.
③ 객관적 사실(Fact)이라는 존재적 특성과 더불어 추론, 추정, 예측, 전망을 위한 근거로써 당위적 특징을 갖는다.
④ 반정형 데이터는 구조에 따라 저장되지만 데이터의 형식과 구조가 변경될 수 있는 데이터이다.

키워드 | 데이터

해설 | 비정형 데이터는 사전에 정해진 구조가 없이 저장된 데이터이다. 메타정보가 있는 데이터는 반정형 데이터이다.

02 DIKW 피라미드의 요소와 그에 대한 예시가 올바르게 연결된 것은?

> ㉠ A 사이트는 1,000원에 B 사이트는 1,200원에 USB를 팔고 있다.
> ㉡ B 사이트의 USB 판매 가격이 A 사이트보다 더 비싸다.
> ㉢ B 사이트보다 가격이 상대적으로 저렴한 A 사이트에서 USB를 사야겠다고 생각했다.
> ㉣ A 사이트가 B 사이트보다 다른 물건도 싸게 팔 것이다.

① ㉠ – 정보(Information)
② ㉡ – 지혜(Wisdom)
③ ㉢ – 지식(Knowledge)
④ ㉣ – 데이터(Data)

키워드 | DIKW 피라미드

해설 | ① ㉠ – 데이터(Data): 다른 데이터와 상관관계가 없는 가공하기 전의 순수한 수치나 기호
② ㉡ – 정보(Information): 데이터를 처리, 가공하여 데이터 간의 연관 관계와 패턴과 그 의미가 도출된 요소
③ ㉢ – 지식(Knowledge): 상호 연결된 정보 패턴을 이해하여 이를 토대로 예측한 결과물
④ ㉣ – 지혜(Wisdom): 지식의 축적과 근본 원리에 대한 이해를 바탕으로 도출되는 창의적 아이디어

03 다음 중 빅데이터 가치 창출 방식이 기업·정부·개인에 미치는 영향으로 적절하지 <u>않은</u> 것은?

① 정부: 전체로서는 GDP가 올라가는 효과
② 개인: 적시에 필요한 정보를 얻어 기회비용 절약
③ 기업: 강한 경쟁력 확보
④ 정부: 미래 의제 도출

키워드 | 빅데이터 가치 창출
해설 | 운용 효율성이 증가하면, 산업 전체의 생산성이 향상되고 국가 전체로서는 GDP가 올라가는 효과는 기업에 해당하는 내용이다.

04 1990년대부터 2000년대의 데이터베이스 활용의 변화로 옳지 <u>않은</u> 것은?

① OLTP(Online Transaction Processing) 시스템에서 OLAP(Online Analytical Processing) 시스템으로 변화하였다.
② 데이터 마이닝 등의 기술이 등장하였다.
③ 1990년대 중반 EDW가 대두되었다.
④ 킴벌(Ralph Kimball) 박사는 1995년 데이터베이스 시장이 'OLTP 시장과 OLAP 시장으로 양분되고 있다'라고 언급하였다.

키워드 | 데이터베이스 활용의 변화
해설 | 킴벌(Ralph Kimball) 박사는 1995년 데이터베이스 시장이 'OLTP 시장과 DW 시장으로 양분되고 있다'라고 언급하였다.

05 다음 중 데이터 사이언티스트의 역할로 틀린 것은?

① 빅데이터의 다각적 분석을 통해 인사이트를 도출하고 이를 조직의 전략 방향 제시에 활용할 줄 아는 기획자이다.
② 정량 분석이라는 과학과 인문학적 통찰에 근거한 합리적 추론을 탁월하게 조합한다.
③ 알고리즘에 의해 부당하게 피해를 입은 사람을 구제한다.
④ 빅데이터가 갖고 있는 가치를 극대화한다.

키워드 | 데이터 사이언티스트
해설 | ③은 알고리즈미스트에 대한 설명이다.

06 다음 중 데이터베이스의 특징으로 틀린 것은?

① 저장된 데이터로 컴퓨터가 접근할 수 있는 저장매체에 저장된다.
② 공용 데이터로 여러 사용자에게 서로 다른 목적으로 데이터가 공동으로 이용된다.
③ 변화되는 데이터로 항상 변화하면서도 항상 현재의 정확한 데이터를 유지해야 한다.
④ 통합된 데이터로 동일한 내용의 데이터가 중복되어 저장된다.

키워드 | 데이터베이스
해설 | 데이터베이스는 통합된 데이터로 동일한 내용의 데이터가 중복되어 저장되지 않는다.

01 ② 02 ③ 03 ① 04 ④ 05 ③ 06 ④

07 다음 중 전략적 가치 기반 분석을 위해 고려해야 하는 사항의 예시로 **틀린** 것은?

① 분석적 실험과 의사결정
② 인구통계학적 변화
③ 고객 니즈의 변화
④ 서비스·수익사슬 관리

키워드 | 전략적 가치 기반 분석
해설 | 서비스·수익사슬 관리는 서비스산업의 일차원적인 분석사례이다.

08 남성 고객이 맥주를 구매했을 때 기저귀를 구매하는 경향이 크다는 사실 여부를 밝혀내어 상품 배치에 활용함으로써 매출을 높인 사례가 있다. 특정한 사건이 발생했을 때 함께 발생하는 다른 사건과의 규칙을 찾아내는 분석 방법은?

① 회귀 분석
② 소셜 네트워크 분석
③ 유전 알고리즘
④ 연관규칙 분석

키워드 | 연관규칙 분석
해설 | 연관규칙 분석은 어떤 변인들 간에 주목할 만한 상관관계가 있는지를 찾아내는 방법이다. 상관관계가 높은 상품을 함께 진열하거나 시스템 로그 데이터를 분석하여 침입자나 유해 행위자 색출이 가능하다.
① 회귀 분석: 독립변수(x)와 종속변수(y) 사이의 선형 관계를 파악하고 이를 예측에 활용하는 통계 기법
② 소셜 네트워크 분석: 고객들 간 소셜 관계를 파악
③ 유전 알고리즘: 최적화가 필요한 문제의 해결책을 자연선택, 돌연변이 등과 같은 메커니즘을 통해 점진적으로 진화(Evolution)시켜 나가는 방법

09 다음 보기가 설명하고 있는 DIKW 피라미드 요소는?

> 데이터를 처리, 가공하여 데이터 간의 연관 관계와 패턴과 그 의미가 도출된 요소

① 데이터
② 정보
③ 지식
④ 지혜

키워드 | DIKW 피라미드
해설 | DIKW 피라미드 요소

데이터 (Data)	• 다른 데이터와 상관관계가 없는 가공하기 전의 순수한 수치나 기호 • 개별 데이터 자체로는 의미가 중요하지 않은 객관적 사실
정보 (Information)	데이터를 처리, 가공하여 데이터 간의 연관 관계와 패턴과 그 의미가 도출된 요소
지식 (Knowledge)	상호 연결된 정보 패턴을 이해하여 이를 토대로 예측한 결과물
지혜 (Wisdom)	지식의 축적과 근본 원리에 대한 이해를 바탕으로 도출되는 창의적 아이디어

10 다음 중 분석으로 다룰 수 있는 6가지 핵심 질문에 해당하지 **않는** 것은?

① 경고
② 추출
③ 리포팅
④ 플래닝

키워드 | 분석
해설 | 분석으로 다룰 수 있는 6가지 핵심 질문
• 무슨 일이 일어났는가?(리포팅)
• 어떻게, 왜 일어났는가?(모델링, 실험 설계)
• 무슨 일이 일어나고 있는가?(경고)
• 차선행동은 무엇인가?(권고)
• 무슨 일이 일어날 것인가?(추출)
• 최악 또는 최선의 상황은 무엇인가?(예측, 최적화, 시뮬레이션)

2과목 데이터 분석 기획(10문제)

11 분석과제의 특징 중 정확도(Accuracy)와 정밀도(Precision)에 대한 설명으로 옳지 <u>않은</u> 것은?

① 분석의 안정성 측면에서는 정밀도가 중요하다.
② 분석의 활용성 측면에서는 정확도가 중요하다.
③ 정확도와 정밀도는 트레이드 오프(Trade off)인 경우가 많아 사후 고려 대상이다.
④ 정확도(Accuracy)는 True를 True, False를 False로 예측하는 것이고, 정밀도(Precision)는 실제 True로 예측되는 것 중에 실제 True인 것의 비율이다.

키워드 | 분석과제
해설 | 정확도(Accuracy)와 정밀도(Precision)은 트레이드 오프(Trade off)되는 경우가 많아 사전에 고려해야 할 대상이다.

12 다음 중 빅데이터 분석 방법론의 분석 기획 단계에서 수행하는 주요 태스크(Task)로 <u>틀린</u> 것은?

① 비즈니스 이해 및 범위 설정
② 필요 데이터 정의
③ 프로젝트 위험수행 계획 수립
④ 프로젝트 정의 및 수행 계획 수립

키워드 | 빅데이터 분석 방법론
해설 | 필요 데이터 정의는 데이터 준비 단계에서 수행하는 주요 태스크이다.
분석 기획 단계
• 비즈니스 이해 및 범위 설정
• 프로젝트 정의 및 계획 수립
• 프로젝트 위험수행 계획 수립

13 다음 중 수행 과제의 우선순위를 결정할 때 고려하는 요소가 <u>아닌</u> 것은?

① 전략적 중요도
② 비즈니스 성과 및 ROI
③ 실행 용이성
④ 기술 적용 수준

키워드 | 수행 과제의 우선순위
해설 | 분석 마스터 플랜 수립 기준

우선순위 설정	• 전략적 중요도 • 비즈니스 성과 및 ROI • 실행 용이성
로드맵 수립	• 업무 내재화 적용 수준 • 분석 데이터 적용 수준 • 기술 적용 수준

14 다음 중 분석과제 발굴의 접근방식에 대한 설명으로 <u>틀린</u> 것?

① 비즈니스 모델 기반 문제탐색은 하향식 분석 방법에서 사용한다.
② 도출한 데이터 분석문제와 선정된 솔루션 방안을 포함해 이를 분석과제 정의서 형태로 명시해야 한다.
③ 프로토타이핑 접근법은 신속하게 해결책 또는 모형을 제시하며, 이를 바탕으로 문제를 명확하게 인식하고 데이터를 구체화할 수 있다.
④ 하향식 접근방법은 문제 정의 자체가 어려운 경우 데이터를 기반으로 문제를 지속적으로 개선하는 방식이다.

키워드 | 분석과제 발굴의 접근방식
해설 | 문제 정의 자체가 어려운 경우 데이터를 기반으로 문제를 지속적으로 개선하는 방식은 상향식 접근방식에 대한 설명이다.

---

07 ④ 08 ④ 09 ② 10 ④ 11 ③ 12 ② 13 ④ 14 ④

15 다음 중 데이터 거버넌스 체계의 구성 요소로 옳지 <u>않은</u> 것은?

① 프로세스
② 인적 자원
③ 데이터
④ 분석가치

키워드 | 데이터 거버넌스 체계
해설 | 데이터 거버넌스 체계 수립의 구성 요소
• 조직(Organization): 분석 기획 및 관리 수행
• 프로세스(Process): 과제 기획 및 운영 절차
• 시스템(System): 분석 관련 시스템
• 데이터(Data)
• 인적 자원(Human Resource): 분석 관련 교육 및 마인드 육성 체계

16 분석은 그 대상 및 방법에 따라 구분할 수 있다. 보기의 ㉠, ㉡에 들어갈 단어로 옳은 것은?

> 해결해야 할 문제가 무엇인지를 알고, 이미 분석의 방법도 인지하고 있는 경우에는 (㉠)을/를 사용하고, 분석의 대상이 무엇인지 모르지만, 분석의 방법은 알고 있는 경우에는 (㉡)을 사용하여 과제를 도출한다.

① ㉠: 발견, ㉡: 통찰
② ㉠: 발견, ㉡: 솔루션
③ ㉠: 최적화, ㉡: 솔루션
④ ㉠: 최적화, ㉡: 통찰

키워드 | 분석
해설 | 분석의 대상과 방법

		분석의 대상(What)	
		Known	Un-Known
분석의 방법 (How)	Known	최적화 (Optimization)	통찰 (Insight)
	Un-Known	솔루션 (Solution)	발견 (Discovery)

17 다음 중 기업의 조직분석 성숙도 진단 대상으로 옳지 <u>않은</u> 것은?

① IT 부문
② 조직·역량 부문
③ 서비스 부문
④ 비즈니스 부문

키워드 | 기업의 조직분석 성숙도 진단
해설 | 기업의 조직분석 성숙도는 조직·역량 부문, 비즈니스 부문, IT 부문을 대상으로 그 수준을 평가한다.

18 다음 중 데이터 분석 단계 모델링 태스크 중 모델 적용 및 운영 방안 수립 단계의 주요한 산출물로 옳은 것은?

① 알고리즘 설명서
② 모델 검증 보고서
③ 모델 발전 계획서
④ 프로젝트 범위 정의서

키워드 | 데이터 분석 단계
해설 | 모델링
• 훈련용 데이터 세트와 테스트용 데이터 세트로 분리
• 데이터 모델링 후 운영 시스템에 적용
• 모델에 대한 상세한 알고리즘 설명서를 작성하고 모델 적용 및 운영 방안을 마련
② 모델 평가 및 검증, ③ 평가 및 전개, ④ 분석기획 단계에 해당한다.

19 다음 중 보기의 괄호에 들어갈 단어로 옳은 것은?

> 정보시스템 또는 정보기술을 전략적으로 활용하기 위한 중장기 마스터 플랜 수립절차이며 기업 및 공공기관에서는 중장기 로드맵을 정의하기 위해 (   )을/를 수행한다.

① 거버넌스 체계
② ISP
③ ROI
④ KDD 분석 방법론

키워드 | 정보전략계획

해설 | ① 거버넌스 체계: 마스터 플랜 수립 시점에서 데이터 분석의 지속적인 작용과 확산을 위한 체계
③ ROI: 투자 성과를 평가하는 데 중요한 지표로, 투자한 자본에 대한 수익
④ KDD 분석 방법론: 프로파일링 기술을 기반으로 통계적 패턴이나 지식을 찾기위해 체계적으로 정리한 방법론

정보전략계획(ISP)

- 정보시스템 또는 정보기술을 전략적으로 활용하기 위한 중장기 마스터 플랜 수립절차이다.
- 기업 및 공공기관에서는 중장기 로드맵을 정의하기 위해 정보전략계획을 수행한다.
- 조직 내 외부의 환경을 분석하여 새로운 기회나 문제점을 도출한다.
- 사용자의 요구사항을 분석하여 시스템 구축 우선순위 등을 결정한다.

20 보기에서 설명하는 분석과제 발굴 방법은?

> - 정의된 문제에 대한 분석을 먼저 시도하고, 그 결과를 확인하면서 반복적으로 시행착오를 개선하는 상향식 접근법
> - 신속하게 해결책 또는 모형을 제시할 수 있음
> - 문제를 명확하게 인식하고 데이터를 구체화할 수 있음

① 프로토타입 모델
② 폭포수 모델
③ 디자인 사고 접근법
④ 비지도 학습 방법

키워드 | 분석과제

해설 | ② 폭포수 모델: 이전 단계가 완료되어야 다음 단계로 진행할 수 있는 하향식 진행 방법론으로, 문제점이 발견되면 전 단계로 돌아가는 피드백을 수행함
③ 디자인 사고 접근법: 명확하게 정리되지 않은 사용자의 니즈(Needs)를 이해하고, 이를 해결할 수 있는 기회를 찾기 위해 공감적 태도(Mindset)를 활용하는 일종의 복잡한 문제 해결에 대한 논리 추론적 접근법
④ 비지도 학습 방법: 정답 라벨이 없는 데이터를 비슷한 특징끼리 군집화하여 새로운 데이터에 대한 결과를 예측하는 방법

프로토타입 모델

- 정의된 문제에 대한 분석을 먼저 시도하고, 그 결과를 확인하면서 반복적으로 시행착오를 개선하는 상향식 접근법
- 신속하게 해결책 또는 모형을 제시할 수 있음
- 문제를 명확하게 인식하고 데이터를 구체화할 수 있음
- 문제의 정의가 명확하지 않은 경우, 데이터의 존재여부가 확실하지 않은 경우에 유용함

제36회
제37회
제38회
제39회
제40회

15 ④ 16 ④ 17 ③ 18 ① 19 ② 20 ①

3과목 데이터 분석(30문제)

21 다음 중 데이터 탐색 과정에 대한 설명으로 틀린 것은?

① 결측치가 있는 변수는 삭제해야 한다.
② 데이터의 특성을 대략적으로 파악하고 통찰을 얻기 위해 다양한 각도로 접근하는 것이다.
③ 이상값은 입력 오류 및 데이터 처리 오류 등으로 특정 범위에서 벗어난 값으로 평균에 영향을 미친다.
④ 핫덱 대체는 무응답을 현재 진행 중인 연구에서 비슷한 성향을 가진 응답자료로 대체하는 방법이다.

키워드 | 데이터 탐색 과정
해설 | 결측값 분포가 많은 원데이터의 경우 데이터의 유실이 심해 유의미한 정보 획득에 실패할 수 있지만, 결측값 자체가 의미 있는 경우도 존재하기 때문에 결측치가 있는 변수를 무조건 삭제하지는 않는다.

22 다음 중 모델의 과대 또는 과소 적합에 대한 미세 조정 절차를 위해 사용되는 데이터는?

① Train Data
② Validation Data
③ Test Data
④ K-fold Cross Validation

키워드 | 데이터 탐색 과정
해설 | 홀드아웃 교차검증에서 데이터 구분

훈련 데이터 (Train Data)	모델을 학습해 파라미터값을 산출하기 위해 사용하는 데이터 세트
검증 데이터 (Validation Data)	학습 데이터로 과도하게 학습해 과적합을 방지하기 위한 데이터 세트
평가 데이터 (Test Data)	학습한 모델의 성능을 평가하기 위한 데이터 세트

23 다음 중 통계적 가설검정에 대한 설명으로 옳지 <u>않은</u> 것은?

① p-값이 작을수록 귀무가설을 지지하는 것으로 해석할 수 있다.
② 가설검정이란 모집단에 대해 어떤 가설을 설정하고 표본 관찰을 통해 그 가설의 채택 여부를 결정하는 분석 방법이다.
③ 유의수준은 귀무가설의 기각 여부를 결정하는 데 사용하는 기준이 되는 확률이다.
④ 기각역은 귀무가설이 기각되고 대립가설이 채택되는 검정통계량의 영역을 의미한다.

키워드 | 통계적 가설검정
해설 | p-값(p-value)이 작을수록 해당 검정통계량의 관측값은 귀무가설을 기각할 것으로 해석할 수 있다.

24 다음 중 보기에서 설명하는 분포는?

- 모집단이 정규분포라는 정도만 알고, 모 표준편차는 모를 때 사용한다.
- 정규분포의 평균을 측정할 때 주로 사용되며, 두 집단 간 평균의 차이 검정에도 활용된다.

① F-분포
② 카이제곱(x^2) 분포
③ 포아송 분포
④ T-분포

키워드 | T-분포
해설 | ① F-분포: 두 개의 독립적인 카이제곱 분포가 있을 때 두 확률변수의 비를 나타내는 확률분포이다.
② 카이제곱(x^2) 분포: 표준정규분포를 제곱한 값에 대한 분포로 항상 양수이다.
③ 포아송 분포: 정해진 시간 안에 어떠한 사건이 일어날 횟수에 대한 확률을 구할 때 사용한다.

25 가설검정에 대한 설명으로 옳은 것은?

① 귀무가설은 H_0으로 표기하고, 대립가설은 H_1으로 표기한다.

② 대립가설은 현재까지 주장되어 온 것이거나 기존과 비교하여 변화 혹은 차이가 없음을 나타내는 가설이다.

③ 귀무가설은 연구가설이라고도 한다.

④ 대립가설은 기본적으로 참으로 추정한다.

키워드 | 가설검정

해설 | ② 귀무가설은 현재까지 주장되어 온 것이거나 기존과 비교하여 변화 혹은 차이가 없음을 나타내는 가설이다.

③ 대립가설은 연구가설이라고도 한다.

④ 귀무가설은 기본적으로 참으로 추정한다.

26 다음은 tree 데이터 세트의 summary 결과이다. 이에 대한 해석으로 옳은 것은?

	Girth	Height	Volume
Min.	: 8.30	Min. :63	Min. :10.20
1st Qu.	: 11.05	1st Qu. :72	1st Qu. :19.40

Median :12.90	Median :76	Median :24.20
Mean :13.25	Mean :76	Mean :30.17
3rd Qu.:15.25	3rd Qu.:80	3rd Qu.:37.30
Max. :20.60	Max. :87	Max. :77.00

① Height가 증가함에 따라 Volume도 증가한다.

② Girth와 Height는 양의 상관관계이다.

③ Girth의 범위는 8.30에서 20.60 사이이다.

④ Volume의 중앙값은 30.17이다.

키워드 | R

해설 | ① Height과 Volume의 상관관계는 알 수 없다.

② Girth와 Height의 상관관계는 알 수 없다.

④ Volume의 중앙값은 24.20이다.

27 다음 중 구간추정 방법과 신뢰구간에 대한 설명으로 옳지 않은 것은?

① 구간추정은 일정 크기의 신뢰수준으로 모수가 특정 구간에 있을 것이라고 선언하는 것이다.

② 90% 신뢰구간은 '주어진 신뢰구간에 미지의 모수가 포함되지 않을 확률이 90%'라는 뜻이다.

③ 표본의 수가 많아질수록 신뢰구간의 길이는 짧아진다.

④ 신뢰구간은 모수가 실제로 포함될 것으로 예측되는 범위를 말한다.

키워드 | 신뢰구간

해설 | 90% 신뢰구간은 '주어진 신뢰구간에 미지의 모수가 포함될 확률이 90%'라는 뜻이다.

28 다음 중 연관 분석에 대한 설명으로 옳은 것은?

① Apriori 알고리즘은 최소 지지도보다 큰 빈발항목 집합에서 높은 측도 값을 갖는 연관규칙을 구하는 방법이다.

② 품목 A와 품목 B의 구매가 상호 관련이 없다면 향상도는 1이 된다.

③ 조건 반응(if-then)으로 표현되는 연관 분석의 결과를 이해하기 쉽다.

④ 시차 연관 분석의 결과는 원인과 결과의 형태로 해석되지 않는다.

키워드 | 연관 분석

해설 | 탐색적인 기법으로, 조건 반응(if-then)으로 표현되는 연관 분석의 결과를 이해하기 쉽다.

① Apriori 알고리즘은 복잡한 계산량을 줄이기 위해 모든 항목 집합에서 최소 지지도 이상의 빈발항목 집합만을 찾아 연관규칙을 계산하는 기법이다.

② 품목 A와 품목 B의 구매가 상호 관련이 없다면 향상도는 0이 된다.

④ 시차 연관 분석은 시간이 흐름에 따라 어떤 소비 형태를 보이는가에 대한 분석으로, 원인과 결과의 형태로 해석이 가능하다.

21 ① 22 ② 23 ① 24 ④ 25 ① 26 ③ 27 ② 28 ③

29 계층적 군집을 수행할 때 사용하는 거리 측정 방법과 가장 관련이 <u>없는</u> 것은?

① 최장 연결법　　② 중심 연결법
③ 와드 연결법　　④ 실루엣 기법

키워드 | 계층적 군집 분석 방법
해설 | 계층적 군집 분석 방법에는 최단 연결법, 최장 연결법, 중심 연결법, 평균 연결법, 와드 연결법이 있다. ④ 실루엣 기법은 K-평균 군집에서 K값을 선정하는 기법 중 하나이다.

30 다음 중 회귀 분석에 대한 설명으로 옳지 <u>않</u>은 것은?

① 분산팽창요인(VIF)이 1에 가까울수록 다중 공선성이 높으며, 10보다 크면 적다고 본다.
② 수정된 결정계수(Adjustied R^2)는 결정계수(R^2)보다 적게 계산된다.
③ 데이터 속의 변수들 사이의 인과관계를 나타내며, 종속변수를 예측 또는 추론하기 위한 분석 방법이다.
④ 회귀계수란 독립변수가 한 단위 변화함에 따라 종속변수에 주는 영향력의 크기이다.

키워드 | 회귀 분석
해설 | 분산팽창요인(VIF; Variation Inflation Factor) 분산팽창요인이 1에 가까울수록 다중 공선성이 낮으며, 4보다 크면 다중 공선성이 존재하고, 10보다 크면 심각한 문제가 있는 것으로 본다.

31 다음 중 기초통계량과 그 설명이 바르게 연결되지 <u>않은</u> 것은?

① 조화평균 – 변화율 등의 평균을 구할 때 사용함
② 표준편차 – 분산에 양의 제곱근을 취한 값
③ 평균값 – 자료를 모두 더한 후 자료의 개수로 나눈 값
④ 기하평균 – 모든 데이터 값을 순서대로 배열했을 때 사등분한 지점에 있는 값

키워드 | 기초통계량
해설 | 모든 데이터 값을 순서대로 배열했을 때 사등분한 지점에 있는 값은 사분위수에 대한 설명이다. 기하평균은 n개의 자료에 대해 관측치를 곱한 후 n 제곱근을 취한 값이다.

32 신경망 모형에 대한 설명으로 옳지 <u>않은</u> 것은?

① 순입력 함수의 결과값을 특정한 임계값과 비교하고, 순입력 함수의 결과값이 해당 임계값보다 크면 1, 작으면 0으로 출력하는 활성 함수를 정의한다.
② 계단 함수(Step Function)는 임계값을 기준으로 활성화 또는 비활성화된다.
③ 입력된 변수는 신호의 강도에 따라 가중치 처리되고 활성화 함수를 통해 출력이 계산된다.
④ 높은 복잡성으로 입력자료의 선택에 민감하다.

키워드 | 신경망 모형
해설 | 순입력 함수의 결과값을 특정한 임계값과 비교하고, 순입력 함수의 결과값이 해당 임계값 보다 크면 1, 작으면 –1로 출력하는 활성 함수를 정의한다.

33 신경망 모형의 활성화 함수 중 다음 그래프와 가장 관련이 높은 것은?

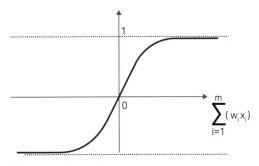

① 소프트맥스 함수
② 하이퍼블릭 탄젠트 함수
③ 시그모이드 함수
④ 렐루 함수

키워드 | 활성화 함수
해설 | 하이퍼블릭 탄젠트(Hyperbolic Tangent) 함수에 대한 그래프이다. 이는 시그모이드 함수값의 중심을 0으로 맞추기 위해 개선된 함수이다.

34 다음 중 주성분 분석의 설명으로 옳지 않은 것은?

① 고차원 자료를 자료의 변동을 최대한 보존하는 저차원 자료로 변환하는 차원축소 방법이다.
② 차원축소는 고윳값이 높은 순으로 정렬해서, 높은 고윳값을 가진 고유 벡터만으로 데이터를 복원한다.
③ 누적 기여율이 85% 이상이면 주성분의 수로 결정한다.
④ 원변수의 선형결합 중 가장 분산이 작은 것을 PC1으로 설정한다.

키워드 | 주성분 분석
해설 | 원변수의 선형결합 중 가장 분산이 커지는 축을 PC1으로 설정한다.

35 다음 중 보기에서 설명하는 비정형 데이터 분석의 방법으로 옳은 것은?

- 대규모의 데이터 안에서 체계적이고 자동으로 통계적 규칙이나 패턴을 분석해 가치 있는 정보를 추출하는 과정이다.
- 자료가 현실을 충분히 반영하지 못한 상태에서 정보를 추출한 모형을 개발할 경우 잘못된 모형을 구축하는 오류를 범할 수 있다.

① 오피니언 마이닝
② 데이터 마이닝
③ 텍스트 마이닝
④ 웹 마이닝

키워드 | 비정형 데이터 분석
해설 | 비정형 데이터 분석 기법

데이터 마이닝	대규모의 데이터 안에서 체계적이고 자동으로 통계적 규칙이나 패턴을 분석해 가치 있는 정보를 추출하는 과정
텍스트 마이닝	자연어 처리 방식을 이용해 대규모 문서에서 정보 추출, 연계성 파악, 분류 및 군집화 등을 통해 데이터의 숨겨진 의미를 발견하는 기법
오피니언 마이닝	텍스트 마이닝의 한 분류로 특정 주제에 대한 사람들의 의견을 통계화하여 객관적 정보로 바꾸는 기술
웹 마이닝	웹 자원으로부터 의미 있는 패턴 및 추세 등을 도출해 내는 것

29 ④ 30 ① 31 ④ 32 ① 33 ② 34 ④ 35 ②

36 다음 중 부트스트랩을 통해 한 샘플이 뽑힐 확률이 $\frac{1}{m}$일 때, 샘플 추출을 m번 진행하였다. 한 샘플이 한 번도 뽑히지 않을 확률은?

① $(1-m)^m$

② $(1-\frac{1}{m})^m$

③ $m(1-m)$

④ $\frac{m(1+m)}{m-1}$

키워드 | 부트스트랩

해설 | • 각 샘플이 한 번 뽑힐 확률: $\frac{1}{m}$

• 각 샘플이 한 번의 추출에서 뽑히지 않을 확률: $1-\frac{1}{m}$

• 부트스트랩 샘플을 만들기 위해 샘플 추출을 m번 진행하므로, 특정 샘플이 한 번도 뽑히지 않을 확률: $(1-\frac{1}{m})^m$

37 다음 중 혼합분포모형에 대한 최대 가능도 추정을 위해 사용되는 알고리즘은?

① EM 알고리즘

② CART

③ Apriori 알고리즘

④ 랜덤 서브샘플링

키워드 | 혼합분포모형

해설 | ② CART: 범주형인 경우 지니 지수, 연속형인 경우 분산의 감소량을 사용해 이진 분리하는 알고리즘
③ Apriori 알고리즘: 복잡한 계산량을 줄이기 위해 모든 항목 집합에서 최소 지지도 이상의 빈발항목 집합만을 찾아내 연관규칙을 계산하는 기법
④ 랜덤 서브샘플링: 모집단으로부터 조사의 대상이 되는 표본을 무작위 추출하는 기법

38 보기의 식에 해당하는 활성화 함수로 옳은 것은?

$$y = \frac{1}{1+e^{-x}}$$

① 시그모이드 함수

② 부호 함수

③ ReLU 함수

④ 계단 함수

키워드 | 활성화 함수

해설 | 시그모이드(Sigmoid) 함수

• 계단함수를 곡선의 형태로 변형시킨 형태의 시그모이드(Sigmoid) 함수를 적용한다.

• 모든 점에서 음이 아닌 미분 값을 갖고 단 하나의 변곡점을 가진다.

• Gradigent Vanishing: 층이 많아질수록 오차역전파 수행 시 기울기가 소실되는 문제가 발생한다.

39 다음 중 MA 모형에 대한 설명이 <u>아닌</u> 것은?

① 고전적인 시계열 분해기법으로 추세-주기를 측정하기 위해 사용한다.

② 현시점의 자료가 p 시점 전의 유한개의 과거 자료로 설명되는 것이다.

③ 시간이 지날수록 관측치의 평균값이 지속적으로 증가하거나 감소하는 시계열 모형이다.

④ 현시점의 자료를 유한개의 백색잡음의 선형결합으로 표현하여 항상 정상성을 만족한다.

키워드 | MA(이동평균) 모형

해설 | 현시점의 자료가 p 시점 전의 유한개의 과거 자료로 설명되는 것은 AR(자기회귀) 모형에 대한 설명이다.

40 다음 중 사회연결망 분석에서 연결망을 표현하는 분석 방법으로 틀린 것은?

① 위세 중심성
② 연결정도 중심성
③ 위치 중심성
④ 매개 중심성

키워드 | 사회연결망 분석

해설 | 사회연결망 분석에서 연결망을 표현하는 분석 방법

연결정도 중심성	• 한 노드에 직접적으로 연결된 노드들의 합으로 확인한다. • 연결된 노드의 수가 많을수록 연결정도 중심성이 높아진다.
근접 중심성	• 간접적으로 연결된 모든 노드 간의 거리를 합산해 중심성을 측정한다. • 한 노드로부터 다른 노드에 도달하기까지 필요한 최소 단계의 합으로 정의한다.
매개 중심성	한 노드가 연결망 내의 다른 노드들 사이의 최다 경로에 위치할수록 그 노드의 매개 중심성이 높아진다.
위세 중심성	연결된 노드의 중요성에 가중치를 두어 노드의 중심성을 측정한다. **예** 보나시치 권력지수 등

41 다음 중 회귀 분석에서 확인해야 할 사항으로 옳지 않은 것은?

① 회귀 모형이 전체 데이터를 얼마나 잘 설명하는지를 나타내는 지표인 결정계수는 -1에서 1 사이의 값을 갖는다.
② 설명력이 떨어지는 독립변수 추가 시 수정된 결정계수의 값이 감소한다.
③ F 통계량의 p-값이 0.05 보다 작으면 회귀식은 유의미하다.
④ 잔차 표준오차는 관측된 값들이 실제 회귀선으로부터 떨어진 정도를 나타내는 통계량을 말한다.

키워드 | 회귀 분석

해설 | 결정계수는 0에서 1 사이의 값을 갖는다.

42 다음 중 다중 공선성에 대한 설명으로 틀린 것은?

① 다중 선형회귀 분석에서 사용된 모형의 일부 독립변수가 다른 독립변수와 상관관계가 강하게 나타나 정확한 추정이 어려워지는 문제가 있다.
② 상태지수가 10 이상이면 문제, 30보다 크면 심각한 문제가 있는 것으로 본다.
③ 다중 선형회귀 분석에서 사용된 모형의 일부 독립변수가 다른 독립변수와 상관관계가 강하게 나타나 정확한 추정이 어려워지는 문제이다.
④ 다중 공선성은 회귀 모델의 정확도를 향상시키는 데 도움이 된다.

키워드 | 다중 공선성

해설 | 다중 공선성(multicollinearity)은 회귀 분석에서 독립변수들 간에 높은 상관관계가 있는 경우를 말하며 모델의 예측력 감소, 해석의 어려움 등을 초래할 수 있다.

43 연관규칙의 기준지표 중 품목 A와 B에 대한 신뢰도(Confidence)를 구하기 위한 식으로 올바른 것은?

① $\dfrac{A와 B가 동시에 포함된 거래 수}{A 또는 B가 포함된 거래 수}$

② $\dfrac{A 또는 B가 포함된 거래 수}{전체 거래 수}$

③ $\dfrac{A와 B가 동시에 포함된 거래 수}{A를 포함하는 거래 수}$

④ $\dfrac{A와 B가 동시에 포함된 거래 수}{전체 거래 수}$

키워드 | 연관규칙

해설 | A상품을 샀을 때 B상품을 살 확률에 대한 척도를 신뢰도라고 하며, 다음과 같은 식으로 나타낼 수 있다.

$$\frac{P(A \cap B)}{P(A)} = \frac{A와 B가 동시에 포함된 거래 수}{A를 포함하는 거래 수}$$

36 ② 37 ① 38 ① 39 ② 40 ③ 41 ① 42 ④ 43 ③

44 다음 보기에서 설명하는 알고리즘은?

> - 대뇌피질 중 시각피질의 학습 과정을 모델화한 인공신경망으로써 자율 학습에 의한 클러스터링을 수행하는 알고리즘이다.
> - 실제 공간의 입력변수가 가까이 있으면 지도상에는 가까운 위치에 있게 된다.
> - 코호넨 네트워크에 근간을 두고 있다.

① SOM(Self-Organizing Map)
② 혼합분포 군집 모형
③ 인공신경망
④ 계층적 군집 모형

45 다음 중 아래 오분류표를 이용하여 F1-Score를 계산한 값은?

구분		예측치		합계
		True	False	
실제값	True	20	80	100
	False	60	40	100
합계		100	100	200

① 0.142
② 0.222
③ 0.334
④ 0.511

46 다음 보기에서 설명하는 앙상블 모형은?

- 다수의 약 학습기를 결합하여 강 학습기를 만든다.
- 초기에는 모든 데이터가 동일한 가중치를 가지지만, 각 round가 종료된 후 가중치와 중요도를 계산한다.

① 랜덤 포레스트   ② 부스팅
③ 배깅   ④ K-fold 교차검증

키워드 | 앙상블 모형

해설 | ① 랜덤 포레스트(Random Forest): 약한 학습기들을 생성한 후 이를 선형 결합하여 최종 학습기를 만드는 방법
③ 배깅(Bagging; Bootstrap Aggregating): 다수의 부트스트랩 자료를 생성하고, 각 자료를 모델링한 후 결합해 최종 예측 모형을 만드는 기법
④ K-fold 교차검증: 전체 데이터를 무작위로 동일 크기를 갖는 K개의 fold로 나눈 뒤 fold 1개를 평가 데이터(Test Set)로, 나머지 K-1개의 fold를 훈련 데이터(Training Set)로 분할하는 과정을 K번 반복하는 방법

47 다음 보기에서 설명하는 용어는?

- 관측된 종속변수의 값과 회귀식을 통해 예측된 종속변수 값 사이의 차이를 의미한다.
- 회귀 모델이 관측 데이터를 얼마나 잘 설명하지 못하는지를 나타낸다.

① 잔차   ② 결정계수
③ p-value   ④ 상수항

키워드 | 선형회귀 모델 용어

해설 | ② 결정계수: 회귀 모형이 전체 데이터를 얼마나 잘 설명하는지를 나타내는 지표
③ p-value: 관찰된 데이터의 검정통계량이 귀무가설을 지지하는 정도를 확률로 표현한 것
④ 상수항: 독립변수 x가 모두 0인 경우, 즉 y 절편값

48 보기의 거래 데이터에서 '맥주→과자'에 대한 향상도는?

A: 계란, 와인
B: 계란, 맥주, 과자, 와인
C: 계란, 맥주, 과자, 과자
D: 시리얼, 과자, 맥주, 과자
E: 시리얼, 와인, 맥주, 주스

① $\dfrac{3}{4}$

② $\dfrac{5}{4}$

③ $\dfrac{3}{5}$

④ $\dfrac{4}{5}$

키워드 | 연관규칙

해설 |

$$\text{향상도} = \frac{\text{맥주와 과자가 함께 판매될 확률}}{\text{맥주 판매 확률} \times \text{과자 판매 확률}}$$

$$= \frac{\dfrac{3}{5}}{\dfrac{4}{5} \times \dfrac{3}{5}} = \frac{5}{4}$$

44 ① 45 ② 46 ② 47 ① 48 ②

49 다음은 자동차의 다양한 기술적 특성을 나타내는 데이터인 mtcars를 사용해 주성분 분석 결과를 시행한 것이다. 분석 결과에 대한 설명으로 옳지 <u>않은</u> 것은?

```
> summary(pca_result)
Importance of components:
                          PC1       PC2      PC3       PC4       PC5       PC6
Standard deviation       2.400     1.628    0.77280   0.51914   0.47143   0.45839
Proportion of Variance   0.576     0.265    0.05972   0.02695   0.02223   0.02101
Cumulative Proportion    0.576     0.841    0.90071   0.92766   0.94988   0.97089
```

① PC1부터 PC4까지의 누적 분산의 비율은 약 92.77%로, 이는 주어진 데이터의 대부분의 변동성을 설명한다.

② 6차원을 3차원으로 축소한다면 잃게 되는 정보량은 약 9.93%이다.

③ 최소 80% 이상의 분산설명력을 갖기 위해서는 3개 이상의 주성분을 사용해야 한다.

④ 가장 큰 분산설명력을 가지는 주성분은 전체 분산의 57.6%를 설명한다.

키워드 | 주성분 분석

해설 | Cumulative Proportion 확인 결과 2개의 주성분(PC1부터 PC2)만으로도 80% 이상의 분산을 설명할 수 있다.

50 다음 덴드로그램은 미국 50개 주의 강력범죄율을 담고 있다. 다음 중 HEIGT=8에서 덴드로그램을 자를 경우 클러스터의 개수는?

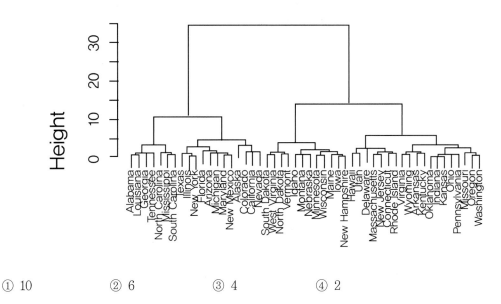

① 10   ② 6   ③ 4   ④ 2

키워드 | 계층적 군집 분석

해설 | 총 4개의 군집으로 구분된다.

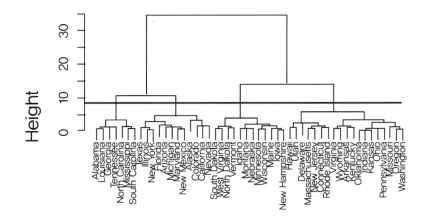

49 ③ 50 ③

제38회 기출복원문제

제한시간: 90분
문항당 2점
시행일: 2023. 08. 19

1과목 데이터의 이해(10문제)

01 다음 중 데이터의 양을 측정하는 단위의 크기를 순서대로 바르게 배열한 것은?

① EB(엑사) 〈 ZB(제타) 〈 YB(요타) 〈 PB(페타)
② PB(페타) 〈 EB(엑사) 〈 ZB(제타) 〈 YB(요타)
③ PB(페타) 〈 ZB(제타) 〈 EB(엑사) 〈 YB(요타)
④ EB(엑사) 〈 ZB(제타) 〈 PB(페타) 〈 YB(요타)

키워드 | 데이터
해설 | 데이터의 단위
• 1바이트(byte)=8비트(bit)
• 1킬로바이트(KB)=1,024바이트(byte)
• 1메가바이트(MB)=1,024킬로바이트(KB)
• 1기가바이트(GB)=1,024메가바이트(MB)
• 1테라바이트(TB)=1,024기가바이트(GB)
• 1페타바이트(PB)=1,024테라바이트(TB)
• 1엑사바이트(EB)=1,024페타바이트(PB)
• 1제타바이트(ZB)=1,024엑사바이트(EB)
• 1요타바이트(YB)=1,024제타바이트(ZB)

02 다음 중 미래의 빅데이터 활용에 필요한 기본적인 3요소에 대한 설명으로 틀린 것은?

① 미래의 빅데이터 활용은 데이터 생산과 이를 다루는 기술, 그리고 프로세스가 필수 요소이다.
② 인공지능(Artificial Intelligence) 기술이 부상한다.
③ 모든 것이 데이터화(Datafication)된다.
④ 빅데이터 알고리즘에 의해 부당하게 피해를 입은 사람들을 구제하는 전문직 종사자로 알고리즈미스트가 부상한다.

키워드 | 데이터 활용
해설 | 미래의 빅데이터 활용에 필요한 기본적인 3요소
• 데이터: 모든 것의 데이터화
• 기술: 기하급수적으로 진화하는 알고리즘과 인공지능
• 인력: 데이터 사이언티스트, 알고리즈미스트

03 다음 중 데이터베이스 특성으로 옳지 <u>않은</u> 것은?

① 정보 이용 측면에서 이용자의 정보요구 없이도 다양한 정보를 신속하고 경제적으로 획득할 수 있다.
② 정보기술 발전 측면에서 정보처리, 검색 및 관리 소프트웨어, 하드웨어 등의 기술 발전을 견인할 수 있다.
③ 경제 및 산업 측면에서 다양한 정보를 필요에 따라 신속하게 제공하고 이용할 수 있는 인프라로서의 특성을 가지고 있다.
④ 정보의 축적 및 전달 측면에서 기계 가독성, 검색 가능성, 원격 조작성을 갖는다.

키워드 | 데이터베이스의 특성
해설 | 정보 이용 측면에서 데이터베이스는 이용자의 정보요구에 따라 다양한 정보를 신속하고 경제적으로 획득할 수 있다.

04 다음 보기에서 상용 데이터베이스로 적절하지 <u>않은</u> 것은?

① Oracle
② SQL Server
③ Tableu
④ DB2

키워드 | 데이터베이스
해설 | Tableu는 BI(Business Intelligence) 솔루션에 해당하는 시각화 도구이다.
① Oracle: 오라클 사에서 판매하는 관계형 데이터베이스 시스템
② SQL Server: Microsoft에서 개발한 관계형 데이터베이스 관리 시스템
④ DB2: IBM에서 발표된 관계형 데이터베이스 관리 시스템

05 다음 중 데이터베이스의 특징으로 적절하지 <u>않은</u> 것은?

① 통합된 데이터(Intergrated data): 동일한 데이터가 중복되어 저장된다.
② 저장된 데이터(Stored data): 컴퓨터가 접근할 수 있는 다양한 저장매체에 저장된다.
③ 변화되는 데이터(Operational data): 현시점의 정확한 데이터를 유지하면서 지속적으로 갱신된다.
④ 공용 데이터(Shared data): 여러 사용자가 서로 다른 목적으로 데이터베이스의 데이터를 공동으로 이용한다.

키워드 | 데이터베이스의 특징
해설 | 통합된 데이터(Intergrated Data)
• 동일한 데이터가 중복되어 저장되지 않는다.
• 중복된 데이터는 관리상의 부작용을 초래할 수 있다.

06 다음 중 데이터 사이언티스트가 갖추어야 할 역량 중 성격이 <u>다른</u> 것은?

① 통찰력 있는 분석
② 설득력 있는 전달
③ 빅데이터에 대한 이론적 지식
④ 다분야 간 협력

키워드 | 데이터 사이언티스트
해설 | 데이터 사이언티스트의 요구 역량

하드 스킬 (Hard Skill)	• 빅데이터에 대한 이론적 지식 • 분석 기술에 대한 숙련
소프트 스킬 (Soft Skill)	• 통찰력 있는 분석 • 설득력 있는 전달 • 다분야 간 협력

01 ② 02 ① 03 ① 04 ③ 05 ① 06 ③

07 다음 중 빅데이터 시대의 위기 요인으로 틀린 것은?

① 데이터 오용　② 익명화
③ 사생활 침해　④ 책임원칙 훼손

키워드 | 빅데이터 시대의 위기 요인

해설 | 개인정보에 익명 처리 기술을 통해 개인을 식별할 수 없는 방법으로 정보로 처리하는 방식을 익명화라고 하며, 이는 개인정보 보호 방법에 해당한다. 빅데이터 시대의 위기 요인은 다음과 같다.

사생활 침해	개인정보가 포함된 데이터가 목적 외로 사용될 경우 사생활 침해를 넘어 사회·경제적 위협이 확대될 수 있다.
책임원칙 훼손	빅데이터 기반 분석과 예측 기술이 발전하면서 정확도가 증가하여 분석 대상이 되는 사람들이 예측 알고리즘의 희생양이 될 가능성이 있다.
데이터 오용	데이터를 과신하거나 잘못 해석하여 그릇된 인사이트를 얻어 비즈니스에 적용할 경우 직접적인 손실이 발생할 수 있다.

08 빅데이터가 만들어 낸 본질적인 변화로 옳지 않은 것은?

① 현재 컴퓨팅 기술의 발전에 따라 복잡하고 거대한 데이터를 다룰 수 있는 통계 도구로 전수조사가 가능해졌다.
② 사전 처리에서 사후 처리로 변화하였다.
③ 데이터 수의 증가로 소수의 오류 데이터가 결과에 영향을 미치지 못하게 되었다.
④ 최근에는 변인 간의 인과관계를 찾으려 하여 미래 예측보다는 대응에 활용된다.

키워드 | 빅데이터가 만든 본질적인 변화
해설 | 인과관계에서 상관관계

기존에는 변인 간의 인과관계를 찾으려 하여 미래 예측보다는 대응에 활용되었으나, 최근에는 실시간 상관관계 분석이 가능하게 됨으로써 데이터 기반의 상관관계 분석으로 변화하게 되었다.

09 다음 중 2000년대의 데이터베이스 활용의 변화에 해당하는 것으로 옳은 것은?

① MIS
② SCM
③ OLAP
④ OLTP

키워드 | 데이터베이스 활용의 변화

해설 | 2000년대에는 고객관계 관리(CRM; Consumer Relationship Management)와 공급망 관리(SCM; Supply Chain Management)가 대두되었고, 상호 밀접한 관련을 갖는다.
①, ③, ④는 1990년대 중반의 변화이다.

10 데이터는 개별 데이터 자체로는 의미가 중요하지 않지만, 데이터, 정보, 지식의 상호관계 속에서 역할을 수행하며 인간이 사회활동에서 추구하는 가치 창출을 위한 일련의 프로세스로 기능하는 것을 나타내는 모형의 이름은?

① DBMS　② EDW
③ DIKW　④ OLAP

키워드 | 지식 피라미드

해설 | ① 데이터베이스 관리 시스템(DBMS; Data Base Management System)
② 전사 데이터 웨어하우스(EDW; Enterprise Data Warehouse)
④ 온라인 분석 처리(OLAP; On-line Analytical Processing)

2과목 데이터 분석 기획 (10문제)

11 다음 중 분석준비도 프레임워크에 대한 설명으로 **틀린** 것은?

① 기업의 데이터 분석 도입 수준을 파악하기 위한 진단 방법이다.

② 조직의 현재 데이터 분석 수준을 정확히 파악하고 해당 결과를 바탕으로 미래 목표를 정의할 때 사용한다.

③ 기준 데이터 관리(MDM)는 분석 기법 영역에 해당한다.

④ 인력 및 조직 영역에는 관리자들의 기본적 분석 능력, 경영진 분석 업무 이해 능력 등이 있다.

키워드 | 분석준비도 프레임워크
해설 | 총 6가지 영역(분석 업무 파악, 인력 및 조직, 분석 기법, 분석 데이터, 분석 문화, IT 인프라)으로 현재 데이터 분석 수준을 파악하는데, 기준 데이터 관리(MDM)는 분석 데이터 영역에 해당한다.

12 다음 중 KDD 분석 방법론의 절차 중 데이터 세트 내에 존재하는 결측값, 이상값들을 식별하고 정제하는 단계로 옳은 것은?

① 데이터 준비

② 데이터 변환

③ 데이터 마이닝

④ 데이터 전처리

키워드 | KDD 분석 방법론
해설 | KDD 분석 방법론의 절차

데이터 세트 선택 (Selection)	• 분석대상의 비즈니스 도메인에 대한 이해와 프로젝트의 목표를 설정하는 단계 • 데이터 마이닝에 필요한 목표 데이터(Target Data) 구성
데이터 전처리 (Preprocessing)	데이터에 대한 노이즈, 이상값, 결측값 등을 제거하는 단계
데이터 변환 (Transformation)	데이터의 변수를 찾고, 데이터에 대한 차원 축소를 수행하는 단계
데이터 마이닝 (Data Mining)	분석 목적에 맞는 데이터 마이닝 기법, 알고리즘 선택, 패턴 찾기, 데이터 분류 예측 작업을 수행하는 단계
데이터 마이닝 결과 평가 (Evaluation)	분석 결과에 대한 해석 평가, 발견된 지식을 활용하는 단계

13 다음 중 하향식 접근방법의 비즈니스 모델 캔버스를 활용한 과제 발굴의 영역으로 틀린 것은?

① 업무
② 규제와 감사
③ 혁신
④ 제품

키워드 | 비즈니스 모델 캔버스
해설 | 비즈니스 모델 캔버스를 활용한 과제 발굴의 영역
• 업무(Operation)
• 제품(Product)
• 고객(Customer)
• 규제와 감사(Regulation&Audit) 영역
• 지원 인프라(IT&Human Resource) 영역

14 분석준비도는 기업의 데이터 분석 도입의 수준을 파악하기 위한 진단 방법으로 총 6가지 영역을 대상으로 현 수준을 파악한다. 보기가 나타내는 분석준비도의 영역은?

> • 비구조적 데이터 관리
> • 외부 데이터 활용 체계
> • 기준 데이터 관리(MDM)

① 분석 기법
② 분석 업무
③ 분석 데이터
④ 분석 문화

키워드 | 분석준비도 프레임워크
해설 | 분석 데이터 영역
• 분석 업무를 위한 데이터 충분성·적시성·신뢰성
• 비구조적 데이터 관리
• 외부 데이터 활용 체계
• 기준 데이터 관리(MDM)

15 다음 중 데이터 분석 조직구조에 대한 설명으로 틀린 것은?

① 집중 구조에서는 전략적 중요도에 따라 분석 조직이 우선순위를 정해서 진행할 수 있다.
② 집중 구조에서는 현업 업무부서의 분석 업무와 중복 및 이원화 가능성이 있다.
③ 기능 구조에는 전사적 핵심 분석이 어려우며 과거에 국한된 분석 수행이 이루어진다.
④ 분산 구조에서는 부서 차원의 우선순위를 수행한다.

키워드 | 데이터 분석 조직구조
해설 | 분산 구조에는 전사 차원의 우선순위를 수행한다.
분산 구조
• 분석 조직 인력들을 현업 부서로 직접 배치해 분석 업무를 수행한다.
• 전사 차원의 우선순위를 수행한다.
• 분석 결과에 따른 신속한 피드백이 나오고, 베스트 프랙티스(Best Practice)를 공유할 수 있다.
• 업무 과다와 이원화 가능성이 존재할 수 있어 부서 분석 업무와 역할 분담이 명확해야 한다.
• 다수의 데이터 분석 엔지니어가 필요하다.

16 분석 마스터 플랜 수립 시 과제 우선순위 평가 기준으로 틀린 것은?

① 시급성 기준에서는 전략적 중요도와 목표가치를 평가 요소로 한다.
② 시급성 기준에서는 중장기적 관점에서 전략적인 가치를 둘 것인지 판단한다.
③ 시급성과 난이도가 높은 과제의 우선순위가 가장 높다.
④ 난이도 기준은 ROI 요소 중 투자비용 요소에 해당한다.

키워드 | 과제 우선순위 평가 기준
해설 | 시급성이 높고, 난이도가 낮은 과제의 우선순위가 가장 높다.

17 수행 과제 도출 및 우선순위 평가에서 분석 마스터 플랜 수립 기준 중 우선순위 설정에 해당하지 <u>않는</u> 것은?

① 실행 용이성
② 전략적 중요도
③ 기술 적용 수준
④ 비즈니스 성과

키워드 | 우선순위 설정
해설 | 분석 마스터 플랜 수립 기준

우선순위 설정	• 전략적 중요도 • 비즈니스 성과 및 ROI • 실행 용이성
로드맵 수립	• 업무 내재화 적용 수준 • 분석 데이터 적용 수준 • 기술 적용 수준

18 조직구조 및 인력 구성 시 고려해야 할 사항으로 옳지 <u>않은</u> 것은?

① 비즈니스 질문(Question)을 선제적으로 찾아낼 수 있는 구조인가?
② 어떤 형태의 조직(중앙집중형, 분산형)으로 구성하는 것이 효율적인가?
③ 최대한 높은 능력치를 갖춘 사람을 구성할 수 있는 방법인가?
④ 통계적 기법 및 분석 모델링 전문 인력을 별도로 구성해야 하는가?

키워드 | 분석 조직
해설 | 조직구조와 인력의 구성

조직구조	• 비즈니스의 질문(Question)을 선제적으로 찾아낼 수 있는 구조인가? • 분석 전담조직과 타 부서간 유기적인 협조와 지원이 원활한 구조인가? • 효율적인 분석 업무를 수행하기 위한 분석 조직의 내부 조직구조는 무엇인가? • 전사 및 단위부서가 필요 시 접촉하며 지원할 수 있는 구조인가? • 어떤 형태의 조직(중앙집중형, 분산형)으로 구성하는 것이 효율적인가?
인력	• 비즈니스 및 IT 전문가의 조합으로 구성되어야 하는가? • 어떤 경험과 어떤 스킬을 갖춘 사람으로 구성해야 하는가? • 통계적 기법 및 분석 모델링 전문 인력을 별도로 구성해야 하는가? • 전사 비즈니스를 커버하는 인력이 없다면? • 전사 분석 업무에 대한 적합한 인력 규모는 어느 정도인가?

13 ③ 14 ③ 15 ④ 16 ③ 17 ③ 18 ③

19 다음 보기의 설명에 해당하는 용어는?

> - 일종의 복잡한 문제 해결에 대한 논리 추론적 접근법으로, 명확하게 정리되지 않은 사용자의 니즈(needs)를 이해하고, 이를 해결할 수 있는 기회를 찾기 위해 공감적 태도(mindset)를 활용한다.
> - 상향식 접근 방식의 발산과 하향식 접근 방식의 수렴을 반복하면서 분석의 가치를 높일 수 있는 최적의 의사결정을 내리고, 혁신적인 아이디어를 도출하는 방식이다.

① 나선형 모델
② 프로토타이핑
③ 디자인 사고 접근법
④ 폭포수 모델

키워드 | 디자인 사고 접근법

해설 | ① 나선형 모델: 반복을 통해 점증적으로 개발하는 방법론으로, 효과적인 관리 체계가 갖춰지지 못하면 복잡도가 상승하여 프로젝트 진행이 어려울 수 있다는 단점이 있음
② 프로토타이핑: 사용자가 요구사항이나 데이터를 정확히 규정하기 어렵고, 데이터 소스를 파악하기 어려운 상황에서 일단 분석을 시도하고 반복적 개선하는 접근법
④ 폭포수 모델: 이전 단계가 완료되어야 다음 단계로 진행할 수 있는 하향식 진행 방법론으로, 문제점이 발견되면 전 단계로 돌아가는 피드백을 수행함

20 분석준비도 프레임워크의 6가지 영역 중 보기에서 설명하는 영역으로 옳은 것은?

> - 운영 시스템 데이터 통합
> - EAI, ETL 등 데이터 유통 체계
> - 분석전용 서버 및 스토리지
> - 빅데이터 분석 환경
> - 통계 분석 환경
> - 비주얼 분석 환경

① 인력 및 조직
② IT 인프라
③ 분석 문화
④ 분석 데이터

키워드 | 분석준비도 프레임워크

해설 | 아래 6개 영역으로 분석 수준을 진단하여 분석준비도를 고려한다.
- 분석 업무 파악
- 인력 및 조직
- 분석 기법
- 분석 데이터
- 분석 문화
- IT 인프라

21 다음은 미국의 각 주에서 발생한 범죄 통계에 관한 데이터인 USArrests 데이터 세트의 회귀 분석 결과이다. 분석 결과에 대한 설명으로 옳지 <u>않은</u> 것은?

```
> summary(reg_model)

Call:
lm(formula = Murder ~ ., data = USArrests)

Residuals:
    Min      1Q   Median      3Q     Max
 -4.3990  -1.9127  -0.3444  1.2557  7.4279

Coefficients:
               Estimate     Std.Error    t value      Pr(>|t|)
(Intercept)    3.276639     1.737997      1.885       0.0657  .
Assault        0.039777     0.005912      6.729       2.33e-08  ***
UrbanPop      -0.054694     0.027880     -1.962       0.0559  .
Rape           0.061399     0.055740      1.102       0.2764

———
Signif. codes:  0 '***' 0.001 '**' 0.01 '*' 0.05 '.' 0.1 ' ' 1

Residual standard error: 2.574 on 46 degrees of freedom
Multiple R-squared: 0.6721,  Adjusted R-squared: 0.6507
F-statistic: 31.42 on 3 and 46 DF,  p-value: 3.322e-11
```

① Assault가 1단위 증가할 때마다 Murder가 약 0.0398 만큼 증가한다.

② UrbanPop 변수는 5% 유의수준하에서 유의미하다.

③ 이 모델이 설명하는 변동성의 비율은 약 67.21%이다.

④ 잔차 표준 오차는 약 2.574이다.

키워드 | 회귀 분석

해설 | UrbanPop 변수의 p-value가 0.0559로 5% 유의수준보다 크기 때문에 유의미하다고 볼 수 없다.

① Assault의 Estimate 값은 0.039777이므로 Assault가 1단위 증가할 때마다 Murder가 약 0.0398 만큼 증가한다.

③ Multiple R-squared 값이 약 0.6721이므로 변동성의 비율은 약 67.21%이다.

④ Residual standard error 값을 확인하면 잔차 표준 오차는 약 2.574이다.

22 airquality 데이터 세트는 미국 뉴욕 시에서 수집된 대기질 관련 데이터이다. 다음 중 주성분 분석 결과에 대한 설명으로 옳지 <u>않은</u> 것은?

```
> print(summary(pca_result))
Importance of components:
                          PC1        PC2        PC3        PC4        PC5
Standard deviation      1.5386     1.0022     0.9431     0.68950    0.5133
Proportion of Variance  0.4734     0.2009     0.1779     0.09508    0.0527
Cumulative Proportion   0.4734     0.6743     0.8522     0.94730    1.0000
```

① 네 번째 주성분까지 선택할 경우 전체 데이터의 약 94.73%를 설명할 수 있다.

② 데이터를 80% 이상 설명하는 주성분의 개수는 2개이다.

③ 첫 번째 주성분은 데이터의 표준편차가 가장 크다.

④ 네 번째 주성분은 전체 데이터의 약 10%를 설명한다.

키워드 | 주성분 분석

해설 | 세 번째 주성분(PC3)까지의 누적 분산은 Cumulative Proportion이므로 80% 이상을 설명하려면 3개의 주성분이 필요하다.

23 다음 보기에서 설명하는 표본추출 방법은?

> • 모집단의 크기가 비교적 작을 때 주로 사용된다.
> • 한 번 추출된 표본이 재추출될 수 있다.

① 단순 무작위 추출
② 복원추출법
③ 군집 추출
④ 층화 추출

키워드 | 표본추출 방법
해설 | ① 단순 무작위 추출: 무작위 비복원 추출로 모집단으로부터 무작위로 추출하고 독립적으로 선택한다.
③ 군집 추출: 모집단을 차이가 없는 여러 군집으로 나눈 후 일부 또는 전체 군집에서 표본을 추출한다.
④ 층화 추출: 이질적인 원소들로 구성된 모집단에서 서로 유사한 것끼리 몇 개의 층으로 나눈 후 각 계층을 골고루 대표하도록 표본을 추출하는 방법이다.

24 다음 중 이산확률분포 중 하나로 특정 실험의 결과가 성공 또는 실패인 두 가지의 결과 중 하나를 얻는 분포는?

① 베르누이 분포
② 포아송 분포
③ F-분포
④ 다항분포

키워드 | 이산확률분포
해설 | 베르누이 분포(Bernoulli Distribution)
• 베르누이 시행에서 특정 실험 결과가 성공 또는 실패로 두 결과 중 하나를 얻는 확률 분포
• 어떤 확률변수 X의 시행결과가 '성공'이면 1이고, '실패'면 0의 값을 갖는다고 할 때, 이 확률변수 X를 베르누이 확률변수라고 부르고, 이것의 분포를 베르누이 분포라고 함

25 스피어만 상관계수에 대한 설명으로 옳은 것은?

① 스피어만 상관계수가 1에 가까울수록 두 변수는 양의 상관관계를 가지는 것이고, 0에 가까우면 상관성이 없는 것으로 판단할 수 있다.
② 서열척도인 두 변수의 순위 사이의 통계적 의존성을 측정하는 모수적 척도이다.
③ 선형 관계의 연관성을 파악할 수 있다.
④ 두 변수 간의 연관관계 여부를 알려주며, 자료의 이상값이 있거나 표본 크기가 클 때 유용하다.

키워드 | 스피어만 상관분석
해설 | ② 서열척도인 두 변수의 순위 사이의 통계적 의존성을 측정하는 비모수적 척도이다.
③ 비선형 관계의 연관성을 파악할 수 있다.
④ 두 변수 간의 연관관계 여부를 알려주며, 자료의 이상값이 있거나 표본 크기가 작을 때 유용하다.

22 ② 23 ② 24 ① 25 ①

26 다음 중 통계적 추론에 대한 설명으로 옳지 않은 것은?

① 표본평균은 모집단의 평균을 추정하기 위한 추정량 $\overline{X} = \dfrac{1}{n}\sum_{i=1}^{n} X_i$ 이다.

② 점추정의 조건은 불편성, 효율성, 일치성, 충분성 4가지이다.

③ 신뢰수준이란 모수가 실제로 포함될 것으로 예측되는 범위이다.

④ 95% 신뢰수준에서 표본평균에 의한 모평균의 신뢰구간 계산식은 $P(\mu - 1.96\,\sigma/\sqrt{n} \leq \overline{X} \leq \mu + 1.96\,\sigma/\sqrt{n}) = 95\%$ 이다.

키워드 | 통계적 추론
해설 | 모수가 실제로 포함될 것으로 예측되는 범위는 신뢰구간에 해당한다. 신뢰수준은 신뢰구간에 실제 모수가 포함될 확률이다.

27 다음 중 아래 집단에 대한 지니 지수(Gini-Index)로 가장 알맞은 것은?

1	2	2	1

① $\dfrac{1}{2}$
② 1
③ 2
④ 3

키워드 | 지니 지수
해설 | 지니 지수($Gini\in dex$) $= 1 - (\dfrac{2}{4})^2 - (\dfrac{2}{4})^2$
$= \dfrac{8}{16} = \dfrac{1}{2}$

28 다음 중 고차원의 데이터를 이해하기 쉬운 저차원의 뉴런으로 형상화하는 방법은?

① 자기조직화 지도
② DBSCAN 알고리즘
③ 연관 분석
④ 주성분 분석

키워드 | 자기조직화 지도
해설 | 고차원의 데이터를 이해하기 쉬운 저차원의 뉴런으로 정렬하여 지도의 형태로 형상화한 비지도 신경망을 자기조직화 지도(SOM; Self-Organizing Maps)라 한다.
② DBSCAN 알고리즘: 밀도 기반 군집 분석으로 서로 인접한 데이터들은 같은 군집 내에 있다는 것을 가정한 알고리즘
③ 연관 분석: 데이터 내부에 존재하는 항목 간의 유용한 패턴을 찾아내는 분석 기법
④ 주성분 분석(PCA): 상관관계가 있는 고차원 자료를 자료의 변동을 최대한 보존하는 저차원 자료로 변환하는 차원축소 방법

29 다음 중 연구자가 표본연구를 통해 입증하고자 하는 가설은?

① 귀무가설
② 대립가설
③ 유의수준
④ 기각역

키워드 | 가설검정
해설 | 연구자가 표본연구를 통해 입증하고자 하는 가설로 귀무가설에 대립하는 가설은 대립가설(연구가설)이다.
① 귀무가설: 기존에 알려진 사실로서, 원래의 주장 및 가설(기본적으로 참으로 추정함)
③ 유의수준: 귀무가설의 기각 여부를 결정하는 데 사용하는 기준이 되는 확률
④ 기각역: 귀무가설이 기각되고 대립가설이 채택되는 감정통계량의 영역

30 다음 중 '맥주, 감자칩' 간의 지지도, 신뢰도, 향상도가 순서대로 나열된 것은?

> A: 노트, 맥주, 감자칩
> B: 신문, 감자칩, 우유, 맥주
> C: 신문, 빵, 우유, 감자칩
> D: 감자칩, 빵, 맥주
> E: 맥주, 빵, 주스

① $\dfrac{2}{4}$, $\dfrac{3}{4}$, $\dfrac{5}{4}$

② $\dfrac{3}{5}$, $\dfrac{3}{4}$, $\dfrac{15}{16}$

③ $\dfrac{3}{5}$, $\dfrac{3}{4}$, $\dfrac{3}{4}$

④ $\dfrac{2}{5}$, $\dfrac{2}{4}$, $\dfrac{15}{16}$

키워드 | 연관규칙

해설 |
- 지지도: 전체 데이터에서 해당 물건을 구입한 확률

$$= \frac{\text{맥주와 감자칩을 동시에 구매한 수}}{\text{전체 데이터 수}} = \frac{3}{5}$$

- 신뢰도: 맥주를 구매했을 때 감자칩이 구매될 확률

$$= \frac{\text{맥주와 감자칩을 동시에 구매한 수}}{\text{맥주가 포함된 구매 수}} = \frac{3}{4}$$

- 향상도: $\dfrac{\text{맥주와 감자칩이 함께 구매될 확률}}{\text{맥주가 구매될 확률} \times \text{감자칩이 구매될 확률}}$

$$= \frac{\dfrac{3}{5}}{\dfrac{4}{5} \times \dfrac{4}{5}} = \frac{15}{16}$$

31 여러 가지 동일한 종류 또는 서로 상이한 모형들의 예측·분류 결과를 종합하여 최종적인 의사결정에 활용하는 기법으로 옳은 것은?

① 앙상블 기법
② 의사결정나무
③ 회귀 기법
④ 시계열 기법

키워드 | 앙상블기법

해설 | ② 의사결정나무: 의사결정 규칙을 나무(Tree) 구조로 도표화하여 분류 및 예측을 수행하는 지도학습 알고리즘
③ 회귀 기법: 하나 또는 그 이상의 독립변수들이 종속변수에 미치는 영향을 파악할 수 있는 통계 기법
④ 시계열 기법: 시간의 흐름에 따라서 관측된 데이터를 분석하여 미래를 예측하기 위한 분석 기법

26 ③ 27 ① 28 ① 29 ② 30 ② 31 ①

32 다음은 mtcars 데이터 세트의 마지막 분출까지 기다린 시간(waiting)과 분출 지속 시간(eruptions)의 산점도이다. 이에 대한 설명으로 옳은 것은?

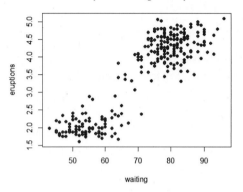

① 마지막 분출까지 기다린 시간(waiting)과 분출 지속 시간(eruptions)은 비선형관계를 보인다.
② 마지막 분출까지 기다린 시간(waiting)과 분출 지속 시간(eruptions)은 상관관계가 없다.
③ 마지막 분출까지 기다린 시간(waiting)과 분출 지속 시간(eruptions)은 양의 상관관계가 있다.
④ 분출 지속 시간(eruptions)은 다른 변수와도 상관관계를 가진다.

키워드 | 산점도
해설 | 마지막 분출까지 기다린 시간(waiting)과 분출 지속 시간(eruptions)은 양의 상관관계를 가지며, 다른 변수와의 상관관계는 알 수 없다.

상관관계의 종류

양의 상관관계	두 변수 사이에서 한 변수의 값이 증가할 때 다른 변수의 값도 증가하는 경향을 보이는 상관관계
음의 상관관계	두 변수 사이에서 한 변수의 값이 증가할 때 다른 변수의 값은 감소하는 경향을 보이는 상관관계
상관관계 없음	한 변수의 값과 다른 변수의 값의 변화가 서로 상관이 없음

33 다음 중 보기에서 설명하는 계층적 군집 분석으로 옳은 것은?

- 두 군집 사이의 거리를 각 군집에서 하나씩 관측값을 뽑았을 때 나타날 수 있는 거리의 최댓값으로 측정
- 같은 군집에 속하는 관측치는 알려진 최대 거리보다 짧으며 군집들의 내부 응집성에 중점을 둔 방법

① 최단 연결법
② 최장 연결법
③ 와드 연결법
④ 중심 연결법

키워드 | 계층적 군집 분석
해설 | ① 최단 연결법: 두 군집 사이의 거리를 각 군집에서 하나씩 관측값을 뽑았을 때 나타날 수 있는 거리의 최솟값
③ 와드 연결법: 생성된 군집과 기존의 데이터들의 거리를 군집 내 오차가 최소가 되는 데이터로 계산하는 방법
④ 중심 연결법: 두 군집의 중심 간의 거리를 측정하는 방법

34 다음 중 분류모형을 평가하기 위해 사용되는 방법으로 옳지 <u>않은</u> 것은?

① 향상도 곡선
② 덴드로그램
③ 혼동행렬
④ ROC 곡선

키워드 | 분류모형 평가방법
해설 | 덴드로그램(Dendrogram)은 계층적 군집 분석의 시각화를 이용하여 군집의 개수를 결정하는 방법이다.
분류모형의 평가지표
• 혼동행렬(confusion matrix)
• ROC 곡선(ROC Curve)
• 이익도표(Gain Chart)
• 향상도 곡선(Lift Curve)

35 다음 중 차원의 단순화를 통해 서로 상관성이 있는 변수들 간의 복잡한 구조를 분석하는 것이 목적인 주성분 분석에 대한 설명으로 가장 올바르지 <u>않은</u> 것은?

① 차원 감소 폭의 결정은 전체 변이의 공헌도, 평균 고윳값 등을 활용하는 방법이 있다.
② 특성들이 통계적으로 상관관계가 없도록 데이터 세트를 회전시키는 기술이다.
③ 차원축소는 고윳값이 낮은 순으로 정렬해서, 낮은 고윳값을 가진 고유 벡터만으로 데이터를 복원한다.
④ 상관관계가 있는 고차원 자료를 자료의 변동을 최대한 보존하는 저차원 자료로 변환하는 차원축소 방법이다.

키워드 | 주성분 분석
해설 | 차원축소는 고윳값이 높은 순으로 정렬해서, 높은 고윳값을 가진 고유 벡터만으로 데이터를 복원한다.

36 표본조사나 실험을 실시하는 과정에서 추출된 원소들이나 실험 단위로부터 주어진 목적에 적합하도록 관측해 자료를 얻는 것을 측정이라 한다. 다음 중 자료의 종류에 대한 설명으로 가장 적절하지 <u>않은</u> 것은?

① 명목척도: 측정 대상이 어느 집단에 속하는 지를 분류할 때 사용하는 척도이다.
② 순서척도: 측도 대상의 특성이 가지는 서열 관계를 관측하는 척도로 특정 서비스의 선호도, 성적 순위 등이 있다.
③ 비율척도: 절대적 기준인 원점이 존재하지 않으며, 모든 사칙연산이 가능하다.
④ 구간척도: 측정 대상이 갖는 속성의 양을 측정하는 척도로 온도, 지수 등이 있다.

키워드 | 자료의 종류
해설 | 비율척도는 절대적 기준인 원점(0값)이 존재하고, 사칙연산이 가능하며 제일 많은 정보를 가진다.
예 나이, 연간 소득, 제품 가격 등

37 다음 중 앙상블 분석의 종류에 대한 설명으로 옳은 것은?

① SOM은 배깅 기법을 활용하였다.
② 부스팅은 연속적인 약학습기를 생성하고 이를 결합하여 강학습기를 만드는 것이다.
③ 배깅은 샘플을 여러 번 뽑아 각 모델을 학습시켜 결과물을 경쟁시키는 방법이다.
④ 앙상블 기법은 서로 다른 학습 알고리즘을 경쟁시켜 학습하는 것이다.

키워드 | 앙상블 분석
해설 | ① SOM은 비계층적 군집 분석을 활용한 기법이다.
③ 배깅은 다수의 부트스트랩 자료를 생성하고, 각 자료를 모델링한 후 결합해 최종 예측모형을 만드는 방법이다.
④ 앙상블 기법은 여러 가지 모형들의 예측 및 분류 결과를 종합하여 최종적인 의사결정에 활용하는 것이지 서로 다른 학습 알고리즘을 경쟁시켜 학습하는 것은 아니다.

38 데이터 분석 도구인 R의 주요 특징에 대한 설명으로 틀린 것은?

① 객체지향 언어이며, 함수형 언어이다.
② 다양한 OS에서 사용할 수 있다.
③ 데이터 처리 속도가 매우 느리다.
④ 웹브라우저 연동 모듈이 필요하다.

키워드 | R
해설 | R은 데이터 처리 속도가 매우 빠르지만, 대용량 메모리 처리에는 어려움이 있다.

R의 특징

그래픽 처리	• 상용 소프트웨어에 버금가는 그래프와 그림 제공 • 처리 시간이 매우 빨라 다양한 용도에 맞춰 사용 가능
데이터 처리 및 계산능력	• 벡터, 행렬, 배열, 데이터 프레임, 리스트 등 다양한 형태의 데이터 구조 지원 • 복잡한 구조 내의 개별 데이터에 접근하는 절차가 간단해 큰 데이터 핸들링이 간편함
패키지	• 사용자들이 스스로 개발하는 새로운 함수들을 패키지의 형태로 내려받아 사용 • 패키지는 하나의 목적으로 제작되며 이를 설치하면 해당 분석에 필요한 과정들을 수행할 수 있는 함수가 포함됨 • 확장성으로 인해 최신 이론 및 기법 사용이 편리함 • 고급 그래픽 기능 사용 가능

39 다음 중 주성분 분석에서 변수의 중요도 기준이 되는 값은?

① 특이값
② 표준오차
③ 평균
④ 고윳값

키워드 | 주성분 분석

해설 | 주성분 개수 선택 방법은 스크린 산점도, 전체 변이의 공헌도, 평균 고윳값을 활용하는 방법이 있다. 그중 평균 고윳값을 활용하는 방법은 고윳값들의 평균을 구한 다음 평균 이상이 되는 주성분을 선택하는 방법이다.

40 다음 중 군집 간 거리 연결법과 그 설명이 잘못 짝지어진 것은?

① 최단 연결법 – 측정최단거리를 사용할 때 사슬 모양으로 생길 수 있으며 고립된 군집을 찾는데 중점을 둔 방법
② 와드 연결법 – 생성된 군집과 기존의 데이터들의 거리를 군집 내 오차가 최소가 되는 데이터로 계산하는 방법
③ 중심 연결법 – 생성된 군집과 기존 데이터들의 거리를 군집 내 평균 데이터로 계산하는 방법
④ 최장 연결법 – 같은 군집에 속하는 관측치는 알려진 최대 거리보다 짧으며 군집들의 내부 응집성에 중점을 둔 방법

키워드 | 거리 연결법

해설 | 생성된 군집과 기존 데이터들의 거리를 군집 내 평균 데이터로 계산하는 방법은 평균 연결법이다. 중심 연결법은 두 군집의 중심 간의 거리를 측정하는 방법이다.

41 보기에서 설명하는 데이터 분할 방법으로 옳은 것은?

> • 주어진 자료에서 단순 랜덤 복원추출 방법을 활용하여 동일한 크기의 표본을 여러 개 생성하는 샘플링 방법이다.
> • 무작위 복원추출 방법으로, 전체 데이터에서 중복을 허용하여 데이터 크기만큼 샘플을 추출하고 이를 훈련 데이터로 한다.
> • 데이터의 분포가 치우쳐져 있거나 데이터 수가 적은 경우에 유용하다.

① K-Fold 교차검증
② 부트스트랩 방법
③ 홀드아웃 방법
④ 배깅

키워드 | 데이터 분할 방법

해설 | ① K-Fold 교차검증: 전체 데이터를 무작위로 동일 크기를 갖는 K개의 Fold로 나눈 뒤 Fold 1개를 평가 데이터(Test Set)로, 나머지 K-1개의 Fold를 훈련 데이터(Training Set)로 분할하는 과정을 K번 반복하는 방법
③ 홀드아웃 방법: 전체 데이터를 비복원 추출하여 일정 비율로 학습 데이터와 평가 데이터로 1회 나누어 검증하는 기법
④ 배깅: 다수의 부트스트랩 자료를 생성하고, 각 자료를 모델링한 후 결합해 최종 예측모형을 만드는 방법

37 ② 38 ③ 39 ④ 40 ③ 41 ②

42 연관성 분석의 향상도(Lift)가 1인 경우가 의미하는 것은?

① 양(+)의 상관관계
② 서로 동일한 관계
③ 음(−)의 상관관계
④ 서로 독립적인 관계

키워드 | 연관 분석
해설 |
• 향상도는 규칙이 우연히 일어날 경우 대비 얼마나 나은 효과를 보이는지에 대한 척도이다.
• 향상도가 1인 경우 서로 독립적인 관계를 갖는다.

43 연관규칙의 측정 지표 중 품목 A와 B에 대한 지지도를 구하기 위한 식으로 올바른 것은?

① $\dfrac{A와\ B가\ 동시에\ 포함된\ 거래\ 수}{A\ 또는\ B가\ 포함된\ 거래\ 수}$

② $\dfrac{A\ 또는\ B가\ 포함된\ 거래\ 수}{전체\ 거래\ 수}$

③ $\dfrac{A와\ B가\ 동시에\ 포함된\ 거래\ 수}{A를\ 포함하는\ 거래\ 수}$

④ $\dfrac{A와\ B가\ 동시에\ 포함된\ 거래\ 수}{전체\ 거래\ 수}$

키워드 | 연관규칙의 측정 지표
해설 | 지지도(Support)는 전체 거래 중 A와 B를 동시에 포함하는 거래의 비율로, 식으로 나타내면 다음과 같다.

$$P(A \cap B) = \dfrac{A와\ B가\ 동시에\ 포함된\ 거래\ 수}{전체\ 거래\ 수}$$

44 다음 시계열 분해 그래프를 통하여 파악할 수 없는 것은?

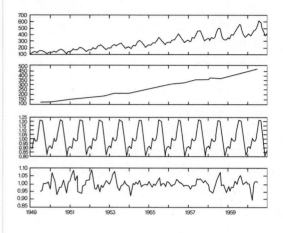

① 계절
② 순환
③ 추세
④ 잔차

키워드 | 시계열
해설 | 시계열의 구성 요소

추세 요인	관측값이 시간에 따라 지속적으로 증가하거나 감소하는 것
계절 요인	고정된 주기에 따라 자료가 변화할 경우
순환 요인	알려지지 않은 주기를 가지고 자료가 변화
불규칙 요인	시간과 무관하게 변화하는 변동성분, 잔차에 해당

45 다음 보기는 오존농도(Ozone)와 태양복사량(Solar.R), 바람속도(Wind), 온도(Temp), 측정 월 (Day)의 변수 간의 상관계수 행렬이다. 그 분석 결과에 대한 설명으로 옳지 <u>않은</u> 것은?

	Ozone	Solar.R	Wind	Temp	Day
Ozone	1.000000000	0.3483417	−0.61249658	0.6985414	−0.005189769
Solar.R	0.348341693	1.0000000	−0.12718345	0.2940876	−0.057753801
Wind	−0.612496576	−0.1271835	1.00000000	−0.4971897	0.049871017
Temp	0.698541410	0.2940876	−0.49718972	1.0000000	−0.096545800
Day	−0.005189769	−0.0577538	0.04987102	−0.0965458	1.000000000

① "Solar.R"과 "Temp" 간에는 약한 양의 상관관계가 나타난다.
② "Day"와 "Ozone"은 거의 상관이 없다.
③ "Ozone"과 가장 높은 상관관계를 갖는 변수는 "Temp"이다.
④ "Ozone"과 "Solar.R" 간에는 강한 양의 상관관계가 나타난다.

키워드 | 상관계수 행렬

해설 | "Ozone"과 "Solar.R" 간에는 약한 양의 상관관계가 나타난다. 0.348417 값에 상관계수 값이 0에 가까울수록 두 변수 간의 상관관계가 약함을 의미하고, 값이 1 또는 −1에 가까울수록 상관관계가 강함을 의미한다.

> 0 ~ 0.1: 거의 무관한(Negligible) 상관관계
> 0.1 ~ 0.3: 약한(Weak) 상관관계
> 0.3 ~ 0.5: 중간 정도(Moderate)의 상관관계
> 0.5 ~ 0.7: 강한(Strong) 상관관계
> 0.7 ~ 0.9: 매우 강한(Very Strong) 상관관계
> 0.9 ~ 1: 거의 완벽한(Near Perfect) 상관관계

	Ozone	Solar.R	Wind	Temp	Day
Ozone	1.000000000	0.3483417	−0.61249658	0.6985414	−0.005189769
Solar.R	0.348341693	1.0000000	−0.12718345	0.2940876	−0.057753801
Wind	−0.612496576	−0.1271835	1.00000000	−0.4971897	0.049871017
Temp	0.698541410	0.2940876	−0.49718972	1.0000000	−0.096545800
Day	−0.005189769	−0.0577538	0.04987102	−0.0965458	1.000000000

46 보기는 주성분 분석의 결과이다. 다음 중 전체 데이터의 80% 이상을 설명하려고 할 때 적합한 주성분의 개수는?

Importance of components:				
	PC1	PC2	PC3	PC4
Standard deviation	2.0300	1.1563	0.8610	0.6492
Proportion of Variance	0.5887	0.1910	0.1059	0.0602
Cumulative Proportion	0.5887	0.7797	0.8856	0.9458

① 1

② 2

③ 3

④ 4

키워드 | 주성분 분석

해설 | 각 주성분의 중요도 누적 비율(Cumulative Proportion)을 확인해야 한다. 제3주성분까지 선택할 경우 전체 데이터 88.56%에 대한 설명력을 가지므로 제3주성분까지 선택해야 한다.

47 다음 보기에서 설명하는 빅데이터 활용 기본 테크닉으로 옳은 것은?

> - 생명의 진화를 모방하여 최적해를 구하는 알고리즘으로 존 홀랜드가 1975년에 개발하였다.
> - 어떤 미지의 함수 $y = f(x)$를 최적화하는 해를 찾기 위해 진화를 모방한 탐색 알고리즘이다.

① 감정 분석
② 시계열 분석
③ 유전자 알고리즘
④ 인공신경망

키워드 | 빅데이터 활용

해설 | ① 감정 분석: 특정 주제에 대해 말하거나 글을 쓴 사람의 감정을 분석하는 기법으로 분석 대상은 사용자가 사용한 문장 또는 단어
② 시계열분석: 시간의 흐름에 따라서 관측된 데이터를 분석하여 미래를 예측하기 위한 분석 방법
④ 인공신경망: 자연 뉴런(Natural Neurons)이 시냅스(Synapse)를 통하여 신호를 전달받는 과정에서, 신호의 강도가 기준치를 초과할 때 뉴런이 활성화되는 구조를 모방한 분석 방법

48 표본추출 방법 중 보기에서 설명하는 내용에 해당하는 것은?

> - 이질적인 원소들로 구성된 모집단에서 서로 유사한 것끼리 몇 개의 층으로 나눈다. 이후 각 계층을 골고루 대표하도록 표본을 추출하는 방법이다.
> - 각 집단별 분석이 필요한 분석의 경우나 모집단 전체에 대한 특성치의 추정이 필요한 경우 시행한다.

① 단순 무작위 추출법
② 층화 추출법
③ 집락 추출법
④ 계통 추출법

키워드 | 표본추출 방법

해설 | ① 단순 무작위 추출법: 모집단으로부터 무작위로 추출하고 독립적으로 선택하는 추출 방법
③ 집락 추출법: 집단을 차이가 없는 여러 군집으로 나눈 후 일부 또는 전체 군집에서 표본을 추출하는 방법
④ 계통 추출법: 모집단에서 추출 간격을 설정해 일정한 간격을 두고 추출하는 방법

층화 추출법
- 이질적인 원소들로 구성된 모집단에서 서로 유사한 것끼리 몇 개의 층으로 나눈다. 이후 각 계층을 골고루 대표하도록 표본을 추출하는 방법이다.
- 각 집단별 분석이 필요한 분석의 경우나 모집단 전체에 대한 특성치의 추정이 필요한 경우 시행한다.
- 모집단의 각 계층에 대한 정확한 정보가 필요하다.

49 다음 오분류표를 이용하여 F-1 Score를 계산한 값은?

구분		예측치		합계
		True	False	
실제값	True	30	70	100
	False	20	80	100
합계		100	100	200

① 0.2
② 0.4
③ 0.6
④ 0.8

키워드 | 오분류표

해설 | • 정밀도: 예측한 True 중에서 실제로 True인 비율

$$\frac{TP}{TP+FP} = \frac{30}{30+20} = \frac{30}{50} = 0.6$$

• 재현율: 실제 True 중에서 예측한 True인 비율

$$\frac{TP}{TP+FN} = \frac{30}{30+70} = \frac{30}{100} = 0.3$$

• F-1 Score $= 2 \times \dfrac{precision \times recall}{precision + recall}$

$$= 2 \times \frac{0.6 \times 0.3}{0.6 + 0.3} = 2 \times \frac{0.18}{0.9}$$

$$= 2 \times 0.2 = 0.4$$

50 다음 중 보기의 괄호 안에 들어갈 단어로 옳은 것은?

> 시계열 분석(Time Series Analysis)이란 시간의 흐름에 따라서 관측된 데이터를 분석하여 미래를 예측하기 위한 분석 기법으로 (   )을/를 만족해야 한다.

① 정상성
② 오차범위
③ 가설
④ 추세

키워드 | 시계열 분석

해설 | 정상성(Stationary)

시점과 관계없이 시계열의 특성이 일정한 것을 정상성이라고 하며, 정상성의 조건은 다음과 같다.
• 평균이 일정하다.
• 분산이 시점에 의존하지 않는다.
• 공분산은 시차에만 의존하고 시점 자체에는 의존하지 않는다.

제39회 기출복원문제

제한시간: 90분
문항당 2점
시행일: 2023. 10. 21.

1과목 데이터의 이해(10문제)

01 다음 보기에서 설명하는 것으로 옳은 것은?

> 데이터를 처리·가공하여 데이터 간의 연관 관계와 패턴과 그 의미가 도출된 요소

① 정보(Information)
② 지혜(Wisdom)
③ 지식(Knowledge)
④ 데이터(Data)

키워드 | DIKW 피라미드
해설 | DIKW 피라미드의 구성

데이터 (Data)	• 다른 데이터와 상관관계가 없는 가공하기 전의 순수한 수치나 기호 • 개별 데이터 자체로는 의미가 중요하지 않은 객관적 사실
정보 (Information)	데이터를 처리·가공하여 데이터 간의 연관 관계와 패턴과 그 의미가 도출된 요소
지식 (Knowledge)	• 상호 연결된 정보 패턴을 이해하여 이를 토대로 예측한 결과물 • 데이터를 통해 도출된 다양한 정보를 구조화하여 유의미한 정보를 분류하고 개인적 경험을 결합시켜 고유의 지식으로 내재화된 것
지혜 (Wisdom)	지식의 축적과 근본 원리에 대한 이해를 바탕으로 도출되는 창의적 아이디어

02 다음 중 암묵지와 형식지의 상호작용에 대한 용어와 설명이 옳게 연결된 것은?

① 표출화(Externalization) – 경험을 공유하는 등의 타인과의 상호작용을 통해 개인이 암묵지를 습득하는 단계
② 암묵지(Tacit Knowledge) – 유형의 대상인 문서나 메뉴얼로 작성된 지식으로 공유가 쉬움
③ 연결화(Combination) – 개인 또는 집단이 형식지를 본인의 지식에 연결해 새로운 형식지를 창조하는 것
④ 공통화(Socialization) – 개인이나 집단에 내재된 암묵지를 언어, 기호, 숫자 등의 형태로 표현하는 과정

키워드 | 암묵지와 형식지의 상호작용
해설 | ① 표출화(Externalization): 개인이나 집단에 내재된 암묵지를 언어, 기호, 숫자 등의 형태로 표현하는 과정
② 암묵지(Tacit Knowledge): 학습과 경험을 통하여 개인에게 습득되어 있지만 겉으로 드러나지 않는 지식
④ 공통화(Socialization): 경험을 공유하는 등의 타인과의 상호작용을 통해 개인이 암묵지를 습득하는 단계

03 다음 중 데이터 사이언티스트에 대한 설명으로 가장 옳지 <u>않은</u> 것은?

① 구축한 모델의 능력을 무엇보다 신뢰하며 발전시킨다.
② 데이터 사이언티스트에게 요구되는 역량 중 소프트 스킬에는 통찰력 있는 분석, 설득력 있는 전달, 다분야 간 협력이 있다.
③ 빅데이터가 갖고 있는 가치를 극대화시킨다.
④ 강력한 호기심은 데이터 사이언티스트의 중요한 특징이다.

키워드 | 데이터 사이언티스트
해설 | 데이터 사이언티스트는 구축한 모델의 능력에 항상 의구심을 가져야 한다.

04 다음 중 데이터 사이언티스트의 역할로 옳지 <u>않은</u> 것은?

① 빅데이터의 다각적 분석을 통해 인사이트를 도출하고 이를 조직의 전략 방향 제시에 활용할 줄 아는 기획자의 역할을 한다.
② 정량 분석이라는 과학과 인문학적 통찰에 근거한 합리적 추론을 탁월하게 조합해야 한다.
③ 빅데이터가 갖고 있는 가치를 극대화한다.
④ 빅데이터 알고리즘에 의해 부당하게 피해를 입은 사람을 구제해야 한다.

키워드 | 알고리즈미스트
해설 | 알고리즈미스트(Algorithmist)
• 데이터 사이언티스트가 한 일로 인해 부당하게 피해가 발생하는 것을 막기 위해 필요한 전문 인력
• 컴퓨터, 수학, 통계학뿐 아니라 비즈니스 전반에 대한 이해와 알고리즘 코딩 해석을 통해 빅데이터 알고리즘에 의해 부당하게 피해 입은 사람을 구제하는 전문직 종사자

05 다음 중 데이터베이스의 특징으로 옳지 <u>않은</u> 것은?

① 저장된 데이터
② 공용 데이터
③ 고정된 데이터
④ 통합된 데이터

키워드 | 데이터베이스
해설 | 데이터베이스의 특징

통합된 데이터	중복된 데이터는 관리상의 부작용을 초래할 수 있으므로, 동일한 데이터가 중복되어 저장되지 않는다.
저장된 데이터	컴퓨터가 접근할 수 있는 저장매체에 저장된다.
공용 데이터	여러 사용자가 서로 다른 목적으로 데이터베이스의 데이터를 공동으로 이용하므로 대용량화되고 구조가 복잡하다.
변화하는 데이터	데이터는 현시점의 정확한 데이터를 유지하면서 지속적으로 갱신된다.

06 정보가 포함된 데이터가 목적 외에 사용될 경우 사생활 침해를 넘어 사회·경제적 위협이 확대될 수 있다. 다음 중 이러한 문제를 해결하기 위한 방법으로 가장 적절한 것은?

① 알고리즘 접근권을 보장한다.
② 빅데이터 시스템에 의해 부당하게 피해를 보는 상황을 최소화할 장치를 마련해야 한다.
③ 특정인의 '성향'에 따라 처벌하는 것이 아닌 '행동 결과'를 보고 처벌해야 한다.
④ 사용자에게 개인정보의 유출 및 동의 없는 사용으로 발생하는 피해에 대한 책임을 지게 해야 한다.

키워드 | 위기 요인
해설 | ① 데이터 오용에 대한 통제 방안이다.
②, ③은 책임원칙 훼손에 관한 통제 방안이다.

제36회
제37회
제38회
제39회
제40회

01 ① 02 ③ 03 ① 04 ④ 05 ③ 06 ④

07 다음 중 빅데이터 가치 패러다임의 변화 단계를 순서대로 나열한 것은?

① Connection → Agency → Digitalization
② Connection → Digitalization → Agency
③ Digitalization → Agency → Connection
④ Digitalization → Connection → Agency

키워드 | 빅데이터 가치 패러다임
해설 | 가치 패러다임의 변화
- 과거–디지털화(Digitalization): 아날로그 세상을 효과적으로 디지털화함으로써 가치 창출
- 현재–연결(Connection): 디지털화된 정보와 대상들은 서로 연결되고, 그 연결을 효율적으로 제공하는 것으로 가치 창출
- 미래–에이전시(Agency): 복잡한 연결을 효과적이고 믿을 만하게 관리해 주는 에이전트 기능을 통해 가치 창출

09 다음 중 ㉠, ㉡에 들어갈 단어로 올바르게 묶인 것은?

> 기존에는 변인 간의 (㉠)를 찾으려 하여 미래 예측보다는 대응에 활용되었으나 실시간 분석이 가능하게 되어 데이터 기반의 (㉡) 분석으로 변화했다.

① ㉠: 상관관계   ㉡: 인과관계
② ㉠: 이론관계   ㉡: 예측관계
③ ㉠: 인과관계   ㉡: 상관관계
④ ㉠: 예측관계   ㉡: 이론관계

키워드 | 빅데이터 등장으로 인한 변화
해설 | 인과관계에서 상관관계

변화	과거	현재
데이터처리 시점	사전처리	사후처리
조사	표본조사	전수조사
가치판단의 기준	질	양
분석방향	이론적 인과관계	단순 상관관계

08 다음 중 빅데이터 출현의 배경으로 옳지 않은 것은?

① SNS와 사물 네트워크 확산
② 중앙집중처리 방식의 특성
③ 클라우드 컴퓨팅의 보편화
④ 정보의 지속적인 축적

키워드 | 빅데이터 출현의 배경
해설 | 기존의 중앙집중처리 방식에서 분산컴퓨팅 방식으로의 변화로 인해 빅데이터가 출현하게 되었다.

10 다음 보기에서 설명하는 시스템은?

> • 고객별 구매 이력 데이터베이스를 분석하여 고객에 대한 이해를 돕고 이를 바탕으로 각종 마케팅 전략을 펼치는 것이다.
> • 일반적으로 자재구매 데이터, 생산·재고 데이터, 유통·판매 데이터, 고객 데이터로 구성된다.

① SCM
② CRM
③ KMS
④ BSC

키워드 | CRM
해설 | ① SCM: 시간과 비용을 최적화시키기 위해 기업이 외부 공급업체 또는 제휴업체 간의 흐름을 통합적으로 관리하는 시스템
③ KMS(Knowledge Management System): 지식관리시스템
④ BSC(Balanced Score Card): 균형성과관리

2과목 데이터 분석 기획(10문제)

11 다음 중 빅데이터의 3V 특징으로 옳지 <u>않은</u> 것은?

① Value
② Volume
③ Velocity
④ Variety

키워드 | 빅데이터의 3V
해설 | 분석 ROI 요소의 4V

구분	ROI 요소	특징	내용
3V	투자비용 요소	데이터 크기 (Volume)	양과 규모
		데이터 형태 (Variety)	종류와 유형
		데이터 속도 (Velocity)	생성속도 및 처리 속도
4V	비즈니스 효과	새로운 가치 (Value)	분석 결과가 창출하는 가치

12 다음 중 데이터 분석과제 우선순위 설정 시 고려해야 할 요소로 옳지 <u>않은</u> 것은?

① 전략적 중요도
② 실행 용이성
③ ROI
④ 기술 적용 수준

키워드 | 분석 마스터 플랜
해설 | 분석 마스터 플랜 수립 기준

우선순위 설정	• 전략적 중요도 • 비즈니스 성과 및 ROI • 실행 용이성
로드맵 수립	• 업무 내재화 적용 수준 • 분석 데이터 적용 수준 • 기술 적용 수준

07 ④ 08 ② 09 ③ 10 ② 11 ① 12 ④

13 다음 분석계획 중 프로젝트 위험계획을 수립할 때 실행하는 내용으로 옳지 <u>않은</u> 것은?

① 발생 가능한 모든 위험(Risk)을 발굴하여 사전에 대응 방안을 수립함으로써 프로젝트 진행의 완전성을 높인다.
② 식별된 위험은 위협의 영향도와 빈도, 발생 가능성 등을 평가하여 위험의 우선순위를 설정한다.
③ 식별된 위험은 상세한 정량적·정성적 분석을 통하여 위험 대응 방안을 수립한다.
④ 예상되는 위험에 대한 대응은 최적화, 통찰, 솔루션, 발견으로 구분하여 위험관리 계획서를 작성한다.

키워드 | 프로젝트 위험계획

해설 | 예상되는 위험에 대한 대응은 회피(Avoid), 전이(Transfer), 완화(Mitigate), 수용(Accept)으로 구분하여 위험관리 계획서를 작성한다.

14 다음 데이터 분석 기획에 대한 설명 중 A와 B에 들어갈 내용으로 가장 알맞은 것은?

> 해결해야 할 문제가 무엇인지를 알고, 이미 분석의 방법도 인지하는 경우에는 (A) 방식을 활용하여 문제의 도출 및 해결에 기여하고, 분석의 대상과 방법을 모르는 경우 (B) 접근법으로 분석 대상 자체를 새롭게 도출할 수 있다.

① A: 발견   B: 솔루션
② A: 통찰   B: 발견
③ A: 솔루션   B: 통찰
④ A: 최적화   B: 발견

키워드 | 데이터 분석 기획

해설 | 데이터 분석 기획의 주제에 따른 분류

최적화 (Optimization)	• 해결해야 할 문제가 무엇인지 알고, 이미 분석의 방법도 인지하는 경우 • 최적화 작업을 통해 분석을 수행
솔루션 (Solution)	• 분석의 대상이 무엇인지 알지만, 분석의 방법을 모르는 경우 사용 • 해당 분석 주제에 대한 솔루션을 찾아냄
통찰 (Insight)	• 분석의 대상을 모르지만, 분석의 방법은 알고 있는 경우 • 기존 분석 방식을 활용해 새로운 지식인 통찰을 도출하여 문제 도출 및 해결에 기여
발견 (Discovery)	• 분석의 대상과 방법을 모르는 경우 사용 • 분석의 대상 자체를 새롭게 도출함

15 다음 중 데이터 거버넌스의 구성 요소로 옳지 않은 것은?

① 원칙   ② 조직
③ 인력   ④ 프로세스

키워드 | 데이터 거버넌스
해설 | 데이터 거버넌스의 구성 요소

원칙	• 데이터를 유지 및 관리하기 위한 가이드 • 보안, 변경관리, 품질기준 등의 지침
조직	• 데이터를 관리하는 조직의 역할과 책임 • 데이터베이스 관리자, 데이터 아키텍처 등
프로세스	• 데이터 관리를 위한 체계 • 작업절차, 측정활동, 모니터링 등

16 다음 중 분석과제 관리 프로세스 수립에 대한 설명으로 가장 옳지 <u>않은</u> 것은?

① 과제 수행 및 모니터링 단계에서는 분석을 수행할 팀을 구성하고 분석과제 실행 시 지속적인 모니터링과 과제 결과를 공유하고 개선하는 절차를 수행한다.
② 지속적이고 체계적인 분석과제 관리 프로세스를 수행함으로써 조직 내 분석 문화 내재화 및 경쟁력을 확보할 수 있다.
③ 과제를 진행하면서 만들어진 시사점(Lesson Learned)을 포함한 결과물을 풀(Pool)에 잘 축적하고 관리하여 유사한 분석과제 수행 시 시행착오를 최소화하고 프로젝트를 효율적으로 진행할 수 있다.
④ 유사한 분석과제 수행 시 기존과 상이한 방법으로 프로젝트를 수행한다.

키워드 | 분석과제 관리 프로세스 수립
해설 | 유사한 분석과제 수행 시 기존과 비슷한 방법으로 프로젝트를 수행하면 시행착오를 최소화하고 프로젝트를 효율적으로 진행할 수 있다.

17 다음 중 분석 프로젝트의 영역별 주요 관리 항목으로 틀린 것은?

① 범위(Scop)
② 시간(Time)
③ 통합(Integration)
④ 관계(Relationship)

키워드 | 분석 프로젝트의 영역별 주요 관리 항목
해설 | 분석 프로젝트 영역별 주요 관리 항목(SA ISO 21500)의 주제 그룹
• 범위(Scope)
• 통합(Integration)
• 시간(Time)
• 원가(Cost)
• 품질(Quality)
• 조달(Procurement)
• 자원(Resource)
• 리스크(Risk)
• 의사소통(Communication)
• 이해관계자(Stakeholder)

18 데이터 분석 능력 및 데이터 분석 결과 활용에 대한 조직의 성숙도 수준을 평가하여 단계적으로 나타낸 것을 조직분석 성숙도 단계라고 한다. 보기의 내용에 해당하는 조직분석 성숙도 단계는?

> • 조직 역량 부문: 담당 부서에서 수행, 분석 기법 도입
> • 비즈니스 부문: 미래 결과 예측, 시뮬레이션
> • IT 부문: 실시간 대시보드, 통계분석 환경

① 도입 단계   ② 활용 단계
③ 확산 단계   ④ 최적화 단계

키워드 | 조직분석 성숙도 단계
해설 | 보기는 분석 결과를 실제 업무에 적용하는 활용 단계에 대한 내용이다.

---

13 ④ 14 ④ 15 ③ 16 ④ 17 ④ 18 ②

19 다음 보기에서 설명하는 것에 가장 적합한 개발 모델은?

> 반복을 통해 점진적으로 개발하는 방법으로 처음 시작하는 프로젝트에는 적용이 쉽지만, 관리 체계가 구축되지 않을 경우 복잡도가 상승하는 문제가 있다.

① 나선형 모델
② 프로토타입 모델
③ 폭포수 모델
④ 디자인 씽킹(Design Thinking)

키워드 | 상향식 모델
해설 | ② 프로토 타입 모델: 사용자가 요구사항이나 데이터를 정확히 규정하기 어렵고, 데이터 소스를 파악하기 어려운 상황에서 일단 분석을 시도하고 반복적으로 개선하는 접근법
③ 폭포수 모델: 이전 단계가 완료되어야 다음 단계로 진행할 수 있는 하향식 진행 방법론으로, 문제점이 발견되면 전 단계로 돌아가는 피드백을 수행함
④ 디자인 씽킹: 명확하게 정리되지 않은 사용자의 니즈(Needs)를 이해하고, 이를 해결할 수 있는 기회를 찾아내기 위해 공감적 태도(Mindset)를 활용하는 접근법

20 분석과제 발굴 방식 중 문제 정의 자체가 어려운 경우 데이터를 기반으로 문제를 지속적으로 개선하는 방식은?

① 비즈니스 모델 기반 문제탐색
② 하향식 접근 방법
③ 상향식 접근 방법
④ 과제 도출 방법

키워드 | 상향식 접근 방식
해설 | 상향식 접근 방식
• 기존 하향식 접근법의 한계인 새로운 문제 탐색의 어려움을 극복하기 위한 분석 방법론이다.
• 디자인 사고(Design Thinking) 접근법을 사용하여 객관적인 데이터 그 자체를 관찰하고 실제적으로 행동에 옮겨 대상을 이해하는 방식을 적용한다.

3과목 데이터 분석(30문제)

21 왜도(Skewness)에 대한 설명으로 옳지 <u>않은</u> 것은?

① 분포의 비대칭 정도를 나타내는 통계적 척도이다.
② 오른쪽으로 더 길면 양의 값이 되고, 왼쪽으로 더 길면 음의 값이 된다.
③ 기초 통계량 중 자료의 분산을 알아보는 통계량이다.
④ 데이터 분포의 기울어진 정도를 설명하는 통계량이다.

키워드 | 왜도(Skewness)
해설 | 왜도는 자료의 분포를 알아보는 기초 통계량이다.

22 다음 중 확률분포에 대한 설명으로 가장 올바르지 <u>않은</u> 것은?

① 포아송 분포는 독립적인 두 카이제곱 분포가 있을 때, 두 확률변수의 비이다.
② 베르누이 분포는 특정 실험의 결과가 성공 또는 실패로 두 가지의 결과 중 하나를 얻는 확률분포이다.
③ T-분포는 모집단이 정규분포라는 정도만 알고 모 표준편차는 모를 때 모집단의 평균을 추정하기 위하여 사용한다.
④ 카이제곱 분포는 서로 독립적인 표준 정규 확률변수를 각각 제곱한 다음 합해서 얻어지는 분포이다.

키워드 | 확률분포
해설 | 독립적인 두 카이제곱 분포가 있을 때, 두 확률변수의 비를 나타내는 확률분포는 F-분포이다.

23 다음 보기에서 설명하는 것은?

> 모집단으로부터 수많은 표본을 추출한 후 각 표본에 대한 평균을 구하고, 각 평균에 대한 전체 평균을 다시 구한 값으로 각 평균이 전체 평균으로부터 평균적으로 얼마나 떨어져 있는지를 나타낸다.

① 평균의 표준오차 ② 잔차 표준오차
③ 표본의 분산 ④ 최빈수

키워드 | 통계검정
해설 | ② 잔차 표준오차: 관측된 값들이 실제 회귀선으로부터 떨어진 정도를 나타내는 통계량
③ 표본의 분산: 표본분포의 분산
④ 최빈수: 가장 많이 관측되는 수

24 데이터 마이닝 방법론과 그 설명으로 옳지 <u>않은</u> 것은?

① 예측(Prediction): 미래의 양상을 예측하거나 미래의 값을 추정하는 것
② 군집(Clustering): 주어진 입력 데이터를 이용하여 알려지지 않은 결과의 값을 추정하는 것
③ 분류(Classfication): 새롭게 나타난 현상을 검토하여 기존의 분류 또는 집합에 배정하는 것
④ 기술(Description): 데이터가 갖고 있는 의미를 설명하고 이에 대한 답을 제공하는 것

키워드 | 데이터 마이닝 방법론
해설 | 군집(Clustering)
• 이질적인 모집단을 동질성을 지닌 그룹별로 세분화하는 것
• 미리 분류된 기준에 의존하지 않고 데이터들 간의 유사성에 의해 그룹화되고 이질성에 의해 세분화된다.

19 ① 20 ③ 21 ③ 22 ① 23 ① 24 ②

25 군집 분석에서 쓰이는 두 개체 간의 거리를 구하는 방법 중 다음 식이 나타내는 거리 기법은?

$$d(x, y) = \sum_{i=1}^{p} (x_i - y_i)^2$$

① 맨해튼 거리
② 자카드 거리
③ 유클리드 거리
④ 코사인 거리

키워드 | 군집 분석 거리
해설 | 유클리드(Euclidean) 거리
• 피타고라스 정리를 통해 측정하며 두 점 간의 거리로 두 점을 잇는 가장 짧은 거리를 측정
• 두 점 간 차이를 제곱하여 더한 값의 제곱근

26 다음 중 혼동행렬을 통한 분류모형의 평가지표 중 하나인 특이도 계산식으로 적절한 것은?

① $\dfrac{TP}{TP + FN}$

② $\dfrac{TP + TN}{TP + TN + FN + FP}$

③ $\dfrac{TN}{TN + FP}$

④ $\dfrac{FP}{TN + FP}$

키워드 | 분류모형의 평가지표
해설 | 특이도는 실제 False인 data 중에서 실제 False인 것의 비율이다.

$$특이도 = \frac{TN}{TN + FP}$$

27 다음 중 데이터 분할에 대한 설명으로 가장 올바르지 <u>않은</u> 것은?

① 데이터가 충분하지 않을 경우 훈련 데이터와 평가 데이터로만 분할하여 사용하기도 한다.
② 과대 적합 문제를 예방하고 일반화 성능을 향상시킨다.
③ 훈련 데이터를 한 번 더 분할하여 훈련 데이터와 검증 데이터로 나누어서 사용한다.
④ 테스트 데이터는 학습에 사용할 수 있다.

키워드 | 데이터 분할
해설 | 테스트 데이터는 분석 모형을 검증하기 위한 데이터 세트로 학습 과정에 사용되지 않고 오로지 모형의 평가를 위한 과정에만 사용된다.

28 다음 중 신용카드 월간 사용액을 예측하기 위한 모형으로 적절한 것은?

① SOM
② 선형회귀 모형
③ 앙상블 모형
④ 인공신경망

키워드 | 회귀 모형
해설 | 독립변수(x)와 종속변수(y) 사이의 선형관계를 파악하고 이를 예측에 활용하는 통계 기법인 선형회귀 모형이 적절하다.
① SOM(Self-Organizing Maps): 대뇌피질 중 시각피질의 학습 과정을 모델화한 인공신경망으로써 자율 학습에 의한 클러스터링을 수행하는 알고리즘
③ 앙상블(Ensemble) 모형: 여러 개의 학습 모델을 훈련하고 투표를 통해 최적화된 예측을 수행하고 결정하는 모형
④ 인공신경망: 인간의 두뇌 신경세포인 뉴런을 기본으로 한 기계학습기법으로, 입력된 변수는 신호의 강도에 따라 가중치 처리되고 활성화 함수를 통해 출력이 계산됨

29 의사결정나무 중 목표변수가 연속형인 회귀나무에서 분류 기준값으로 적절한 것은?

① 카이제곱 통계량의 p값
② 엔트로피 지수
③ 지니 지수
④ F-통계량

키워드 | 의사결정나무
해설 | 의사결정나무의 구분

분류나무	• 이산형 목표변수에 따른 빈도 기반 분리 • 분리 기준: 카이제곱 통계량의 p값, 지니 지수, 엔트로피 지수
회귀나무	• 연속형 목표변수에 따른 평균/표준편차 기반 분리 • 분리 기준: 분산분석의 F값(F-통계량), 분산의 감소량

30 다음 중 연관 분석의 기준 지표에 해당하지 <u>않는</u> 것은?

① 신뢰도
② 순수도
③ 향상도
④ 지지도

키워드 | 연관 분석
해설 | 연관 분석의 기준 지표

1. 지지도(Support)
   • 전체 거래 중 A와 B를 동시에 포함하는 거래의 비율
   • $P(A \cap B) = \dfrac{A와\ B가\ 동시에\ 포함된\ 거래의\ 수}{전체\ 거래의\ 수}$

2. 신뢰도(Confidence)
   • A 상품을 샀을 때 B 상품을 살 확률에 대한 척도
   • $\dfrac{P(A \cap B)}{P(A)} = \dfrac{A와\ B가\ 동시에\ 포함된\ 거래\ 수}{A가\ 포함된\ 거래\ 수}$

3. 향상도(Lift)
   • 연관성의 정도를 측정하는 정도

   $\dfrac{P(B \mid A)}{P(B)}$

   $= \dfrac{(A와\ B가\ 동시에\ 포함된\ 거래\ 수) \times (전체\ 거래\ 수)}{(A를\ 포함하는\ 거래\ 수) \times (B를\ 포함하는\ 거래\ 수)}$

   $= \dfrac{신뢰도}{P(B)} = \dfrac{P(A \cap B)}{P(A) \times P(B)}$

25 ③ 26 ③ 27 ④ 28 ② 29 ④ 30 ②

31 다음 중 K-Fold 교차검증(Cross Vaildation)의 내용으로 옳지 않은 것은?

① 모든 데이터를 Train 및 Test에 활용할 수 있으므로 과대 적합 및 과소 적합을 탐지할 수 있다.
② 각기 다른 Fold에 같은 데이터가 존재할 경우 유의하지 않은 결과가 도출된다.
③ 순서형 데이터가 순서대로 내재된 경우에도 문제가 발생하지 않는다는 장점이 있다.
④ 전체 데이터를 무작위의 동일 크기 K개의 Fold로 나누어 다른 Fold 1개를 Test Data로, 나머지 K-1개의 Fold를 Train Data로 분할하는 과정을 K번 반복하는 방법이다.

키워드 | K-Fold 교차검증
해설 | K-Fold 교차검증(Cross Vaildation)의 장단점

장점	모든 데이터를 Train 및 Test에 활용할 수 있으므로 과대 적합 및 과소 적합을 탐지할 수 있다.
단점	• 순서형 데이터가 순서대로 내재된 경우 오류가 발생한다. • 각기 다른 Fold에 같은 데이터가 존재할 경우 유의하지 않은 결과가 도출된다.

32 K-평균 군집 분석에 대한 설명으로 옳지 않은 것은?

① 분석 기법 적용이 단순하고 빠르다.
② 계층적 군집 분석의 덴드로그램 시각화를 이용하여 군집의 개수 결정할 수 있다.
③ 초기 군집의 수는 초매개변수로 분석자가 설정해야 한다.
④ 실루엣 기법은 각 군집의 응집도가 강한지를 나타낸다.

키워드 | K-평균 군집 분석
해설 | 실루엣 기법은 각 군집 간의 거리가 얼마나 효율적으로 분리되어 있는지를 나타낸다.

33 다음 중 앙상블 모형의 하나인 배깅(Bagging)에 대한 설명으로 옳은 것은?

① 변수의 제거가 없어 정확도가 높다.
② 주로 원인분석에 사용된다.
③ 부트스트랩 방법을 사용하여 하나의 데이터가 여러 번 선택될 수 있고, 어떤 데이터는 추출되지 않을 수도 있다.
④ 초기에는 모든 데이터가 동일한 가중치를 가지지만, 각 round가 종료된 후 가중치와 중요도를 계산한다.

키워드 | 배깅(Bagging)
해설 | ① 의사결정나무에 대한 내용이다.
② 여러 개의 학습 모델을 훈련하고 투표를 통해 최적화된 예측을 수행하고 결정하는 것으로, 원인 분석에는 부적합하다.
④ 부스팅에 대한 설명이다.

34 다음 중 주성분 분석에 대한 설명으로 옳지 않은 것은?

① 누적기여율이 85% 이상이면 주성분의 수로 결정할 수 있다.
② 차원 축소는 고윳값이 높은 순으로 정렬해서, 높은 고윳값을 가진 고유 벡터만으로 데이터를 복원한다.
③ 분산이 가장 작은 것을 제1주성분으로 한다.
④ 상관관계가 있는 고차원 자료를 자료의 변동을 최대한 보존하는 저차원 자료로 변환하는 차원 축소 방법이다.

키워드 | 주성분 분석
해설 | 제1주성분은 데이터를 가장 폭넓게 설명할 수 있는 축으로, 데이터 분산이 가장 큰 방향에 대한 선형 결합식이다.

35 다음 중 시간이 지날수록 관측치의 평균값이 지속적으로 증가하거나 감소하는 시계열 모형으로 가장 알맞은 것은?

① AR 모형
② ARIMA 모형
③ MA 모형
④ Trend 모형

키워드 | 시계열분해 기법
해설 | 이동평균(MA) 모형
- 고전적인 시계열분해 기법으로 추세–주기를 측정하기 위해 사용한다.
- 시간이 지날수록 관측치의 평균값이 지속적으로 증가하거나 감소한다.
- 현시점의 자료를 유한 개의 백색잡음의 선형결합으로 표현하여 항상 정상성을 만족한다.
- $Z_t = a_t - \theta_1 a_{t-1} - \theta_2 a_{t-2} - \cdots - \theta_p a_{t-p}$

36 시계열 분석에 대한 설명으로 옳지 <u>않은</u> 것은?

① 시간의 흐름에 따라서 관측된 데이터를 분석하여 미래를 예측하기 위한 분석 기법이다.
② 평균이 일정하지 않은 시계열은 차분, 분산이 일정하지 않을 경우 변환을 통해 정상성을 만족해야 한다.
③ 어떠한 추세를 가질 경우 변환을 통해 정상 시계열로 바꾸어야 한다.
④ 시계열에 영향을 주는 일반적인 요인을 시계열에서 분리해 분석하는 방법은 분해시계열이다.

키워드 | 시계열 분석
해설 | 시간 그래프를 통해 나타난 추세와 계절성을 차분(Difference)으로 제거하여 정상 시계열로 변환해야 한다.

37 다음 중 SOM(Self-Organizing Maps)에서 입력벡터의 특성에 따라 벡터의 한 점으로 클러스터링(Clustering)되는 층은?

① 경쟁층
② 입력층
③ 노드
④ 가중치

키워드 | SOM(Self-Organizing Maps)
해설 | 자기조직화 지도(SOM) 구성
- 입력층(Input Layer): 입력벡터를 받는 층으로, 입력변수의 개수와 뉴런 수가 동일하게 존재함
- 경쟁층(Competitive Layer): 입력벡터의 특성에 따라 벡터의 한 점으로 클러스터링되는 층

38 다음 중 시계열 자료의 정상성에 대한 설명으로 틀린 것은?

① 시계열 데이터가 분산이 일정하지 않으면 분리 규칙을 통해 정상성을 가지도록 할 수 있다.
② 시계열 데이터의 평균이 일정하지 않으면 차분을 통해 정상성을 가지도록 한다.
③ 시계열 데이터는 정상성을 가져야 분석이 용이하다.
④ 정상성의 의미는 시계열 데이터가 평균과 분산이 일정하다는 것이다.

키워드 | 시계열 자료의 정상성
해설 | 시계열 데이터의 분산이 일정하지 않으면 변환을 통해 정상성을 가지게 한다.

31 ③ 32 ④ 33 ③ 34 ③ 35 ③ 36 ③ 37 ① 38 ①

39 다음 ARIMA 모형에서 ARMA 모형으로 정상화할 때 차분하는 수는?

> ARIMA(1,2,3)

① 1
② 2
③ 3
④ 4

키워드 | 시계열분해 모형

해설 | ARIMA 모형은 비정상시계열 모형으로, 차분이나 변환을 통해 AR 모형이나 MA 모형, 이 두 모형을 합친 ARMA 모형으로 정상화할 수 있다. ARIMA(1,2,3)의 경우 2번의 차분을 통해 ARMA(1,3)이 된다.

[참고] 하이퍼 파라미터: p, d, q
- P: AR 모형과 관련이 있는 차수
- d: ARIMA에서 ARMA로 정상화할 때 몇 번 차분했는가?
- q: MA 모형과 관련이 있는 차수

40 다음 중 시계열의 구성 요소가 아닌 것은?

① 추세 요인
② 정상 요인
③ 불규칙 요인
④ 계절 요인

키워드 | 시계열

해설 | 시계열의 구성 요소

추세 요인	관측값이 시간에 따라 지속적으로 증가하거나 감소하는 것
계절 요인	고정된 주기에 따라 자료가 변화할 경우
순환 요인	알려지지 않은 주기를 가지고 자료가 변화
불규칙 요인	시간과 무관하게 변화하는 변동성분, 잔차에 해당

41 다음 보기의 괄호 안에 들어갈 용어로 알맞은 것은?

> 임의의 이벤트가 어떤 요인에 의해 발생하지 않을 확률 대비 발생할 확률을 말한다. 예를 들어 게임에서 이길 (   )가/이 2:8이라면 10회의 게임 중 8번 지는 동안 2번 이긴다.

① 오즈
② 오즈비
③ 선형함수
④ 로짓변환

키워드 | 오즈

해설 | 임의의 이벤트가 어떤 요인에 의해 발생하지 않을 확률 대비 발생할 확률을 '오즈'라고 한다.

$$Odds = \frac{P}{1-P}$$

$P = 1$일 때 $Odds = \infty$
$P = 0$일 때 $Odds = 0$

② 오즈비: 각 모수에 대해 비선형식이며, 승산으로 로짓변환을 통해 선형함수로 치환할 수 있다.

$$Odds\,Ratio = \frac{Odds1}{Odds2}$$

③ 선형함수: 데이터의 관계가 서로 직선 형태를 띠는 함수

④ 로짓변환: 오즈에 로그를 씌우는 변환으로 범위가 [0,1]일 때 출력값의 범위를 $(-\infty, \infty)$로 조정한다.

$$Logit(p) = \log\frac{p}{1-p} = \log odds(p)$$

p: 특정 사건의 발생확률

42 $P(A) = 0.4$, $P(B) = 0.3$일 때, 두 사건 A와 B가 독립일 경우 $P(B|A)$는 얼마인가?

① 0.1

② 0.2

③ 0.3

④ 0.4

키워드 | 확률

해설 | 두 사건 A와 B가 독립이라면 사건 A가 발생했을 때, 사건 B가 발생할 조건부 확률은 사건 B의 단독확률과 같다. 따라서 $P(B|A) = P(B) = 0.3$이다.

43 다음 보기에 대한 설명에 해당하는 표본추출방법으로 옳은 것은?

> 모집단의 모든 원소들에게 1, 2, 3,··· N의 일련번호를 부여하고 이를 순서대로 나열해 K개 ($K = N/n$)씩 n개의 구간계통으로 나눈다. 첫 구간에서 하나를 임의로 선택 후 K개씩 띄어 표본을 추출한다.

① 층화 추출법

② 단순 무작위 추출법

③ 군집 추출법

④ 계통 추출법

키워드 | 표본추출 방법

해설 | 계통 추출법

• 모집단에서 추출간격을 설정해 일정한 간격을 두고 추출하는 방법이다.

• 모집단의 모든 원소들에게 1, 2, 3,··· N의 일련번호를 부여하고 이를 순서대로 나열해 K개($K = N/n$)씩 n개의 구간으로 나눈다. 첫 구간에서 하나를 임의로 선택 후 K개씩 띄어 표본을 추출한다.

44 다음 거래 데이터에서 '콜라→과자'의 향상도로 옳은 것은?

> A: 와인
> B: 콜라, 맥주, 우유, 와인
> C: 콜라, 맥주, 우유, 과자
> D: 와인, 과자, 맥주, 우유
> E: 치즈, 와인, 맥주, 주스
> F: 치즈

① 1

② 2

③ 3

④ 4

키워드 | 연관 분석

해설 | $\dfrac{P(B \mid A)}{P(B)}$

$= \dfrac{(A와\,B가\,동시에\,포함된\,거래수) \div (A를\,포함하는\,거래수)}{(B를\,포함하는\,거래수) \div (전체\,거래수)}$

$= \dfrac{(A와\,B가\,동시에\,포함된\,거래\,수) \times (전체\,거래\,수)}{(A를\,포함하는\,거래\,수) \times (B를\,포함하는\,거래\,수)}$

$= \dfrac{신뢰도}{P(B)} = \dfrac{P(A \cap B)}{P(A) \times P(B)}$

$= \dfrac{\frac{2}{6}}{\frac{2}{6} \times \frac{3}{6}} = 2$

39 ② 40 ② 41 ① 42 ③ 43 ④ 44 ②

45 다음 중 표본의 정보로부터 가장 참이라 여겨지는 하나의 모수값을 선택하는 추론통계 방법으로 옳은 것은?

① 점추정
② 구간추정
③ 신뢰수준
④ 오차범위

키워드 | **추론통계**

해설 | ② 구간추정(Interval Estimation): 일정 크기의 신뢰수준으로 모수가 특정 구간에 있을 것이라고 선언하는 것
③ 신뢰수준(Confidence Levels): 신뢰구간에 실제 모수가 포함될 확률
④ 오차범위: 표본을 통해 어떠한 모집단의 특정 값(모수)을 추정할 때, 실제 모집단의 모수가 확률적으로 어느 범위 안에 있는지를 나타냄

46 다음 중 여러 대상 간의 거리가 주어졌을 경우 대상들을 동일한 상대적 거리를 가진 실수 공간의 점들로 배치시키는 차원축소 방법은?

① 오토인코더
② 덴드로그램
③ 주성분 분석
④ 다차원 척도법

키워드 | **다차원 척도법**

해설 | ① 오토인코더(AE; AutoEncoder): 입력 데이터 복제를 위해 훈련되는 딥러닝 신경망
② 덴드로그램(Dendrogram): 군집들의 계층 구조를 도식화한 그림
③ 주성분 분석: 상관관계가 있는 고차원 자료를 자료의 변동을 최대한 보존하는 저차원 자료로 변환하는 차원축소 방법

47 다음은 chickwts 데이터 분석 결과이다. 이를 통한 가설검정 결과로 옳은 것은?

```
Call:
lm(formula = weight ~ feed, data = chickwts)

Residuals:
Min                1Q            Median            3Q            Max
-123.909         -34.413          1.571           38.170        103.091

Coefficients:
                 Estimate Std.       Error        t value        Pr(>|t|)
(Intercept)       323.583          15.834         20.436        < 2e-16    ***
feedhorsebean    -163.383          23.485         -6.957        2.07e-09   ***
feedlinseed      -104.833          22.393         -4.682        1.49e-05   ***
feedmeatmeal      -46.674          22.896         -2.039        0.045567   *
feedsoybean       -77.155          21.578         -3.576        0.000665   ***
feedsunflower       5.333          22.393          0.238        0.812495
---
Signif. codes:        0 '***' 0.001 '**' 0.01 '*' 0.05 '.' 0.1 ' ' 1

Residual standard error: 54.85 on 65 degrees of freedom
Multiple R-squared: 0.5417,        Adjusted R-squared: 0.5064
F-statistic: 15.36 on 5 and 65 DF,  p-value: 5.936e-10
```

① 'horsebean' 사료를 기준으로 한 경우의 예측된 평균 닭의 무게는 323.583이다.

② 관측치의 개수는 76개이다.

③ 잔차 표준오차는 1.571이다.

④ 회귀 모델이 데이터의 약 68.04%를 설명한다.

키워드 | 회귀 분석

해설 | ① 닭의 무게 평균은 확인할 수 없다.

③ 잔차 표준오차는 Residual Standard Error에서 확인할 수 있으며, 54.85이다.

④ 결정계수 확인결과 회귀 모델이 데이터의 약 54.17%를 설명한다.

48 다음은 USArrest 데이터를 활용하여 주성분 분석한 결과이다. 80% 이상을 설명하는 최소 주성분의 개수로 옳은 것은?

```
> summary(pca_result)
Importance of components:
                          PC1         PC2         PC3         PC4
Standard deviation       1.5749      0.9949      0.59713     0.41645
Proportion of Variance   0.6201      0.2474      0.08914     0.04336
Cumulative Proportion    0.6201      0.8675      0.95664     1.00000
```

① 4

② 3

③ 2

④ 1

키워드 | 주성분 분석

해설 | 주성분 1과 주성분 2까지의 '누적 비율(Cumulative Proportion)'은 각각 0.6201, 0.8675로, 이것은 약 86.75%를 설명한다. 따라서 80% 이상을 설명하는 최소 주성분은 2개이다.

49 다음은 mtcars 데이터를 사용하여 군집 분석을 수행한 결과이다. 결과에 대한 해석으로 옳지 <u>않은</u> 것은?

평균 연비(mpg)

평균 실린더 수(cyl)

평균 배기량(disp)

평균 마력(hp)

평균 변속기(rat)

평균 차량 무게(wt)

평균 1/4마일 달리기 시간(qsec)

평균 엔진 형태(vs)

평균 자동 변속기(am)

평균 전진 기어(gear)

평균 캐브레이터(carb)

〉 kmeans_result$centers

	mpg	cyl	disp	hp	drat	wt	vs	am	gear	carb
1	26.66364	4	105.1364	82.63636	4.070909	2.285727	0.9090909	0.7272727	4.090909	1.545455
2	15.10000	8	353.1000	209.21429	3.229286	3.999214	0.0000000	0.1428571	3.285714	3.500000
3	19.74286	6	183.3143	122.28571	3.585714	3.117143	0.5714286	0.4285714	3.857143	3.428571

① 군집은 총 3개이다.

② 군집 2의 평균 마력은 군집 3보다 크다.

③ 군집 1의 차량들은 평균적으로 더 많은 캐브레이터를 가진다.

④ 군집 2에 속한 차량들은 평균 배기량이 군집 1보다 크다.

키워드 | 군집 분석

해설 | 군집 1의 캐브레이터는 약 1.55로 다른 군집보다 작다.

50 다음 데이터 세트는 흡연, 음주 및 (식도)암 발생과 관련된 데이터인 esoph를 활용하여 회귀 분석한 결과이다. 분석 결과에 대한 설명으로 옳지 <u>않은</u> 것은?

Call:
lm(formula = ncases ~ agegp + tobgp + alcgp, data = esoph)

Residuals:

Min	1Q	Median	3Q	Max
−2.970	−1.100	−0.052	0.933	10.939

Coefficients:

	Estimate Std.	Error	t value	Pr(>|t|)	
(Intercept)	2.0974	0.2120	9.895	2.62e−15	***
agegp.L	1.7735	0.5392	3.289	0.001523	**
agegp.Q	−3.3999	0.5323	−6.387	1.22e−08	***
agegp.C	−1.9515	0.5176	−3.770	0.000321	***
agegp^4	0.6120	0.5058	1.210	0.230023	
agegp^5	0.2281	0.4931	0.463	0.644927	
tobgp.L	−1.4647	0.4223	−3.469	0.000865	***
tobgp.Q	0.5020	0.4203	1.194	0.236049	
tobgp.C	0.3619	0.4219	0.858	0.393779	
alcgp.L	0.1780	0.4194	0.424	0.672439	
alcgp.Q	−1.1951	0.4182	−2.858	0.005502	**
alcgp.C	0.9649	0.4203	2.296	0.024438	*

Signif. codes: 0 '***' 0.001 '**' 0.01 '*' 0.05 '.' 0.1 ' ' 1

Residual standard error: 1.956 on 76 degrees of freedom
Multiple R-squared: 0.559,   Adjusted R-squared: 0.4951
F-statistic: 8.756 on 11 and 76 DF, p-value: 8.316e−10

---

① 모델의 설명계수는 0.4951보다 크다.
② 최소 잔차값은 -2.970이다.
③ 이 모델은 전체적으로 통계적으로 유의하지 않다.
④ agegp^5의 계수는 유의하지 않다.

키워드 | 회귀 분석
해설 | p-value가 8.316e-10이므로 이 모델은 전체적으로 통계적으로 유의하다.

50 ③

제40회 기출복원문제

제한시간: 90분
문항당 2점
시행일: 2024. 02. 24

1과목 데이터의 이해(10문제)

01 다음 중 데이터베이스에 대한 설명으로 옳지 <u>않은</u> 것은?

① 데이터 중복이 최소화되어야 한다.
② 데이터 무결성을 유지해야 한다.
③ 대용량화되고 구조가 복잡하다.
④ 응용 프로그램 종속성을 만족해야 한다.

키워드 | 데이터베이스
해설 | 데이터 종속성(Data Dependency)은 데이터와 응용 프로그램이 의존관계가 있는 것을 말하며, 이는 파일시스템의 문제점이다.
데이터베이스의 특징
• 통합된 데이터: 동일한 데이터가 중복되어 저장되지 않는다.
• 저장된 데이터: 컴퓨터가 접근할 수 있는 저장매체에 저장된다.
• 공용 데이터(Shared data): 일반적으로 대용량화되고 구조가 복잡하다.
• 변화되는 데이터: 데이터베이스는 항상 변하지만 항상 현재의 정확한 데이터를 유지해야 한다.

02 다음 중 데이터에 대한 설명으로 옳지 <u>않은</u> 것은?

① 추론, 예측, 전망, 추정을 위해 사용된다.
② Byte가 가장 작은 단위이다.
③ 단순한 객체로서의 가치와 함께 다른 객체와의 상호관계 속에서 가치를 갖는다.
④ 정성적 데이터는 언어, 문자 등으로 표현되는 데이터이다.

키워드 | 데이터
해설 | 데이터의 가장 작은 단위는 비트(Bit)로, 1바이트(byte)=8비트(bit)이다.

03 다음 중 이미지, 로그, 텍스트의 데이터 종류로 옳은 것은?

① 정형 데이터
② 반정형 데이터
③ 비정형 데이터
④ 메타 데이터

키워드 | 데이터
해설 | 데이터의 유형은 다음과 같다.

정형 데이터	사전에 정해진 형식과 구조에 따라 저장된 데이터이며, 스키마 구조로 DBMS에 저장할 수 있다. 예 CSV, Spreadsheet 등
반정형 데이터	구조에 따라 저장되지만 데이터의 형식과 구조가 변경될 수 있는 데이터이며, 메타정보가 포함된 구조이다. 예 XML, HTML, JSON
비정형 데이터	사전에 정해진 구조가 없이 저장된 데이터이며, 수집 데이터 각각 데이터 객체로 구분한다. 예 문자, 이메일, 영상 등

04 다음 중 가트너가 본 데이터 사이언티스트의 역량에 해당하지 <u>않는</u> 것은?

① 설득력 있는 전달
② 통찰력 있는 분석
③ 조직관리 역량
④ 분석 기술에 대한 숙련

키워드 | 데이터 사이언티스트
해설 | 데이터 사이언티스트의 역량

HARD SKILL	• 빅데이터에 대한 이론적 지식 • 분석 기술에 대한 숙련
SOFT SKILL	• 통찰력 있는 분석 • 설득력 있는 전달 • 다분야 간 협력

05 다음 중 데이터 사이언티스트의 하드 스킬에 해당하는 것으로 옳은 것은?

① 통찰력 있는 분석
② 커뮤니케이션 능력
③ 이론적 분석 기술
④ 다분야 간 협력

키워드 | 데이터 사이언티스트
해설 | ①, ②, ④는 데이터 사이언티스트의 소프트 스킬에 해당한다.

06 다음 중 빅데이터 활용 기본 테크닉과 그 용도를 연결한 것으로 틀린 것은?

① 회귀 분석 – 날씨가 자전거 대여에 미치는 영향에 대한 조사
② 감정 분석 – 정책 기사의 댓글을 통해 대중의 선호도 조사
③ 군집 분석 – 기존 시청 기록을 바탕으로 시청자에게 영화 추천
④ 소셜 네트워크 분석 – 특정인과 다른 사람들이 몇 촌 정도의 관계인지 조사

키워드 | 빅데이터 기본 테크닉
해설 | 기존 시청 기록을 바탕으로 시청자에게 영화를 추천하는 용도의 테크닉은 기계 학습이다.

빅데이터 활용 기본 테크닉

연관 규칙 학습	• 어떤 변인들 간에 주목할 만한 상관관계가 있는지를 찾아내는 방법 • 상관관계가 높은 상품을 함께 진열하거나 시스템 로그 데이터를 분석해 침입자나 유해 행위자 색출이 가능 예 커피를 구매하는 사람이 탄산음료를 더 많이 사는지 여부
유전 알고리즘	최적화가 필요한 문제의 해결책을 자연선택, 돌연변이 등과 같은 메커니즘을 통해 점진적으로 진화(evolve)시켜 나가는 방법 예 최대의 시청률을 얻으려면 어떤 프로그램을 어떤 시간대에 방송해야 하는지 여부
회귀 분석	독립변수를 조작하면 종속변수가 어떻게 변하는지를 보고 두 변인의 관계 파악 예 사용자의 만족도가 충성도에 미치는 영향
소셜 네트워크 분석	영향력 있는 사람을 찾아낼 수 있으며, 고객들 간 소셜 관계를 파악 예 특정인과 다른 사람이 몇 촌(degrees of separation) 정도의 관계인가?
유형 분석	새로운 사건이 속하게 될 범주를 찾아내는 방법 예 문서를 분류하거나 조직을 그룹으로 나눌 때 예 온라인 수강생들을 특성에 따라 분류할 때
기계 학습	훈련 데이터로부터 학습한 알려진 특성을 활용해 예측하는 일 예 기존 시청 기록을 바탕으로 시청자의 선호 영화 예측

제37회
제38회
제39회
제40회

01 ④ 02 ② 03 ③ 04 ③ 05 ③ 06 ③

감정 분석	• 특정 주제에 대해 말하거나 글을 쓴 사람의 감정 분석 • 분석 대상은 사용자가 사용한 문장이나 단어 예 사용자의 상품평에 대한 분석 예 새로운 환불 정책에 대한 고객의 평가는 어떤가?

07 다음 중 기업에서 활용하는 시스템으로 옳지 않은 것은?

① ITS
② ERP
③ KMS
④ SCM

키워드 | 기업에서 활용하는 시스템

해설 | 지능형 교통 체계(ITS; Intelligent Transport System)는 전자, 정보, 통신, 제어 등의 기술을 교통 체계에 접목시킨 것으로, 차세대 교통 체계를 만드는 데 목적을 두고 있다.

② ERP: 전사적 자원관리 시스템
③ KMS: 지식관리 시스템
④ SCM: 공급망관리 시스템

08 다음 중 빅데이터의 기능과 그 내용이 짝지어진 것으로 틀린 것은?

① 플랫폼 – 플랫폼으로서 다양한 서드파티 비즈니스에 활용될 것으로 기대된다.
② 산업혁명의 석탄·철 – 서비스 분야의 생산성을 획기적으로 끌어올려 사회, 경제, 문화, 생활 전반에 혁명적 변화를 불러올 것으로 기대된다.
③ 21세기 원유 – 각종 비즈니스, 공공기관 대국민 서비스 등 필요한 정보를 제공하여 산업 전반의 생산성을 향상시킬 것으로 기대된다.
④ 렌즈 – 새로운 산업을 만들어낼 것으로 기대된다.

키워드 | 빅데이터

해설 | 빅데이터의 기능

산업혁명의 석탄·철	서비스 분야의 생산성을 획기적으로 끌어올려 사회, 경제, 문화, 생활 전반에 혁명적 변화를 불러올 것으로 기대된다.
21세기 원유	각종 비즈니스, 공공기관 대국민 서비스 등 필요한 정보를 제공하여 산업 전반의 생산성을 향상시키고 새로운 산업을 만들어낼 것으로 기대된다.
렌즈	렌즈를 통해 현미경이 생물학 발전에 끼쳤던 영향만큼, 빅데이터도 렌즈처럼 산업 발전에 큰 영향을 줄 것으로 기대된다.
플랫폼	플랫폼으로서 다양한 서드파티 비즈니스에 활용될 것으로 기대된다.

09 다음 중 빅데이터가 만들어 내는 본질적인 변화로 옳지 <u>않은</u> 것은?

① 전수조사에서 표본조사가 가능해졌다.
② 질보다 양으로 전환되고 있다.
③ 인과관계에서 상관관계 분석을 활용한다.
④ 사전처리에서 사후처리 방식으로 변화했다.

키워드 | 빅데이터가 만들어 내는 변화
해설 | 인과관계에서 상관관계

변화	과거	현재
데이터 처리 시점	사전처리	사후처리
조사	표본조사	전수조사
가치판단의 기준	질	양
분석방향	이론적 인과관계	단순 상관관계

10 빅데이터의 등장으로 인해 나타나는 현상으로 옳지 <u>않은</u> 것은?

① 국가에서는 고객 데이터의 축적으로 데이터에 숨은 가치를 발굴해 새로운 성장 동력으로 삼는다.
② 기존의 방식으로는 얻을 수 없었던 통찰 및 가치를 창출한다.
③ 시장, 사업 방식, 사회, 정부 등에서 변화와 혁신을 주도한다.
④ 학계에서는 거대 데이터를 다루는 학문 분야의 확산으로 분석 기법 등을 발견한다.

키워드 | 빅데이터의 등장
해설 | 빅데이터의 등장으로 나타나는 현상

기업	고객 데이터의 축적으로 데이터에 숨은 가치를 발굴해 새로운 성장 동력으로 삼는다.
학계	• 거대 데이터를 다루는 학문 분야 확산으로 분석 기법 등을 발견한다. • 기존의 방식으로는 얻을 수 없었던 통찰 및 가치를 창출한다. • 시장, 사업 방식, 사회, 정부 등에서 변화와 혁신을 주도한다.

제36회
제37회
제38회
제39회
제40회

2과목 데이터 분석 기획(10문제)

11 다음 중 상향식 분석 방법론에 대한 설명으로 옳지 <u>않은</u> 것은?

① 디자인 사고 접근법을 시용하여 객관적인 데이터 그 자체를 관찰하고 실제적으로 행동에 옮겨 대상을 이해하는 방식을 적용한다.
② 비지도 학습 방법에 의해 수행된다.
③ 문제의 정의와 구조가 명확할 경우 사용할 수 있다.
④ 가설의 생성, 디자인에 대한 실험, 실제 환경에서의 테스트, 테스트 결과에서의 통찰 도출 및 가설 확인의 프로세스로 실행한다.

키워드 | 상향식 분석 방법론
해설 | 상향식 접근방법은 문제의 정의 자체가 어려운 경우 주어진 데이터를 기반으로 문제를 지속적으로 개선하는 방식이다.

12 조직 내에서 데이터 분석 문화가 자리 잡기 위하여 지양해야 할 행동은?

① 관리자의 데이터 중시
② 사실에 근거한 의사결정
③ 경영진 대상으로 일시적인 교육을 수행
④ 데이터 공유 및 협업 문화

키워드 | 데이터 분석 문화
해설 | 분석준비도 프레임워크의 '분석 문화'
• 사실에 근거한 의사결정
• 관리자의 데이터 중시
• 회의 등에서 데이터 활용
• 경영진의 직관보다 데이터 활용
• 데이터 공유 및 협업 문화

07 ① 08 ④ 09 ① 10 ① 11 ③ 12 ③

13 다음 중 CRISP-DM의 분석절차 중 모델링 (Modeling) 단계에 속하지 <u>않은</u> 것은?

① 매개변수 이원화를 최적화하는 단계
② 모형 과대 적합 또는 과소 적합 등의 문제 확인
③ 모델링 기법과 알고리즘 선택
④ 숨겨져 있는 인사이트 발견

키워드 l CRISP-DM
해설 l 숨겨져 있는 인사이트를 발견하는 것은 '데이터 이해 단계'에서 수행하는 내용이다.

모델링(Modeling)
• 다양한 모델링 기법과 알고리즘을 선택하고 매개변수 이원화를 최적화하는 단계이다.
• 모델링 결과를 평가하여 모형 과대 적합 또는 과소 적합 등의 문제를 확인한다.
• 모델링 기법 선택, 모델 테스트 계획 설계, 모델 작성, 모델 평가를 수행한다.

14 다음 중 분석 기획(Planning)의 순서가 바르게 나열된 것은?

① 범위 설정 → 프로젝트 정의 → 수행계획 수립 → 위험 식별
② 수행계획 수립 → 범위 설정 → 프로젝트 정의 → 위험 식별
③ 범위 설정 → 프로젝트 정의 → 위험 식별 → 수행계획 수립
④ 수행계획 수립 → 위험 식별 → 범위 설정 → 프로젝트 정의

키워드 l 분석 기획
해설 l 분석 기획 단계

비즈니스 이해 및 범위 설정	• 프로젝트 진행을 위해 비즈니스에 대한 충분한 이해와 도메인 문제점 파악 • 업무 매뉴얼 및 업무 전문가 도움 필요
프로젝트 정의 및 계획 수립	모델 운영 이미지를 설계하고 모델 평가 기준을 설정하여 프로젝트의 정의를 명확하게 함
프로젝트 위험 계획 수립	발생 가능한 모든 위험(Risk)을 발굴하여 사전에 대응방안을 수립함으로써 프로젝트 진행의 완전성을 높임

15 다음 중 분석 기획 단계에서 출력되는 자료로 관계자들의 이해를 일치시키기 위하여 작성되는 구조화된 프로젝트 범위 정의서로 옳은 것은?

① WBS
② SOW
③ 위험관리 계획서
④ 데이터 정의서

키워드 | 분석 기획 단계
해설 | SOW(Statement Of Work)는 프로젝트 범위 정의서를 말한다.
① WBS: WBS(Work Breakdown Structure): 프로젝트 산출물 위주로 작성되어 프로젝트의 범위를 명확하게 하는 프로젝트 수행 계획서
③ 위험관리 계획서: 예상되는 위험에 대한 대응을 위한 산출물
④ 데이터 정의서: 다양한 내·외부 원천 데이터 소스(Raw Data Source)로부터 분석에 필요한 데이터를 정의한 산출물

16 다음 중 분석 기획의 목표 시점별 분석 기획 방안이 다른 것은?

① Problem Solving
② Accuracy&Deply
③ Speed&Test
④ Quick Win

키워드 | 분석 기획
해설 | 분석 기획의 목표 시점별 접근 방식

구분	과제중심적 방식	장기적인 마스터 플랜 방식
1차 목표	Speed&Test	Accuracy&Deply
과제 유형	Quick Win	Longterm View
접근 방식	Problem Solving	Problem Definition

17 다음 중 빅데이터 분석 방법론의 분석 기획 단계에서 수행하는 내용으로 옳은 것은?

① 모델 발전 계획 수립
② 설계 및 구현
③ 프로젝트 위험 계획 수립
④ 탐색적 분석

키워드 | 빅데이터 분석 방법론
해설 | 분석 기획 단계

비즈니스 이해 및 범위 설정	• 프로젝트 진행을 위해 비즈니스에 대한 충분한 이해와 도메인 문제점 파악 • 업무 매뉴얼 및 업무 전문가 도움 필요
프로젝트 정의 및 계획 수립	모델 운영 이미지를 설계하고 모델 평가 기준을 설정하여 프로젝트의 정의를 명확하게 함
프로젝트 위험 계획 수립	발생 가능한 모든 위험(Risk)을 발굴하여 사전에 대응방안을 수립함으로써 프로젝트 진행의 완전성을 높임

13 ④ 14 ① 15 ② 16 ② 17 ③

18 IT 부문을 대상으로 보기와 같은 성숙도 수준을 평가하는 단계는?

- 비주얼 분석
- 빅데이터 관리 환경
- 시뮬레이션 최적화
---

① 도입 단계
② 활용 단계
③ 확산 단계
④ 최적화 단계

키워드 | 조직분석 성숙도
해설 | IT 부문 조직 성숙도 단계 평가

도입 단계	• Data Warehouse • Data Mart • ETL/EAI • OLAP
활용 단계	• 실시간 대시보드 • 통계분석 환경
확산 단계	• 빅데이터 관리 환경 • 시뮬레이션 최적화 • 비주얼 분석 • 분석 전용 서버
최적화 단계	• 분석 협업 환경 • 분석 Sandbox

19 다음 중 보기에서 설명하는 데이터 분석 조직구조로 옳은 것은?

- 전사 차원의 우선순위 수행
- 분석 결과에 따른 신속한 피드백이 나오고 베스트 프랙티스(Best Practice) 공유 가능
- 업무 과다와 이원화 가능성이 존재할 수 있어 부서 분석 업무와 역할 분담이 명확해야 함
---

① 혼합형 조직구조
② 집중형 조직구조
③ 기능형 조직구조
④ 분산형 조직구조

키워드 | 데이터 분석
해설 | 데이터 분석 조직구조

기능구조	• 일반적인 형태로 별도 분석조직이 없고 해당 부서에서 분석 수행 • 전사적 핵심 분석이 어려우며 과거에 국한된 분석 수행
집중구조	• 전사의 분석 업무를 별도의 분석 전담 조직에서 담당함 • 전략적 중요도에 따라 분석조직이 우선순위를 정해서 진행 가능 • 현업 업무부서의 분석 업무와 중복 및 이원화 가능성
분산구조	• 분석조직 인력들을 현업 부서로 직접 배치해 분석 업무를 수행 • 전사 차원의 우선순위 수행 • 분석 결과에 따른 신속한 피드백이 나오고 베스트 프랙티스 공유 가능 • 업무 과다와 이원화 가능성이 존재할 수 있어 부서 분석 업무와 역할 분담이 명확해야 함 • 다수의 데이터 분석 엔지니어가 필요함

20 다음 중 하향식 분석 방법을 설명한 내용으로 옳지 <u>않은</u> 것은?

① 프로토타이핑 기법을 활용해 정의된 문제의 분석을 먼저 시도해 보고 그 결과를 확인한 다음 반복해서 시행착오를 거쳐 문제를 개선한다.
② 주어진 문제점 또는 전략으로부터 문제를 탐색하고 탐색한 문제를 데이터 문제로 정의하기 위해 각 과정이 체계적으로 단계화되어 수행하는 방식이다.
③ 타당성 검토 시 비용 대비 편익 관점의 접근이 필요하다.
④ 비즈니스 모델이라는 틀을 활용해 가치가 창출될 문제를 누락 없이 도출할 수 있다.

키워드 | 하향식 분석 벙법
해설 | 프로토타이핑 기법은 대표적인 상향식 분석 방법에 해당한다.

3과목 데이터 분석(30문제)

21 다음 중 아래의 확률질량 함수에 대한 기댓값으로 옳은 것은?

x	1	2	3
$f(x)$	$\dfrac{2}{6}$	$\dfrac{1}{6}$	$\dfrac{3}{9}$

① 1   ② $\dfrac{4}{3}$

③ $\dfrac{13}{6}$ ④ $\dfrac{7}{3}$

키워드 | 확률질량 함수
해설 | $1 \times \dfrac{2}{6} + 2 \times \dfrac{1}{6} + 3 \times \dfrac{1}{2}$

$= \dfrac{1}{3} + \dfrac{1}{3} + \dfrac{3}{2}$

$= \dfrac{2}{6} + \dfrac{2}{6} + \dfrac{9}{6} = \dfrac{13}{6}$

22 다음 중 보기의 수식이 설명하는 연속형 변수군집 분석의 척도로 옳은 것은?

$$d(x,y) = \sum_{i=1}^{p} \left(\frac{x_i - y_i}{s_i} \right)^2$$

① 유클리드 거리   ② 표준화 거리
③ 민코프스키 거리   ④ 마할라노비스 거리

키워드 | 분석의 척도
해설 | ① 유클리드거리

$$d(x,y) = \sum_{i=1}^{p} (x_i - y_i)^2$$

③ 민코프스키 거리

$$d(x,y) = \left(\sum_{i=1}^{p} (x_i - y_i)^m \right)^{\frac{1}{m}}$$

④ 마할라노비스 거리

$$d_M = \sqrt{(x-y)\sum\nolimits^{-1}(x-y)^T}$$

18 ③ 19 ④ 20 ① 21 ③ 22 ②

23 다음 중 앙상블 기법에 대한 설명으로 옳지 않은 것은?

① 여러 개의 학습 모델을 훈련하고 투표를 통해 최적화된 예측을 수행하고 결정한다.
② 부스팅 기법의 경우 다수의 강학습기를 결합하여 최종 학습기를 만든다.
③ 랜덤 포레스트(Random Forest)는 배깅과 부스팅보다 더 많은 무작위성을 주어 약한 학습기들을 생성한 후 이를 선형 결합하여 최종 학습기를 만드는 방법이다.
④ 배깅은 다수의 부트스트랩 자료를 생성하고, 각 자료를 모델링한 후 결합해 최종 예측 모형을 만든다.

키워드 | 앙상블 기법
해설 | 부스팅(Boosting)은 잘못 분류된 개체들에 가중치를 적용해서 새로운 분류 규칙을 만들고 이 과정을 반복해서 최종 모형을 만들면 오분류된 데이터에 더 많은 가중치를 주고 리샘플링할 때 더 많이 학습시키게 만드는 알고리즘이다. 즉, 다수의 약학습기를 결합하여 강학습기를 만든다.

24 다음 중 군집 분석 시 데이터의 단위가 다를 경우 사용하는 기법으로 옳은 것은?

① Scaling
② EDA
③ Sampling
④ Voting

키워드 | 군집 분석
해설 | ② EDA: 탐색적 데이터 분석
③ Sampling: 표본추출
④ Voting: 투표를 통해 최종 예측 결과를 결정하는 방식

25 다음 중 선형회귀 분석의 기본적 가정 중 오차항과 관계있는 것은?

① 선형성, 등분산성
② 독립성, 등분상성,
③ 선형성, 등분산성, 비상관성
④ 독립성, 등분산성, 정상성

키워드 | 선형회귀 분석
해설 | 회귀 분석의 기본 가정

선형성	독립변수와 종속변수의 관계가 선형이다.
등분산성	독립변수와 무관하게 오차들의 분산이 일정하다.
독립성	오차와 독립변수의 값이 서로 독립적이어야 한다.
비상관성	관측값과 잔차는 서로 상관이 없어야 한다.
정상성	오차의 분포가 정규분포를 따른다.

26 다음 중 혼동행렬을 통한 분류 모형의 평가 지표 중 하나인 재현율 계산식으로 적절한 것은?

① $\dfrac{TP}{TP+FN}$

② $\dfrac{TP+TN}{TP+TN+FN+FP}$

③ $\dfrac{TN}{TN+FP}$

④ $\dfrac{FP}{TN+FP}$

키워드 | 혼동행렬
해설 | 재현율(Recall) = 민감도(Sensitivity)
실제 True인 것 중에서 모델이 True라고 예측한 것의 비율이다.
② 정확도, ③ 특이도, ④ 거짓 긍정률의 공식이다.

27 다음 중 의사결정나무의 분리 기준인 엔트로피 지수의 공식으로 옳은 것은?

① $Entropy(T) = \sum_{i=1}^{k} \frac{(O_i - E_i)^2}{E_i}$

② $Entropy(T) = -(\sum_{i=1}^{k} P_i \log_2 P_i)$

③ $Entropy(T) = P(\sum_{i=1}^{k} P_i \log_2)$

④ $Entropy(T) = 1 - \sum_{i=1}^{k} P_i^2$

키워드 | 엔트로피 지수
해설 | 엔트로피 지수의 공식

> $Entropy(T) = -(\sum_{i=1}^{k} P_i \log_2 P_i)$
>
> • k: 범주의 수
> • P_i: 한 그룹에 속한 데이터 중 범주에 속하는 데이터의 비율

28 다음 중 확률에 대한 설명으로 옳지 <u>않은</u> 것은?

① 모든 사건 E의 확률값은 0과 1 사이,
   즉 $0 \leq P(E) \leq 1$이다.
② 전체집합의 확률은 1이다.
③ 확률함수란 특정 값이 나타날 가능성이 확률적으로 주어지는 변수이다.
④ 이산확률변수에는 베르누이 확률분포, 이항분포, 기하분포, 다항분포, 포아송 분포 등이 있다.

키워드 | 확률질량 함수
해설 | 특정 값이 나타날 가능성이 확률적으로 주어지는 변수를 '확률변수'라고 하고, 확률변수에 의해 정의된 실수를 확률에 대응시키는 함수는 '확률함수'라고 한다.

29 다음 중 의사결정나무와 관련이 <u>없는</u> 용어는?

① 엔트로피 지수
② 지니 지수
③ Dunn Index
④ 분산의 감소량

키워드 | 의사결정나무
해설 | Dunn Index는 군집 분석 모델의 평가지표 중 하나로, 클러스터 내 최대 거리에 대한 클러스터 간의 최소거리의 비율이다.
① 엔트로피 지수: 지수가 가장 작은 예측변수와 이때의 최적 분리 규칙에 의해 자식 마디를 형성한다.
② 지니 지수를 가장 감소시키는 예측변수와 이때의 최적 분리를 통해 자식 마디를 형성한다.
④ 분산의 감소량: 예측 오차를 최소화하는 기준으로 분산의 감소량을 최대화하는 기준의 최적 분리를 통해서 자식 마디를 형성한다.

제36회
제37회
제38회
제39회
제40회

30 다음 중 F-Beta Score에 대한 설명으로 옳지 <u>않은</u> 것은?

① F1 기반 평가 산식 중 하나로 Beta를 매개변수로 사용하여 Precision과 Recall 사이의 균형에 가중치를 부여하는 방법이다.
② Recall 값과 Precision 값이 정확이 같다면 Beta에 관계 없이 같은 결과가 나온다.
③ Beta가 0인 경우가 F1 Score에 해당한다.
④ Beta 값이 1.0보다 크면 Recall에 비중을 두고 계산한다.

키워드 | F-Beta Score
해설 | Beta가 1인 경우가 F1 Score에 해당한다.

23 ② 24 ① 25 ④ 26 ① 27 ② 28 ③ 29 ③ 30 ③

31 다음 중 '귀무가설이 참인데 기각하도록 결정하는 것'으로 알맞은 용어는?

① 제1종 오류
② 제2종 오류
③ 양측검정
④ 구간추정

키워드 | 귀무가설
해설 | 가설검증에서의 판단 기준

제1종 오류	귀무가설이 참일 때, 귀무가설을 기각하도록 결정하는 오류
제2종 오류	귀무가설이 거짓일 때 귀무가설을 채택할 오류

32 다음 중 주성분 분석에 대한 설명으로 옳지 않은 것은?

① 전체 변이 공헌도는 주성분들이 설명하는 총 분산의 비율이 70~90% 사이가 되는 주성분의 개수를 선택하는 방법으로, 항상 스크리 산점도(Scree Plot)보다 우수한 선택이라고 볼 수 있다.
② 제1주성분은 가장 데이터를 폭넓게 설명할 수 있는 축으로 데이터 분산이 가장 큰 방향에 대한 선형 결합식이다.
③ 스크리 산점도(Scree Plot)에서 기울기가 완만해지기 직전까지를 주성분 수로 결정한다.
④ 고윳값이 1에 가까운 값을 선택해야 한다.

키워드 | 주성분 분석
해설 | 데이터의 형태에 따라 다른 방법을 사용해야 하며, 전체 변이 공헌도가 항상 우수한 것은 아니다.

33 다음 중 시계열 모형에 대한 설명으로 옳은 것은?

① ARIMA 모형에서는 P=0일 때, IMA(d,q) 모형이라 부르고, d번 차분하면 MA(q) 모형을 따른다.
② ARIMA 모형에서는 현시점의 자료를 유한개의 백색잡음의 선형결합으로 표현하여 항상 정상성을 만족한다.
③ AR 모형의 공식은 $Z_t = a_t - \theta_1 a_{t-1} - \theta_2 a_{t-2} - \cdots - \theta_p a_{t-p}$ 이다.
④ MA 모형은 변수의 과거 값의 선형 조합을 이용해 관심 있는 변수를 예측하는 방법이다.

키워드 | 시계열 모형
해설 | ② MA 모형에 대한 설명이다. ARIMA 모형은 현시점의 자료를 유한개의 백색 잡음의 선형결합으로 표현하여 항상 정상성을 만족한다.
③ MA 모형의 공식이다. AR 모형의 공식은 $Z_t = a_t - \theta_1 a_{t-1} - \theta_2 a_{t-2} - \cdots - \theta_p a_{t-p}$ 이다.
④ AR 모형에 대한 설명이다. MA 모형은 변수의 과거 값의 선형 조합을 이용해 관심 있는 변수를 예측하는 방법이다.

34 다음 중 데이터의 정규성을 확인하기 위한 방법이 아닌 것은?

① 히스토그램
② 샤피로 윌크스 테스트
③ 결정계수
④ 왜도

키워드 | 데이터의 정규성
해설 | 결정계수는 회귀 모형이 전체 데이터를 얼마나 잘 설명하는지를 나타내는 지표이다.

35 다음 중 시계열에서 정상성에 대한 설명으로 옳지 <u>않은</u> 것은?

① 정상성은 이상값이 없을 때 충족된다.
② 분산은 시점에 의존하지 않는다.
③ 평균이 일정하다.
④ 공분산은 시차에만 의존하고 시점 자체에는 의존하지 않는다.

키워드 | 정상성
해설 | 시계열은 이상값과는 관계가 없다.

시계열 분석
시간의 흐름에 따라서 관측된 데이터를 분석하여 미래를 예측하기 위한 분석 기법으로 정상성을 만족해야 한다. 정상성의 조건은 다음과 같다.
• 평균이 일정하다.
• 분산이 시점에 의존하지 않는다.
• 공분산은 시차에만 의존하고 시점 자체에는 의존하지 않는다.

36 다음 보기에서 설명하는 표본추출 방법은?

> 전체 모집단을 서로 다른 집단으로 나눈 후 각 집단에서 무작위로 표본을 추출하는 방법

① 층화 추출법
② 계통 추출법
③ 군집 추출법
④ 단순무작위 추출법

키워드 | 표본추출 방법
해설 | ① 층화 추출법: 이질적인 원소들로 구성된 모집단에서 서로 유사한 것끼리 몇 개의 층으로 나눈 다음 각 계층을 골고루 대표하도록 표본을 추출하는 방법
② 계통 추출법: 모집단에서 추출간격을 설정해 일정한 간격을 두고 추출하는 방법
③ 군집 추출법: 모집단을 차이가 없는 여러 군집으로 나눈 후 일부 또는 전체 군집에서 표본을 추출하는 방법

37 다음 중 K-means 군집 분석에 대한 설명으로 옳지 <u>않은</u> 것은?

① 초승달 모양의 데이터 세트에 적합하다.
② 군집의 수(K)를 사전에 정하고, 각 개체를 가까운 초깃값에 할당해 군집을 형성하고 각 군집의 평균을 재계산하여 초깃값을 갱신하는 과정을 반복하여 K개의 최종 군집을 형성한 방법이다.
③ 초기값 K의 설정이 쉽고, 이상값에 민감하게 반응하지 않아 널리 사용된다.
④ 분석 기법 적용이 단순하고 빨라 다양한 데이터에서 사용할 수 있다.

키워드 | K-means 군집 분석
해설 | K-means 군집 분석은 초기값 K의 설정이 어렵고, 이상값에 민감하게 반응한다는 단점이 있다.

제36회
제37회
제38회
제39회
제40회

38 다음 중 분해시계열의 요인으로 옳지 **않은** 것은?

① 계절 요인
② 추세 요인
③ 순환 요인
④ 외부 요인

키워드 | 회귀 분석
해설 | 시계열의 구성요소

추세 요인	관측값이 시간에 따라 지속적으로 증가하거나 감소하는 것
계절 요인	고정된 주기에 따라 자료가 변화할 경우
순환 요인	알려지지 않은 주기를 가지고 자료가 변화
불규칙 요인	시간과 무관하게 변화하는 변동성분, 잔차에 해당

39 다음 중 선형회귀 모델이 통계적으로 유의미한지 여부를 평가하는 통계량으로 옳은 것은?

① R Square
② P-value
③ F-Statistics
④ Chi-Statistics

키워드 | 선형회귀 모델
해설 | P-value(유의확률)이란 관찰된 데이터의 검정통계량이 귀무가설을 지지하는 정도를 확률로 표현한 것이다.
① 회귀 모형이 전체 데이터를 얼마나 잘 설명하는지를 나타내는 지표
③ 전체 모델의 유의성을 평가하기 위해 사용되는 통계량
④ 관측된 데이터가 기대되는 분포와 일치하는지를 평가할 때 사용하는 통계량

40 다음 중 상관계수에 대한 설명으로 옳지 **않은** 것은?

① 피어슨 상관분석은 연속형 변수의 상관관계를 측정한다.
② 스피어만 상관분석은 비선형 관계의 연관성을 파악할 수 있다.
③ 스피어만 상관분석은 표본크기가 큰 경우 유용하다.
④ 피어슨 상관계수는 두 변수의 원 값을 그대로 사용하여 계산된다.

키워드 | 상관계수
해설 | 스피어만 상관분석은 두 변수 간의 연관관계 여부를 알려주며, 자료의 이상값이 있거나 표본의 크기가 작을 때 유용하다.

41 다음 중 인공신경망의 함수에 대한 설명으로 옳지 **않은** 것은?

① 렐루 함수는 입력값이 양수인 경우만 뉴런을 전달하는 함수이다.
② 시그모이드 함수는 층이 많아질수록 오차 역전파 수행 시 기울기가 소실되는 문제가 발생한다.
③ 하이퍼블릭 탄젠트 함수는 계단 함수값의 중심을 0으로 맞추기 위해 개선된 함수이다.
④ 소프트맥스 함수는 출력값들의 합이 1이 되록 하는 함수이다.

키워드 | 인공신경망
해설 | 하이퍼블릭 탄젠트 함수는 시그모이드 함수값의 중심을 0으로 맞추기 위해 개선된 함수 이다.

42 다음 중 두 개의 확률변수 X와 Y의 공분산 (Cov)에 대한 설명으로 옳지 <u>않은</u> 것은?

① 공분산은 2개의 변수 사이의 관련성을 나타낸다.
② 선형관계의 강도를 나타낼 수 있다.
③ $Cov = 0$일 경우 두 변수는 독립적인 관계이고 선형관계가 없다.
④ $Cov < 0$일 경우 하나의 값이 상승할 때 다른 값이 하강하는 경향이 있다.

키워드 | 확률변수와 공분산
해설 | 값의 크기는 측정 단위에 따라 다르므로 선형관계의 강도를 나타낼 수는 없다.

공분산(Covariance)
• 2개의 변수 사이의 관련성을 나타낸다.
• 값의 크기는 측정 단위에 따라 다르므로 선형관계의 강도를 나타낼 수는 없다.

$Cov > 0$	두 변수 중 하나의 값이 상승할 때 다른 값도 상승하는 경향이 있다.
$Cov = 0$	두 변수는 독립적인 관계이고 선형관계가 없다.
$Cov < 0$	두 변수 중 하나의 값이 상승할 때 다른 값이 하강하는 경향이 있다.

43 다음 중 아래의 설명에 해당하는 척도로 옳은 것은?

> 절대적 원점이 없어 두 구간척도 관측값 사이의 비율은 의미가 없다.

① 비율 척도
② 구간 척도
③ 순서 척도
④ 명목 척도

키워드 | 척도
해설 | 자료의 종류

명목 척도	측정 대상이 어느 집단에 속하는지 분류할 때 사용하는 척도 예 출생 지역, 성별 등
순서 척도	측정 대상의 특성이 가지는 서열 관계를 관측하는 척도 예 선호도, 성적 순위
구간 척도	• 측정 대상이 갖고 있는 속성의 양을 측정하는 척도 • 절대적 원점이 없으므로 두 구간척도 관측값 사이의 비율은 의미가 없음 예 온도, 지수 등
비율 척도	절대적 기준인 0 값이 존재하고, 사칙연산이 모두 가능하며 제일 많은 정보를 가짐 예 나이, 연간 소득, 제품 가격 등

38 ④ 39 ② 40 ③ 41 ③ 42 ② 43 ②

44 다음 보기에서 설명하는 용어는?

> 인공신경망에서 출력값과 멀어질수록 학습이 모호하게 진행되어 시그모이드(Sigmoid) 함수가 편미분을 함으로써 지속적으로 0에 가까워져 신경망에 대한 학습이 제대로 되지 않는 현상을 말한다.

① 차원 축소
② 기울기 소실 문제
③ 과대 적합
④ XOR 연산

키워드 | 인공신경망

해설 | ① 차원 축소: 고윳값이 높은 순으로 정렬해서 높은 고윳값을 가진 고유 벡터만으로 데이터를 복원한다.
③ 과대 적합: 머신러닝에서 학습데이터를 과하게 학습하여 지나치게 최적화되는 문제이다.
④ XOR 연산: 배타적 논리합(exclusive OR)으로 두 개의 피연산자 중 하나만이 1일 때, 1을 반환한다.

45 다음 중 카이제곱 통계량의 예측 표본과 실제 표본의 차이와 검정 통계량에 따른 유의확률의 변화로 옳지 않은 것은?

① 예측 표본과 실제 표본의 차이가 클 때, 도수가 낮아지고 검정 통계량이 높아져서 유의확률이 낮아진다.
② 데이터의 위치와 가설의 분포 간의 차이를 측정하여 검정 통계량을 계산한다.
③ 오차항이 정규분포를 추종하는지 알아보는 검정방법이다.
④ 데이터포인트와 이론적인 분포 간의 차이를 측정해 이 차이를 기반으로 검정 통계량을 계산한다.

키워드 | 카이제곱 통계량

해설 | 예측 표본과 실제 표본의 차이가 클 때, 도수가 커지고 검정 통계량이 높아져서 유의확률이 낮아진다.

46 다음 중 결정계수에 대한 특성으로 옳지 않은 것은?

① 데이터포인트의 수와 추정된 파라미터의 수에 따라 결정된다.
② 총변동에서 추정된 회귀식에 의해 설명되는 변동의 비율을 나타낸다.
③ 0에서 1 사이의 값을 가진다.
④ 결정계수와 수정된 결정계수 두 값이 비슷하면 모델이 적절하게 적합되었다고 볼 수 있다.

키워드 | 결정계수

해설 | 데이터 포인트의 수와 추정된 파라미터의 수에 따라 결정되는 것은 잔차의 자유도이다.

47 다음 중 계층적 군집 방법으로 가장 알맞지 않은 것은?

① 최장 연결법
② 평균 연결법
③ 편차 연결법
④ 와드 연결법

키워드 | 계층적 군집 방법

해설 | 계층적 군집 방법에는 최단 연결법, 최장 연결법, 중심 연결법, 평균 연결법, 와드 연결법이 있다.
① 최장 연결법: 두 군집 사이의 거리를 각 군집에서 하나씩 관측값을 뽑았을 때 나타날 수 있는 거리의 최댓값으로 측정하는 방법
② 평균 연결법 : 생성된 군집과 기존 데이터들의 거리를 군집 내 평균 데이터로 계산하는 방법
④ 와드 연결법 : 생성된 군집과 기존의 데이터들의 거리를 군집 내 오차가 최소가 되는 데이터로 계산하는 방법

48 다음은 wage를 종속변수, education을 독립변수로 하여 회귀 분석을 진행한 결과이다. 그 해석으로 옳지 <u>않은</u> 것은?

```
> summary(model)

Call:
lm(formula = wage ~ education, data = wage_education_data)

Residuals:
    Min          1Q        Median          3Q          Max
-105.598     -21.433       -3.636       15.574      223.134

Coefficients:
              Estimate        Std.        Error t      value Pr(>|t|)
(Intercept)   62.5444        1.7900        34.94        <2e-16 ***
education     16.3320        0.5514        29.62        <2e-16 ***
___
Signif. codes:  0 '***' 0.001 '**' 0.01 '*' 0.05 '.' 0.1 ' ' 1

Residual standard error: 36.71 on 2998 degrees of freedom
Multiple R-squared:  0.2264,        Adjusted R-squared:  0.2261
F-statistic: 877.2 on 1 and 2998 DF,  p-value: < 2.2e-16
```

① 독립변수가 종속변수 변동의 1.79%를 설명한다.
② 교육 수준이 1단위 증가할 때 임금이 평균적으로 16.3320만큼 증가한다.
③ 교육 수준이 임금에 미치는 영향이 통계적으로 매우 유의미하다.
④ 모델의 예측 오차가 평균적으로 36.71만큼 차이가 난다.

키워드 | 회귀 분석
해설 | • Multiple R-squared(결정 계수): 0.2264
• 독립변수가 종속변수의 변동을 얼마나 설명하는지 나타내므로, 여기서는 22.64%를 설명하고 있다.

44 ② 45 ① 46 ① 47 ③ 48 ①

49 다음 회귀 분석에 대한 설명으로 옳은 것은?

```
〉 summary(model)

Call:
lm(formula = Ozone ~ Solar.R + Wind + Temp, data = airquality)

Residuals:
     Min        1Q     Median        3Q        Max
  −40.485   −14.219    −3.551    10.097     95.619

Coefficients:
              Estimate Std.      Error      t value      Pr(〉|t|)
(Intercept)    −64.34208      23.05472     −2.791      0.00623  **
Solar.R          0.05982       0.02319      2.580      0.01124  *
Wind            −3.33359       0.65441     −5.094      1.52e−06 ***
Temp             1.65209       0.25353      6.516      2.42e−09 ***
———
Signif. codes:  0 '***' 0.001 '**' 0.01 '*' 0.05 '.' 0.1 ' ' 1

Residual standard error: 21.18 on 107 degrees of freedom
Multiple R−squared: 0.6059,     Adjusted R−squared: 0.5948
F−statistic: 54.83 on 3 and 107 DF,  p−value: 〈 2.2e−16
```

① Temp(온도)를 종속변수로 하고 Solar.R(태양복사량), Wind(바람속도), Ozone(오존농도)를 독립변수로 하는 회귀 모델이다.

② 수정된 결정계수에서 독립변수들이 오존농도의 변동 60.59%를 설명한다.

③ 태양복사량이 1 증가할 때, 오존농도는 평균적으로 0.05982 증가한다.

④ 회귀 모델이 유의미하지 않다.

키워드 | 회귀 분석

해설 | ① Ozone(오존농도)을 종속변수로 하고 Solar.R(태양복사량), Wind(바람속도), Temp(온도)를 독립변수로 하는 회귀 모델이다.

② 수정된 결정계수에서 독립변수들이 오존 농도의 변동 59.48%를 설명한다.

④ p−value: 〈 2.2e−16으로 매우 작기 때문에 이 회귀 모델은 유의미하다.

50 다음 중 회귀 모형에 대한 해석으로 옳지 <u>않은</u> 것은?

```
Call:
lm(formula = AirPassengers ~ time(AirPassengers))

Residuals:
    Min      1Q    Median     3Q      Max
 -93.858  -30.727  -5.757   24.489  164.999

Coefficients:
                     Estimate Std.      Error t      value      Pr(>|t|)
(Intercept)          -62055.907         2166.077    -28.65     <2e-16   ***
time(AirPassengers)   31.886            1.108        28.78     <2e-16   ***

———
Signif. codes:  0 '***' 0.001 '**' 0.01 '*' 0.05 '.' 0.1 ' ' 1

Residual standard error: 46.06 on 142 degrees of freedom
Multiple R-squared: 0.8536,     Adjusted R-squared: 0.8526
F-statistic: 828.2 on 1 and 142 DF,  p-value: < 2.2e-16
```

① 데이터의 상위 75%에 해당하는 잔차값은 -30.727이다.
② 모델이 설명하는 변동의 비율은 약 85.36%이다.
③ 수정된 결정계수는 85.26%이다.
④ 시간이 1 증가할 때마다 평균 항공 여객 수가 약 31.886 증가한다.

키워드 | 회귀 모형
해설 | 데이터의 상위 75%에 해당하는 잔차값은 3Q(3사분위 수)에 해당하는 값으로 24.489이다.

49 ③ 50 ①

기출변형 모의고사

제1회 기출변형 모의고사

제한시간: 90분
문항당 2점
시행일: ___. __. __

1과목 데이터의 이해(10문제)

01 다음 중 정성 데이터에 속하는 것으로 옳은 것은?

① 몸무게
② 온도
③ 강수량
④ 날씨 예보

02 데이터베이스의 일반적인 특징으로 옳지 않은 것은?

① 데이터베이스는 항상 변화하면서도 항상 현재의 정확한 데이터를 유지해야 한다.
② 정형 데이터 또는 반정형 데이터만 저장할 수 있다.
③ 중복된 데이터는 관리상의 부작용을 초래할 수 있다.
④ 일반적으로 대용량화되고 구조가 복잡하다.

03 다음 중 빅데이터가 가져온 변화로 바르지 않은 것은?

① 기업에서는 고객 데이터의 축적을 통해 데이터에서 숨은 가치를 발굴하여 새로운 성장 동력으로 삼았다.
② 표본조사에서 전수조사로 변화하게 되었다.
③ 실시간 상관관계 분석이 가능하게 되어 데이터 기반의 상관관계 분석으로 변화하게 되었다.
④ 데이터의 양보다 데이터의 정확성이나 신뢰성 등의 질을 중시하게 되었다.

04 고객(CUSTOMERS) 테이블로부터 30~40대(AGE)인 고객정보(NAME, GENDER, SALARY)를 추출하기 위해 다음과 같은 SQL문을 작성하려고 한다. 다음 중 (가)에 들어갈 적절한 연산자는?

```
SELECT NAME, GENDER, SALARY
FROM CUSTOMERS
WHERE AGE ( 가 ) 30 AND 49
```

① BETWEEN
② IN
③ FROM
④ OR

05 데이터 사이언스는 데이터 처리와 관련된 IT 영역, 분석적 영역, 비즈니스 컨설팅 영역을 포괄하고 있다. 다음 중 영역이 <u>다른</u> 것은?

① 데이터 엔지니어링
② 데이터 시각화
③ 데이터 웨어하우징
④ 프로그래밍

06 보기는 데이터베이스의 활용에 대한 설명이다. 괄호에 들어갈 용어가 바르게 나열된 것은?

> 기업 데이터베이스는 1990년대 중반 (　　　)
> 시스템에서 (　　　) 시스템으로 변화하였다.

① CRM, OLAP
② OLAP, SCM
③ OLTP, OLAP
④ CRM, SCM

07 다음 빅데이터 활용 기본 테크닉 중 감성분석(Sentimental Analysis)에 대한 설명으로 옳지 <u>않은</u> 것은?

① 사용자 간의 소셜 관계를 알아내고자 할 때 이용한다.
② 사용자가 사용한 문장이나 단어가 분석 대상이 된다.
③ 특정 주제에 대해 말하거나 글을 쓴 사람의 감정을 분석한다.
④ 사용자의 상품평에 대한 분석이 대표적 사례이다.

08 다음 비즈니스 모델에서 빅데이터 분석 방법과 그 사례를 연결한 것으로 <u>부적절</u>한 것은?

① 사용자 만족도가 충성도에 어떤 영향을 미치는가? - 회귀 분석
② '특정인과 다른 사람이 몇 촌(degrees of separation) 정도의 관계인가? - 소셜 네트워크 분석
③ 커피를 구매하는 사람이 탄산음료를 더 많이 사는가? - 연관규칙 학습
④ 기존 시청 기록을 바탕으로 시청자가 현재 영화 중 어떤 것을 가장 보고 싶어 할까? - 유형 분석

09 다음 중 빅데이터 시대의 위기 요인과 통제 방안에 대한 설명이 올바른 것을 모두 고른 것은?

> ㉠ 개인정보가 포함된 데이터가 목적 외로 사용될 경우 사생활 침해를 넘어 사회·경제적 위협이 확대될 수 있다.
> ㉡ 사용자에게 개인정보의 유출 및 동의 없는 사용으로 발생하는 피해에 대한 책임을 지게 하면 빅데이터의 활용에 대한 제한이 생겨 발전이 저해된다.
> ㉢ 특정인의 '행동결과'에 따라 처벌하는 것이 아닌 '성향'를 보고 미리 위험을 파악하여 처벌한다.
> ㉣ 알고리즘에 대한 접근을 강화하여 해킹 등을 방지한다.
> ㉤ 빅데이터 기반 분석과 예측 기술이 발전하면서 정확도가 증가하여 분석 대상이 되는 사람들이 예측 알고리즘의 희생양이 될 가능성이 발생한다.

① ㉠, ㉡
② ㉠, ㉤
③ ㉢, ㉤, ㉣
④ ㉠, ㉡, ㉢

10 데이터 사이언스에서 인문학적 사고는 반드시 필요한 요소이다. 다음 중 인문학 열풍을 가져온 외부 환경 요소가 <u>아닌</u> 것은?

① 빅데이터 분석 기법의 이해와 분석 방법론 확대
② 과거 제품생산 비즈니스가 체험제로 변화
③ 단순 세계화에서 복잡한 세계화로의 변화
④ 경제의 논리가 생산에서 최근 패러다임인 시장 창조로 변화

2과목 데이터 분석 기획(10문제)

11 다음 보기의 내용이 의미하는 것은?

> 전사 차원의 모든 데이터에 대해 정책 및 지침, 표준화, 운영조직 및 책임 등의 표준화된 관리 체계를 수립하고 운영을 위한 프레임 워크 및 저장소를 구축한다.

① 분석 거버넌스 체계
② 데이터 마스터 플랜
③ 데이터 거버넌스
④ 데이터 표준화 활동

12 하향식 접근 방식에서 분석 유즈 케이스(Use case)에 대한 설명으로 옳지 <u>않은</u> 것은?

① 문제 정의 자체가 어려운 경우 데이터를 기반으로 문제를 지속적으로 개선하기 위해 사용된다.
② 문제를 탐색하는 단계에서 사용된다.
③ 적합한 사례를 찾기 위하여 사용된다.
④ 잘 구현된 유즈케이스나 솔루션이 있다면 이를 최대한 활용하는 것이 유리하다.

13 다음 중 빅데이터 분석 방법론의 계층적 프로세스 모델에 대한 설명으로 옳지 <u>않은</u> 것은?

① Phases는 최상위 레벨로 여러 개의 단계로 구성된다.
② Task는 물리적 또는 논리적 단위로 품질 검토의 항목이 된다.
③ Task는 기준선으로 설정 및 관리되며 버전관리 등을 통하여 통제한다.
④ Step은 마지막 계층으로 WBS의 워크 패키지에 해당한다.

14 ROI 요소를 고려한 빅데이터 분석 우선순위 평가 기준에 대한 설명으로 옳지 <u>않은</u> 것은?

① 가장 우선적인 분석과제는 시급성과 난이도가 높은 항목이다.
② 시급성은 전략적 중요도와 목표 가치를 평가하고, 난이도는 데이터 획득 비용과 기업의 분석 수준을 평가한다.
③ 시급성과 난이도가 높은 분석과제는 경영진 또는 실무 담당자의 의사결정에 따라 우선순위를 조정할 수 있다.
④ 데이터 분석과제를 추진할 때 우선으로 고려해야 하는 요소는 전략적 중요도에 따른 시급성이다.

15 다음 보기에서 설명하는 데이터 거버넌스의 체계로 옳은 것은?

- 메타 데이터 관리
- 데이터 사전 관리
- 데이터 생명주기 관리

① 데이터 저장소 관리
② 표준화 활동
③ 데이터 관리 체계
④ 데이터 표준화

16 분석 마스터 플랜 수립에서 과제 우선순위 결정과 관련한 내용으로 올바른 것은?

① 전략적 중요도, ROI, 실행 용이성은 분석과제 우선순위 결정에 고려할 사항이다.
② 적용 기술의 안전성 검증은 기술 적용수준 평가 요소이다.
③ 시급성과 전략적 필요성은 전략적 중요도의 평가 요소이다.
④ 가치는 투자비용 요소이다.

17 빅데이터 분석 방법론의 시스템 구현(Developing) 단계의 태스크로 옳지 <u>않은</u> 것은?

① 모델링 태스크에서 작성된 알고리즘 설명서와 데이터 시각화 보고서를 이용하여 시스템 및 데이터 아키텍처 설계, 사용자 인터페이스 설계 진행
② 시스템 설계서를 바탕으로 BI 패키지를 활용하거나 새로운 프로그램 구축
③ 단위 테스트, 통합 테스트, 시스템 테스트 실시 및 운영
④ 테스트 데이터 세트를 이용하여 모델 검증 작업 실시 및 모델 평가 보고서 작성

18 분석 마스터 플랜 수립에서 포트폴리오 사분면 기법에 대한 설명으로 옳지 <u>않은</u> 것은?

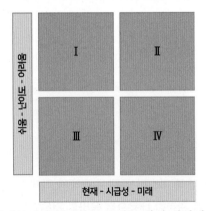

① 1사분면에 해당하는 문제는 현재 시점에서는 전략적 중요도가 높지 않지만, 중장기적 관점에서는 반드시 추진되어야 한다.
② 우선순위가 난이도인 경우 : Ⅲ-Ⅰ-Ⅱ
③ 적용 우선순위는 데이터의 양과 특성, 분석 범위 등에 따라 난이도를 조율하여 변동할 수 있다.
④ 우선순위가 시급성인 경우 : Ⅲ-Ⅳ-Ⅱ

19 빅데이터를 활용한 비즈니스는 기업에 많은 변화를 가져온다. 다음 중 기업에서 시행하는 데이터 분석 방법 및 분석적 사고 교육에 해당하지 <u>않는</u> 것은?

① 창의적 사고 및 문제해결을 위한 체계적 접근법 숙지
② 미비한 분석 역량을 커버할 수 있는 외부조직과의 협업
③ 데이터 분석 기회 발굴 및 과제 정의 방법 이해
④ 다양한 빅데이터 분석 기법의 활용

20 프로토타이핑(Prototyping) 접근법에 대한 설명으로 적절한 것은?

① 문제가 정형화되어 있고 문제해결을 위한 데이터가 완벽하게 조직에 존재하는 경우 효과적인 접근법이다.
② 문제가 주어지고 이에 대한 답을 찾기 위하여 각 과정이 체계적으로 단계화되어 수행하는 방식이다.
③ 사용자가 요구사항이나 데이터를 정확히 규정하기 어렵고, 데이터 소스를 파악하기 어려운 상황에서 일단 분석을 시도하고 반복적으로 개선하는 접근법이다.
④ 주어진 문제점 또는 전략으로부터 문제를 탐색하고 탐색한 문제를 데이터 문제로 정의하기 위해 각 과정이 체계적으로 단계화되어 수행하는 방식이다.

3과목 데이터 분석(30문제)

21 다음 중 확률에 대한 설명으로 옳지 <u>않은</u> 것은?

① 일반적인 자연현상이나 사회현상에서 일어날 가능성이 동일한 현상은 드물다.
② 확률분포에는 이산확률분포 하나만 존재한다.
③ 확률은 통계적 현상의 확실함의 정도를 나타내는 척도이며, 랜덤 시행에서 어떠한 사건이 일어날 정도를 나타내는 사건에 할당된 수들을 말한다.
④ 표본 공간 S의 각 근원 사건이 일어날 가능성이 동등할 때, 사건 A에 대해 n(A)/n(S)를 사건 A의 수학적 확률이라고 한다.

22 다음 중 EDA(Exploratory Data Analysis)의 4가지 주제에 대한 설명으로 옳지 <u>않은</u> 것은?

① 저항성(Resistance)은 자료 일부가 파손되었을 때 영향을 적게 받는 성질로 데이터의 부분적 변동에 민감하게 반응한다.
② 잔차해석(Residual)은 관찰값들이 주 경향으로부터 얼마나 벗어난 정도를 나타낸다.
③ 자료 재표현(Re-expression)은 데이터 분석과 해석을 단순화할 수 있도록 원래 변수를 적당한 척도(로그 변환, 제곱근 변환, 역수 변환)로 바꾸는 것이다.
④ 현시성(Graphic Representation)은 자료 안에 숨어 있는 정보를 시각적으로 나타내줌으로써 자료의 구조를 효율적으로 파악하게 된다는 것을 말한다.

23 다음 중 R의 데이터 구조 중 벡터에 대한 설명으로 적절한 것은?

① 벡터는 행렬과 유사한 2차원 목록 데이터 구조이다.
② 행과 열을 갖는 m×n 형태의 직사각형에 데이터를 나열한 데이터 구조이다.
③ 벡터는 숫자로만 구성되어야 한다.
④ 1차원이며 같은 데이터 타입을 가진 원소들만 저장할 수 있다.

24 R에서 서로 다른 데이터 타입을 담을 수 있는 구조로 옳은 것은?

① 행렬
② 배열
③ 벡터
④ 리스트

25 다음 중 아래의 R코드를 수행한 결과에 대한 설명으로 옳은 것은?

```
>c(2, 4, 6, 8) + c(1, 3, 5, 7, 9)
```

① 4개의 숫자로 이루어진 벡터가 출력된다.
② 에러 메시지가 출력되고, 명령 수행이 중단된다.
③ 경고 메시지와 함께 결과가 출력된다.
④ 9개의 숫자로 이루어진 벡터가 출력된다.

26 다음 중 아래 R코드의 결과로 적절한 것은?

```
> a<-c("Monday", "Tuesday", "Wednesday")
> substr(a, 1, 2)
```

① "Mo" "Tu" "We"

② "Monday "

③ "Mo" "Tu"

④ "Monday" "Tuesday"

27 다중 선형회귀 분석의 기본 가정 중 옳지 <u>않은</u> 것은?

① 오차항의 분산은 모든 관찰치에 대해 σ^2의 일정한 분산을 갖는다.

② 회귀 모형은 모수에 대해 비선형인 모델이다.

③ 서로 다른 관찰치 간의 오차항은 상관이 없다.

④ 오차항은 정규분포를 따른다.

28 다음 확률질량 함수의 확률변수 X의 기댓값으로 옳은 것은?

- $P(X=1) = \dfrac{2}{3}$
- $P(X=2) = \dfrac{1}{6}$
- $P(X=3) = \dfrac{1}{6}$

① $\dfrac{1}{6}$

② $\dfrac{4}{6}$

③ $\dfrac{6}{6}$

④ $\dfrac{9}{6}$

29 Box Plot을 사용하여 아래의 데이터 요약값에서 이상값을 판별하려고 한다. 다음 중 이상값을 판단하는 하한값과 상한값으로 옳은 것은?

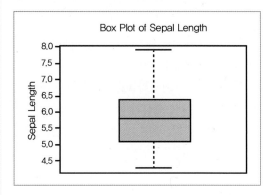

Box Plot of Sepal Length

Sepal. Length

Min.   : 4.300
1st Qu. : 5.100
Median : 5.800
Mean   : 5.843
3rd Qu. : 6.400
Max.   : 7.900

① 하한값: 3.15   상한값: 8.35

② 하한값: 4.3   상한값: 8.25

③ 하한값: 3   상한값: 9.5

④ 하한값: 4.25   상한값: 9.5

30 다음 longley 데이터 세트는 1947년부터 1962년까지의 미국 경제지표를 포함하는 데이터이다. 아래에 대한 설명으로 옳지 <u>않은</u> 것은?

```
Call:
lm(formula = Employed ~ GNP + Unemployed + Year,
data = longley)

Residuals:
    Min       1Q    Median      3Q      Max
-0.81895  -0.29377  0.02186  0.33315  0.95661

Coefficients:
              Estimate Std.   Error    t value   Pr(>|t|)
(Intercept)   -1.199e+03   1.115e+03   -1.075   0.3035
GNP            8.991e-03   2.577e-02    0.349   0.7332
Unemployed    -8.904e-03   3.578e-03   -2.489   0.0285 *
Year           6.465e-01   5.762e-01    1.122   0.2838

Signif. codes:  0 '***' 0.001 '**' 0.01 '*' 0.05 '.' 0.1 ' ' 1

Residual standard error: 0.5196 on 12 degrees of freedom
Multiple R-squared:  0.9825,  Adjusted R-squared:  0.9781
F-statistic: 224.5 on 3 and 12 DF,  p-value: 8.385e-11
```

① 최소 잔차는 -0.81895이다.
② 독립변수가 종속변수의 변동성의 약 98.25%를 설명한다.
③ 5% 유의확률하에서 전체 모델이 통계적으로 유의하다.
④ GNP는 종속변수에 유의미한 영향을 미친다.

31 우리나라 대학생들의 평균 소비를 알아보려고 한다. 100명을 임의로 선택하여 확인한 결과 평균 소비금액은 750,000원인 것을 확인하였다. 모집단의 표준편차가 1,000,000원이고 모집단의 정규분포를 이룰 때 우리나라 대학생들의 평균 소비금액의 90%의 신뢰구간으로 옳은 것은? (단, t값은 90% 신뢰구간 1.645)

① $500,000$원 $\leq \mu \leq 900,000$원
② $685,500$원 $\leq \mu \leq 814,500$원
③ $550,000$원 $\leq \mu \leq 850,000$원
④ $585,500$원 $\leq \mu \leq 914,500$원

32 다음 인공지능 활성화 함수 중에서 출력값이 여러 개로 주어지고 목표치가 다범주형인 경우 각 범주에 속할 사후 확률을 제공하는 함수로 가장 알맞은 것은?

① 계단 함수
② 부호 함수
③ 렐루(ReLU) 함수
④ 소프트맥스(Softmax) 함수

33 데이터 분할 방법 중 모델의 성능을 증가시키는 선택을 반복하면서 발생하는 모델의 과적합 문제를 해결하기 위한 데이터를 학습 및 평가 데이터 세트로 분리하는 방법으로 옳은 것은?

① 부트스트랩
② 분할표
③ 홀드아웃 교차검증
④ K-Fold 교차검증

34 파생변수는 사용자가 특정 조건을 만족하거나 특정 함수에 의해 값을 만들어 의미를 부여한 변수이다. 다음 중 파생변수에 대한 설명으로 옳지 <u>않은</u> 것은?

① 주관적인 변수로 논리적 타당성을 갖춰야 한다.
② 기존에 사용한 변수의 이름을 그대로 사용해야 한다.
③ 기존의 변수를 조합하여 새로운 변수를 만든 것이다.
④ 원천 데이터 세트에 존재하는 값이다.

35 다음 중 이상치에 대한 설명으로 옳지 <u>않은</u> 것은?

① 자료처리 오류는 복수개의 데이터 세트에서 데이터를 추출 및 조합하여 분석할 경우 분석 전의 전처리에서 발생하는 에러이다.

② 비모수적 이상치를 탐지하는 방법 중에는 박스플롯(Boxplot)을 이용하는 방법이 있다.

③ 이상치가 비무작위성을 가지고 나타나면 데이터의 정상성 증대를 초래하며, 이는 데이터 자체의 신뢰성 저하로 연결될 가능성이 있다.

④ 의도적 이상치란 음주량 조사 시 의도적으로 음주량을 적게 기입하는 경우 등을 말한다.

36 다음에서 설명하는 군집 분석 방법으로 옳은 것은?

> 여러 분포를 확률적으로 선형 결합하여 데이터가 K개의 모수적 모형의 가중 합으로 표현되는 모집단 모형으로부터 나왔다는 가정하에서 자료로부터 모수와 가중치를 추정하는 방법

① SOM

② K-means 군집

③ 혼합분포 군집

④ Apriori 알고리즘

37 군집 분석에서 쓰이는 두 개체 간의 거리를 구하는 방법 중 다음 식과 같이 변수값 차이의 절대값의 합을 지칭하는 거리 기법은?

$$d(x, y) = \sqrt{\sum_{i=1}^{p} (x_i - y_i)^2}$$

① 맨해튼 거리

② 자카드 거리

③ 유클리드 거리

④ 코사인 거리

38 의사결정나무 모형에서 과대 적합(Overfitting)으로 인해 현실 문제에 적용할 수 없는 적절한 규칙이 나오지 않는 현상을 방지하기 위해 사용되는 방법은?

① 가지치기(Pruning)

② 정지 규칙(Stopping rule)

③ 스테밍(Stemming)

④ 분리 기준(Splitting Criterion)

39 다음 중 K-means 군집의 단점으로 옳지 <u>않은</u> 것은?

① 이상값 또는 잡음에 영향을 많이 받는다.

② 한 번 군집이 형성되면 군집에 속한 개체들은 다른 군집으로 이동할 수 없다.

③ 다양한 데이터에서 사용할 수 있다.

④ 실루엣 기법(Silhouette method)으로 K값을 선정할 수 있다.

40 다음 중 시계열 모형에 대한 설명으로 옳지 않은 것은?

① 분해시계열은 영향을 주는 일반적인 요인을 시계열에서 분리해 분석하는 방법이다.

② 자기회귀(AR) 모형의 a_t항은 백색잡음 과정, 시계열 분석에서의 오차항이다.

③ 차분이나 변환을 통해 정상화 차수를 설명하는 것은 자기회귀 누적이동평균 모형이다.

④ 시계열의 구성 요소는 추세 요인, 계절 요인, 순환 요인, 정상 요인 4가지이다.

41 A와 B 두 공장에서 생산된 2,000개의 컴퓨터를 확인한 결과 A 공장에서는 10%가 불량이고 B 공장에서는 15%가 불량이다. 2,000개 중 하나를 골라 조사하였을 때 불량인 경우, 이 컴퓨터가 A 공장의 생산품일 확률은?

① 20%

② 40%

③ 50%

④ 60%

42 제1종 오류에서 내린 판정이 잘못되었을 때 실제 확률은 무엇으로 나타내는가?

① P-값

② 신뢰수준

③ 기각역

④ 검정 통계량

43 다음 중 아래의 공식이 설명하는 분류모델 성능 평가지표로 옳은 것은?

$$\frac{TP}{TP+FP}$$

		Predicted class	
		Positive	Negative
Actual class	Positive	TP	FN
	Negative	FP	TN

① 재현율(Recall)

② 정밀도(Precision)

③ 특이도(Specificity)

④ 민감도(Sensitivity)

44 전체 거래 항목 중 A와 B가 존재할 때 연관성 분석의 지지도 공식으로 옳은 것은?

① $\dfrac{A와\ B가\ 동시에\ 포함된\ 거래\ 수}{B가\ 포함된\ 거래\ 수}$

② $\dfrac{A와\ B가\ 동시에\ 포함된\ 거래\ 수}{전체\ 거래의\ 수}$

③ $\dfrac{A와\ B가\ 동시에\ 포함된\ 거래\ 수}{A가\ 포함된\ 거래\ 수}$

④ $\dfrac{P(A \cap B)}{P(A) \times P(B)}$

45 다음 중 다차원 척도법에 대한 설명으로 옳지 <u>않은</u> 것은?

① 객체의 좌표값이 존재하면 공분산 행렬을 계산할 수 있다.
② 각 개체들을 공간상에 표시하기 위한 방법으로 부적합도 기준 STRESS를 활용한다.
③ 데이터 속에 숨겨져 있는 패턴을 찾아 소수 차원의 공간에 기하학적으로 표현한다.
④ 거리를 계산할 때에는 유클리드 거리, 유사도를 계산할 때에는 자카드 유사도를 사용할 수 있다.

46 보기에서 설명하는 결측값의 종류로 옳은 것은?

> • 누락 데이터의 발생 원인이 수집된 변수에 따라 설명될 수 있는 경우
> • 어떤 변수의 누락 데이터가 특정 변수와 관련되어 일어나지만, 그 변수의 결과는 관계가 없는 경우

① 무작위 결측   ② 비무작위 결측
③ 완전 무작위 결측   ④ 단순 결측

47 R 데이터의 저장 형식에 대한 설명으로 옳지 <u>않은</u> 것은?

① as.character(x)은 x를 문자형으로 변환한다.
② as.integer(x)은 x가 실수면 소수점을 반올림하여 처리한다.
③ as.numeric(x)은 x가 "123"일 경우 123을 반환한다.
④ as.logical(x)은 x가 숫자형인 경우 0이면 FALSE, 0이 아닐 경우 TRUE로 변환한다.

48 시계열 예측에서 정상성을 만족한다는 것의 의미로 옳은 것은?

① 분산이 시차에 의존하지 않는다.
② 분산이 시점에 의존하지 않는다.
③ 평균이 일정하지 않다.
④ 공분산은 시점에만 의존한다.

49 K−평균 군집에서 군집의 개수인 K를 정하는 데 활용할 수 있는 그래프로 옳은 것은?

① 실루엣 계수
② 집단 내 제곱합 그래프
③ ROC 곡선
④ 혼동행렬

50 다음 중 SOM에 대한 설명으로 옳지 <u>않은</u> 것은?

① 지도의 형태로 형상화하여 입력 변수의 위치 관계를 보존한다.
② 시각적으로 이해가 쉽다.
③ 역전파를 사용하여 속도가 매우 빨라 실시간 학습 처리를 할 수 있는 모형이다.
④ 노드란 한 항목의 집합이 빈발이면, 이 항목의 모든 부분집합이 빈발항목집합경쟁층 내에서 입력벡터들이 서로의 유사성에 근거하여 집합하는 영역이다.

제2회 기출변형 모의고사

제한시간: 90분
문항당 2점
시행일: ____. __. __

1과목 데이터의 이해(10문제)

01 DIKW 피라미드 중 데이터를 가공·처리하여 데이터 간의 연관 관계와 의미가 도출된 요소는?

① 데이터
② 정보
③ 지식
④ 지혜

02 다음 SQL 명령어 중 데이터 조작어(DML)가 <u>아닌</u> 것은?

• SELECT	• UPDATE
• INSERT	• DELETE
• CREATE	

① SELECT
② UPDATE
③ CREATE
④ INSERT

03 다음 중 데이터 웨어하우스에 대한 설명으로 옳지 <u>않은</u> 것은?

① 적재가 완료되면 읽기전용 형태로 존재한다.
② 재무, 생산 등의 특정 조직업무 분야에 국한되어 구축된다.
③ 시간의 흐름에 따른 변경을 항상 반영한다.
④ 기업이나 조직의 여러 부서에서 추출한 데이터를 중앙 집중적으로 저장한다.

04 다음 빅데이터의 특징 중 구글의 자동번역 시스템과 가장 관련이 있는 것은?

① 규모   ② 다양성
③ 가치   ④ 속도

05 다음 중 빅데이터 활용에 필요한 3요소가 바르게 묶인 것은?

㉠ 데이터	㉡ 프로세스
㉢ 인력	㉣ 기술
㉤ 알고리즘	㉥ 시스템

① ㉠, ㉡, ㉢   ② ㉠, ㉢, ㉣
③ ㉠, ㉣, ㉤   ④ ㉠, ㉡, ㉥

06 데이터 사이언티스트(Data Scientist)의 요구 역량으로 가장 적절하지 <u>않은</u> 것은?

① 통찰력 있는 분석 능력
② 설득력 있는 전달 능력
③ 인공지능 분야 최적화 능력
④ 협업 능력

07 다음 중 데이터의 양을 측정하는 단위의 크기를 순서대로 배열한 것은?

① EB(엑사) 〈 ZB(제타) 〈 YB(요타) 〈 PB(페타)
② PB(페타) 〈 EB(엑사) 〈 ZB(제타) 〈 YB(요타)
③ EB(엑사) 〈 YB(요타) 〈 ZB(제타) 〈 PB(페타)
④ PB(페타) 〈 EB(엑사) 〈 YB(요타) 〈 ZB(제타)

08 빅데이터 시대의 위기와 통제에 대한 설명 중 <u>틀린</u> 것을 모두 고른 것은?

> ⊙ 행동 결과에 따른 처벌은 무고한 피해자를 유발하므로 정확도를 강화한 빅데이터 사전 예측 프로그램의 사용을 증대한다.
> ⓛ 빅데이터의 알고리즘에 의한 문제를 해결하는 알고리즈미스트가 새로운 직업으로 부상할 것이다.
> ⓒ 데이터의 오해석 및 과신으로 인한 잘못된 인사이트를 얻어 비즈니스에 적용할 경우 손실이 발생할 수 있으므로 결과 기반의 책임원칙을 고수한다.
> ⓔ 개인정보가 포함된 데이터가 목적 외로 사용될 경우 사생활 침해를 넘어 사회·경제적 위협이 확대될 수 있으므로 제공 주체가 보호 장치를 마련할 수 있도록 한다.

① ⊙   ② ⊙, ⓛ
③ ⊙, ⓛ, ⓒ   ④ ⊙, ⓒ, ⓔ

09 다음 구조 관점의 데이터 유형 중 보기에서 설명하는 것은?

> • XML, HTML 웹 로그 등과 같이 메타정보가 포함된 구조이다.
> • 값과 형식에서 일관성을 가지지 않는 데이터이다.

① 정량적 데이터
② 비정형 데이터
③ 반정형 데이터
④ 정성적 데이터

10 다음은 빅데이터의 활용 기법 중 어떠한 기법에 관한 설명인가?

> 맥주를 구매하는 사람이 탄산음료를 더 많이 구매하는지 확인한다.

① 유전자 알고리즘
② 감정 분석
③ 기계 학습
④ 연관 분석

2과목 데이터 분석 기획(10문제)

11 분석 결과를 실제 업무에 적용하고, 조직 역량·비즈니스·IT 부문을 대상으로 다음과 같은 성숙도 수준을 평가하는 단계는?

조직 역량 부문	• 담당 부서에서 수행 • 분석 기법 도입
비즈니스 부문	• 미래 결과 예측 • 시뮬레이션
IT 부문	• 실시간 대시보드 • 통계분석 환경

① 도입 단계
② 활용 단계
③ 확산 단계
④ 최적화 단계

12 데이터 분석 기획을 주제에 따라 분류할 때 분석의 대상을 모르지만, 분석의 방법은 알고 있는 경우에 해당하는 방법은?

① 솔루션(Solution)
② 최적화(Optimization)
③ 통찰(Insight)
④ 발견(Discovery)

13 빅데이터 분석의 대상과 방법에 따른 분류 중 분석의 대상은 인지(Known)하고 있으나 방법을 모르는 경우(UN-Known)에 사용하는 유형으로 가장 적절한 유형은?

① 솔루션(Solution)
② 최적화(Optimization)
③ 통찰(Insight)
④ 발견(Discovery)

14 다음 중 데이터 분석 절차를 순서대로 나열한 것은?

㉠ 문제 인식	㉡ 데이터 수집
㉢ 데이터 분석	㉣ 연구 조사
㉤ 모형화	㉥ 분석 결과 제시

① ㉠ → ㉣ → ㉤ → ㉡ → ㉢ → ㉥
② ㉠ → ㉡ → ㉢ → ㉣ → ㉤ → ㉥
③ ㉡ → ㉣ → ㉤ → ㉠ → ㉢ → ㉥
④ ㉡ → ㉤ → ㉣ → ㉠ → ㉢ → ㉥

15 다음 중 계층적 프로세스 모델의 구성 요소로 적절하지 <u>않은</u> 것은?

① 단계
② 태스크
③ 스텝
④ 프로세스

16 CRISP-DM 분석 방법론의 분석 절차로 옳은 것은?

① 업무 이해 - 데이터 이해 - 데이터 준비 - 평가 - 모델링 - 전개
② 업무 이해 - 데이터 이해 - 데이터 준비 - 모델링 - 평가 - 전개
③ 업무 이해 - 데이터 준비 - 데이터 이해 - 모델링 - 평가 - 전개
④ 업무 이해 - 데이터 준비 - 데이터 이해 - 평가 - 모델링 - 전개

17 인간에 대한 관찰과 공감을 바탕으로 다양한 대안을 찾는 확산적 사고와 주어진 상황에 대한 최선의 방법을 찾는 수렴적 사고의 반복을 통해 과제를 발굴하는 상향식 접근 방법은?

① 전략적 사고
② 탐색적 접근
③ 비즈니스 모델 캔버스
④ 디자인 사고

18 분석과제의 5가지 주요 특성에 해당하는 것이 <u>아닌</u> 것은?

① Insight
② Data Complexity
③ Speed
④ Analytic Complexity

19 다음 조직의 분석 수준 진단과 그 설명이 옳게 연결된 것은?

① 준비형 – 준비도는 낮으나 조작 인력, 분석 업무, 분석 기법 등을 기업 내부에서 일부 사용하고 있는 기업
② 정착형 – 바로 도입이 가능한 기업
③ 도입형 – 기업에서 활용하는 분석 업무, 기법 등은 부족하지만 적용조직 등 준비도가 높은 기업
④ 확산형 – 기업의 데이터 분석에 필요한 6가지 분석 구성 요소를 갖출 필요가 있는 기업

20 다음 보기에서 설명하는 빅데이터 조직 구조 유형은?

> • 분석 조직 인력들을 현업 부서로 직접 배치해 분석 업무를 수행한다.
> • 분석 결과에 따른 신속한 피드백이 나오고 프랙티스 공유를 활성화한다.
> • 업무 과다와 이원화 가능성이 존재한다.

① 전략 구조
② 분산 구조
③ 집중 구조
④ 기능 구조

3과목 데이터 분석(30문제)

21 다음 프로그램을 통해 생성된 벡터(vec)에 대한 설명으로 옳지 <u>않은</u> 것은?

```
> a<-c(1:3)
> b<-c("potato", "bread", "apple")
> ab<-c(a,b)
> ab
```

① ab[1]과 ab[3]을 더하면 4가 된다.
② 실행결과는 "1" "2" "3" "potato" "bread" "apple" 이다.
③ ab의 형태는 문자형이다.
④ ab의 길이는 6이다.

22 R의 plyr 패키지는 apply 함수에 기반해 데이터와 출력변수를 동시에 배열로 치환하여 처리한다. 다음 중 입력되는 데이터 형태가 리스트이고 출력되는 데이터 형태가 데이터 프레임일 때 사용되는 함수는?

① ddply()
② ldply()
③ adply()
④ aaply()

23 R에서 다음과 같이 matrix 함수를 이용하여 벡터를 행렬로 변환하였을 때 생성된 mat의 결과로 옳은 것은?

```
vec <- c(1, 2, 3, 4, 5, 6)
mat <- matrix(vec, nrow = 2, ncol = 3)
mat
```

①

	[,1]	[,2]
[1,]	1	4
[2,]	2	5
[3,]	3	6

②

	[,1]	[,2]	[,3]
[1,]	1	2	3
[2,]	4	5	6

③

	[,1]	[,2]	[,3]
[1,]	1	3	5
[2,]	2	4	NA

④

	[,1]	[,2]	[,3]
[1,]	1	3	5
[2,]	2	4	6

24 다음 보기에서 설명하는 표본추출 방법으로 옳은 것은?

> 모집단의 각 계층에 대한 정확한 정보가 필요한 방법으로 다수의 이질적인 원소들로 구성된 모집단에서 각 계층을 골고루 대표하는 표본을 추출하는 것이다.

① 단순무작위 추출법
② 계통 추출법
③ 군집 추출법
④ 층화 추출법

25 다음 중 스피어만 상관계수를 계산할 때 대상이 되는 자료로 옳은 것은?

① 명목 척도
② 비율 척도
③ 등간 척도
④ 서열 척도

26 다음 중 T-분포와 Z-분포에 대한 설명으로 적절하지 <u>않은</u> 것은?

① T-분포는 정규분포의 평균을 측정할 때 주로 사용되며, 두 집단 간 평균의 차이 검정에도 활용된다.
② 표본의 크기가 큰 대표본의 경우에는 Z-분포를 사용한다.
③ Z-분포의 평균은 0이고, 분산은 1이다.
④ 표본의 크기와 상관없이 T-분포는 정규분포를 따른다.

27 다음 중 자료들의 중간 50%에 흩어진 정도를 나타내는 통계량은?

① 표준편차
② 중위수
③ 사분위수 범위
④ 최빈값

28 오른쪽 꼬리가 긴 분포를 가진 왜도에서 분포의 최빈수, 중위수, 평균값의 크기 순서로 맞는 것은?

① 중위수 = 평균값 〈 최빈수
② 중위수 〈 최빈수 〈 평균값
③ 최빈수 〈 중위수 〈 평균값
④ 평균값 〈 최빈수 〈 중위수

29 상관 분석의 기본 가정에 대한 용어와 그 설명이 적절하지 <u>않은</u> 것은?

① 동변량성 – X의 값에 관계 없이 Y의 흩어진 정도가 같은 것이다.
② 선형성 – X와 Y의 관계가 직선인지 여부를 확인하는 것으로 이 가정은 산점도를 통해 확인할 수 있다.
③ 무선독립표본 – 모집단에서 표본을 추출 시 표본대상이 확률적으로 선정된다는 것이다.
④ 정규분포성 – X와 Y의 분포가 확률분포를 이룬다는 것이다.

30 다음 중 정상성에 대한 설명으로 알맞지 <u>않</u>은 것은?

① 시점에 상관없이 시계열의 특성이 일정하다는 의미이다.

② 분산이 일정하다.

③ 분산이 시점에 의존하지 않는다.

④ 공분산은 단지 시차에만 의존하고 시점 자체에는 의존하지 않는다.

31 K-평균 군집에서 단점을 보완하는 방법으로 옳지 <u>않</u>은 것은?

① 군집의 수(K)를 사전에 정한다.

② 분석 기법 적용이 단순하고 빠르다.

③ 평균 대신 중앙값을 사용하는 군집을 사용할 수 없다.

④ 목적 없이 분석 수행이 가능하나 결과의 해석이 어렵다.

32 다음 중 인공신경망 뉴런의 활성화 함수에 대한 설명으로 옳지 <u>않</u>은 것은?

① 시그모이드 함수: 계단 함수를 곡선의 형태로 변형시킨 형태의 시그모이드(sigmoid) 함수를 적용

② 하이퍼블릭 탄젠트: 시그모이드 함수값의 중심을 0으로 맞추기 위해 개선된 함수

③ 소프트맥스 함수: 시그모이드와 비슷하게 0~1 사이로 변환하여 출력하지만, 출력값들의 합이 1이 되도록 하는 함수

④ 렐루 함수: 입력값이 0인 경우만 뉴런을 전달하는 함수

33 다음 중 부스팅에 대한 설명으로 옳은 것은?

① 분류가 잘 된 분류기에 더 큰 가중치를 부여한다.

② 다수의 약학습기를 결합하여 강학습기를 만든다.

③ 초기에는 다양한 가중치를 가지지만, 각 회차가 종료된 후 동일한 가중치를 부여한다.

④ 특정 케이스의 경우 높은 성능을 가지며 과소적합 발생을 방지한다.

34 다음 중 보기에서 설명하는 빅데이터 활용 기법으로 옳은 것은?

> • 생명의 진화를 모방하여 최적해(Optimal Solution)를 구하는 알고리즘으로 존 홀랜드(John Holland)가 1975년에 개발했다.
> • 자연 뉴런(Natural Neurons)이 시냅스(Synapse)를 통하여 신호를 전달받는 과정에서, 신호의 강도가 기준치를 초과할 때 뉴런이 활성화되는 구조를 모방한 분석 방법이다.

① 합성곱 신경망(Convolutional Neural Networks)

② 인공신경망(Artificial Neural Networks)

③ 유전자 알고리즘(Genetic Algorithm)

④ 딥러닝(Deep Learning)

35 다음 중 보기의 설명에 맞는 뉴런의 활성화 함수로 옳은 것은?

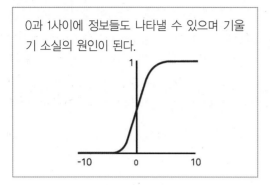

0과 1사이에 정보들도 나타낼 수 있으며 기울기 소실의 원인이 된다.

① Softmax 함수
② 시그모이드 함수
③ ReLu 함수
④ 계단 함수

36 다음 중 홀드아웃 교차검증 기법에 대한 설명으로 가장 올바르지 <u>않은</u> 것은?

① 일반적으로 5:5, 3:7, 2:1 등의 비율로 데이터를 나누어 학습과 평가에 사용한다.
② 각 샘플들을 학습과 평가에 얼마나 많이 사용할 것인지 횟수를 제한하지 않아 특정 데이터만 학습되는 경우가 발생할 수 있다.
③ 계산량이 많지 않아 모형을 쉽게 평가할 수 있으나 전체 데이터에서 평가 데이터만큼은 학습에 사용할 수 없으므로 데이터 손실이 발생한다.
④ 홀드아웃 교차검증의 데이터는 학습 데이터, 검증 데이터, 평가 데이터로 나눈다.

37 다음 중 1차원일 때는 맨해튼 거리와 같으며 2차원일 경우는 유클리드 거리와 같은 통계적 거리로 옳은 것은?

① 마할라노비스 거리
② 표준화 거리
③ 민코프스키 거리
④ 자카드 계수

38 학생 A와 B의 유사성을 맨해튼 거리로 계산한 값으로 옳은 것은?

구분	키(cm)	몸무게(kg)
A	180	70
B	155	45

① 10
② 25
③ 50
④ 75

39 다음 중 연관규칙 측정지표 중 지지도에 대한 설명으로 올바른 것은?

① $\dfrac{A가\ 포함된\ 거래\ 수}{전체\ 거래\ 수}$

② $\dfrac{A와\ B가\ 동시에\ 포함된\ 거래\ 수}{A가\ 포함된\ 거래\ 수}$

③ $\dfrac{A와\ B가\ 동시에\ 포함된\ 거래\ 수}{전체\ 거래\ 수}$

④ $\dfrac{A와\ B가\ 동시에\ 포함된\ 거래\ 수}{전체\ 거래\ 수}$

40 다음 혼동행렬에서 민감도를 고른 것은?

실제값	예측값	
	TRUE	FALSE
TRUE	30	50
FALSE	40	60

① $\dfrac{4}{9}$ ② $\dfrac{3}{8}$

③ $\dfrac{3}{4}$ ④ $\dfrac{1}{2}$

41 다음 중 비지도 학습에 해당하는 것은?

① SOM
② SVM
③ 인공신경망
④ 랜덤 포레스트

42 다음 거래내역 중 '우유→빵'에 대한 신뢰도로 옳은 것은?

항목	거래 건수
우유	20
빵	5
우유, 빵	10
빵, 맥주	15

① $\dfrac{1}{2}$ ② $\dfrac{1}{4}$

③ $\dfrac{3}{4}$ ④ $\dfrac{1}{3}$

43 K-평균 군집의 수행 절차를 순서대로 올바르게 나열한 것은 무엇인가?

> ㉠ 초기 군집 중심으로 K개의 임의의 객체를 선정한다.
> ㉡ 각 자료를 가장 가까운 군집 중심에 할당한다.
> ㉢ 군집 내의 자료의 평균을 계산해 군집의 중심을 갱신한다.
> ㉣ 군집 중심의 변화가 거의 없을 때까지 2와 3단계를 반복한다.

① ㉠-㉡-㉢-㉣
② ㉠-㉢-㉡-㉣
③ ㉡-㉠-㉢-㉣
④ ㉡-㉢-㉠-㉣

44 다음 중 데이터가 많은 지역을 중심으로 클러스터를 구성하고 비교적 비어있는 지역을 경계로 하며, 임의적인 모양의 군집 탐색에서 효과적인 군집 기법은?

① 계층적 군집 기법
② 밀도 기반 군집 기법
③ 격자 기반 군집 기법
④ 비계층적 군집 기법

45 다음 중 인공신경망에 대한 설명으로 옳지 않은 것은?

① 모형이 복잡하면 훈련 과정에서 시간이 많이 소요된다.
② 활성 함수는 입력받은 값을 얼마나 출력할지 결정하고, 출력된 신호의 활성화 여부를 결정한다.
③ 학습 데이터에서는 모델 성능이 높게 나타나지만, 새로운 데이터를 학습할 때는 수행능력이 저하되는 기울기 소실 문제가 발생한다.
④ 높은 복잡성으로 인해 입력자료의 선택에 민감하다.

46 R 패키지의 설치 및 로드 코드로 알맞은 것은?

① library(패키지이름)
② install.packages("패키지이름")
③ install.packages("패키지이름", dependencies = TRUE)
④ library(패키지이름)
   install.packages("패키지이름")

47 주성분에서 변수의 중요도 기준이 되는 값으로 옳은 것은?

① 특이값
② 표준오차
③ 평균
④ 고웃값

48 주성분 분석에서 주성분을 선택하는 방법에 대한 설명으로 옳지 않은 것은?

① 스크리 산점도(Scree Plot)를 활용하여 기울기가 완만해진 바로 후를 주성분 수로 결정한다.
② 전체 변이 공헌도 방법은 주성분들이 설명하는 총분산의 비율이 70~90% 사이가 되는 주성분의 개수를 선택한다.
③ 평균 고웃값 방법은 고웃값들의 평균을 구한 다음 고웃값이 평균 이상이 되는 주성분을 선택하는 방법이다.
④ 스크리 산점도는 x축에 주성분, y축에 각 주성분의 분산을 표현한 그래프이다.

49 다음 중 시계열 분석에 대한 설명으로 옳지 않은 것은?

① 시계열 분석을 하기 위해서는 정상성을 만족해야 한다.
② 잡음은 분석가의 오류로 인해서 발생하므로 재검증한다.
③ 시계열 모형 중 이동평균 모형은 고전적인 시계열분해 기법으로 추세-주기를 측정하기 위해 사용한다.
④ 정상성이란 시점에 관계 없이 시계열의 특성이 일정해야 한다는 것이다.

50 다음 중 시계열 데이터 분석을 위한 절차로 옳은 것은?

① 시간 그래프 그리기 → 추세와 계절성 제거 → 잔차 예측 → 잔차에 대한 모델 적합 → 미래 예측

② 잔차 예측 → 시간 그래프 그리기 → 추세와 계절성 제거 → 잔차에 대한 모델 적합 → 미래 예측

③ 잔차 예측 → 잔차에 대한 모델 적합 → 시간 그래프 그리기 → 추세와 계절성 제거 → 미래 예측

④ 시간 그래프 그리기 → 잔차 예측 → 추세와 계절성 제거 → 잔차에 대한 모델 적합 → 미래 예측

01	02	03	04	05	06	07	08	09	10
④	②	④	①	②	③	①	④	②	①
11	12	13	14	15	16	17	18	19	20
③	①	③	①	③	③	④	①	②	③
21	22	23	24	25	26	27	28	29	30
②	①	④	④	③	①	②	④	①	④
31	32	33	34	35	36	37	38	39	40
③	④	③	②	③	③	③	①	②	④
41	42	43	44	45	46	47	48	49	50
②	①	②	②	①	①	②	②	②	③

01 ④   난이도 하

구분	형태	예
정량적 데이터 (Quantitative Data)	숫자, 수치, 기호, 도형 등	45.4kg, 30세, −15도
정성적 데이터 (Qualitative Data)	문자, 언어 등	인터뷰, 메모, 자료 영상, 날씨 예보

02 ②   난이도 하

데이터베이스는 정형 데이터, 반정형 데이터, 비정형 데이터 모두 저장할 수 있다.

03 ④   난이도 중

데이터의 정확성이나 신뢰성 등의 질보다 데이터의 양을 중시하여 모든 데이터를 활용할 때 더 많은 가치를 추출할 수 있게 되었다.

04 ①   난이도 중

(가)에는 두 값 사이에 있는 데이터를 출력하는 연산자인 BETWEEN이 들어가야 한다.
② IN: 주어진 리스트 중에 일치하는 데이터가 있는 행을 출력한다.
③ FROM: 조회하고자 하는 데이터가 있는 테이블명을 지정한다.

④ OR: 둘 이상의 조건을 기반으로 데이터를 필터링하는 데 주로 사용되며, OR로 연결된 조건 중 하나라도 참일 경우 True, 그 외는 False로 출력된다.

05 ②   난이도 하

데이터 시각화는 비즈니스 컨설팅의 영역이다.
데이터 처리와 관련된 영역
- IT 영역: 시그널 프로세싱, 프로그래밍, 데이터 엔지니어링, 데이터 웨어하우징, 고성능 컴퓨팅 등)
- 분석적 영역: 수학, 확률모델, 머신러닝, 분석학, 패턴 인식과 학습, 불확실성 모델링 등
- 비즈니스 컨설팅의 영역: 커뮤니케이션, 프레젠테이션, 스토리텔링, 시각화 등

06 ③   난이도 중

기업 데이터베이스는 1990년대 중반 OLTP(Online Transaction Processing) 시스템에서 OLAP(Online Analytical Processing) 시스템으로 변화하였다.

07 ①   난이도 하

사용자 간의 소셜 관계를 알아내고자 할 때 이용하는 것은 소셜 네트워크 분석이다.

08 ④   난이도 하

'기존 시청 기록을 바탕으로 시청자의 선호 영화를 예측하는 것은 기계 학습이다.
기계학습은 훈련 데이터로부터 학습한 알려진 특성을 활용해 예측하는 일을 수행한다. 유형 분석은 새로운 사건이 속하게 될 범주를 찾아내는 방법으로 문서를 분류하거나 조직을 그룹으로 나눌 때 사용한다.

09 ②   난이도 상

ⓒ 사용자에게 개인정보의 유출 및 동의 없는 사용으로 발생하는 피해에 대한 책임을 지게 함으로써 사용 주체가 적극적인 보호 장치를 마련할 수 있게 한다.
ⓒ 특정인의 '성향'에 따라 처벌하는 것이 아닌 '행동 결과'를 보고 처벌한다.

㉣ 알고리즘에 대한 접근을 허용하여 데이터 오용에 대한 문제를 해결한다.

10 ① 난이도 중

데이터 사이언스와 인문학적 사고
- 단순 세계화에서 복잡한 세계화로 변화하였다.
- 비즈니스의 중심이 제품생산에서 서비스로 이동하였다.
- 경제와 산업의 논리가 생산에서 시장의 창조로 변화하였다.

11 ③ 난이도 중

보기는 데이터 거버넌스에 대한 설명이다.

12 ① 난이도 하

①은 상향식 접근방법 중 하나인 디자인 사고 접근법에 대한 설명이다.

13 ③ 난이도 중

빅데이터 분석 방법론 계층

단계 (Phase)	• 프로세스 그룹을 통해 단계별 산출물을 생성한다. • 각 단계는 기준선으로 설정 및 관리되며 버전 관리 등을 통하여 통제한다.
태스크 (Task)	• 단계를 구성하는 단위 활동이다. • 물리적 또는 논리적 단위로 품질 검토의 항목이 된다.
스텝 (Step)	입력자료, 처리 및 도구, 출력자료로 구성된 단위 프로세스이다.

14 ① 난이도 중

가장 우선적인 분석과제는 시급성이 높고, 난이도가 낮은 항목이다.

15 ③ 난이도 중

데이터 관리 체계
- 메타 데이터와 데이터 사전의 관리 기준 수립 및 이에 따른 상세 프로세스를 수립한다.
- 데이터 관리 및 원활한 운영을 위해 조직 및 담당자별 책임과 역할을 구체적으로 구분한다.
- 데이터 생명주기 관리 방안을 수립한다.

16 ③ 난이도 중

분석 마스터 플랜 수립에서 과제 우선순위 결정
- 전략적 중요도: 전략적 필요성과 시급성 고려
- 비즈니스 성과: 비즈니스 성과에 따른 투자 여부 판단
- 실행 용이성: 투자 및 기술의 용이성을 통해 실제로 프로젝트 추진이 가능한지 여부 분석

17 ④ 난이도 상

데이터 분석(Analyzing) 단계 중 모델 평가 및 검증에 대한 내용이다.

18 ① 난이도 중

현재 시점에서는 전략적 중요도가 높지 않지만, 중장기적 관점에서는 반드시 추진되어야 하는 것은 2사분면에 해당하는 문제이다.

19 ② 난이도 중

데이터 분석 방법 및 분석적 사고 교육
- 창의적 사고 및 문제 해결을 위한 체계적 접근법 숙지
- 데이터 분석 기회 발굴 및 과제 정의 방법 이해
- 다양한 빅데이터 분석 기법의 활용
- 빅데이터 개념 및 관련 기술의 습득

20 ③ 난이도 하

① 문제의 정의가 불명확하거나 새로운 문제인 경우, 데이터 존재가 불확실한 경우에 효과적으로 사용되는 기법이다.
② 정의된 문제의 분석을 먼저 시도해 보고 그 결과를 확인한 다음 반복해서 시행착오를 거쳐 문제를 개선한다.
④ 상향식 접근법에 대한 설명이다.

21 ② 난이도 중

확률분포는 이산확률분포와 연속확률분포로 구분할 수 있다.

22 ① 난이도 하

저항성은 데이터의 부분적 변동에 민감하게 반응하지 않는다.

23 ④ 난이도 중

① 벡터는 1차원으로 같은 데이터 타입을 가진 원소들만 저장할 수 있다.
② 행렬에 대한 설명이다.
③ 벡터는 숫자형·문자형·논리형 벡터로 구분할 수 있다.

숫자형 벡터	실수 범위에 해당하는 모든 숫자로 이루어진 데이터
문자형 벡터	• 문자로 이루어진 데이터 • 문자 데이터를 따옴표로 감싼 형식
논리형 벡터	• TRUE 또는 FALSE라는 논리값으로 이루어진 데이터 • 데이터 값 비교 시 사용

24 ④ 난이도 하

리스트(List)

• 리스트는 (키, 값) 형태로 데이터를 저장하는 1차원 데이터 구조이다.
• R의 모든 객체를 동시에 담을 수 있는 데이터 구조이다.
• 벡터, 데이터 프레임, 리스트 등을 저장할 수 있다.

25 ③ 난이도 중

R코드에서 벡터 간의 덧셈 연산은 서로 길이가 다르면 경고를 발생시키며, 짧은 벡터의 길이가 긴 벡터의 배수가 되도록 재사용된다.

```
[1]  3  7 11 15 11
Warning message:
In c(2, 4, 6, 8) + c(1, 3, 5, 7, 9) :
  longer object length is not a multiple of shorter
object length
```

26 ① 난이도 중

주어진 R코드는 문자열 벡터 a에서 각 요소의 첫 두 글자를 추출하는 것이다.

```
[1] "Mo" "Tu" "We"
```

27 ② 난이도 중

회귀 모형은 모수에 대해 선형인 모델이다.

28 ④ 난이도 중

$$(1 \times \frac{2}{3}) + (2 \times \frac{1}{6}) + (3 \times \frac{1}{6}) = \frac{9}{6}$$

29 ① 난이도 중

• 하한값 = Q1−1.5×IQR(Q3−Q1) = 5.1−1.95 = 3.15
• 상한값 = Q3+1.5×IQR(Q3−Q1) = 6.4+1.95 = 8.35

30 ④ 난이도 상

이 모델은 종속변수 Employed의 변동성을 상당 부분 설명할 수 있지만, 각 독립변수 중 Unemployed만이 통계적으로 유의미하다.

① Min값을 확인했을 때 최소 잔차는 −0.818950이다.
② Multiple R-squared을 확인하면 독립변수가 종속변수의 변동성의 약 98.25%를 설명한다.
③ p−value: 8.385e−11은 매우 작으므로 5% 유의확률 하에서 전체 모델이 통계적으로 유의미하다.

31 ③ 난이도 상

n=100명, σ=1,000,000원, $\frac{\sigma}{\sqrt{n}}$=100,000원

우리나라 평균 소비금액의 90% 신뢰구간은
p(750,000원−1.645×100,000원 ≤ μ ≤750,000원
+1.645×100,000원)이므로
585,500원 ≤ μ ≤914,500원이다.
(※ 90% 신뢰구간의 t값: 1.645)

32 ④ 난이도 중

소프트맥스(Softmax) 함수는 확률로 변환해 주며, 출력값의 총합은 1이 된다.
① 계단 함수: 임계값을 기준으로 활성화 또는 비활성화되는 함수
② 부호 함수: 부호를 판별하는 함수
③ 렐루(ReLU) 함수: 입력값이 양수인 경우 뉴런을 전달하는 함수

33 ③ 난이도 하

홀드아웃 교차검증
전체 데이터를 비복원추출 방법을 이용하여 랜덤하게 훈련 데이터(Training Set), 평가 데이터(Test Set)로 나누어 검증하는 기법이다.

34 ②　　　　　　　　　　　　　　

변수를 생성할 때는 새로운 이름을 사용해야 하며, 논리적 타당성과 기준을 가지고 생성하도록 한다.

35 ③　　　　　　　　　　　　　　

이상치가 비무작위성을 가지고 나타나면 데이터의 정상성 감소를 초래한다.

36 ③　　　　　　　　　　　　　　

보기는 혼합분포 군집에 대한 설명이다.

① SOM: 대뇌피질 중 시각피질의 학습 과정을 모델화한 인공신경망으로써 자율 학습에 의한 클러스터링을 수행하는 알고리즘

② K-평균(K-means) 군집: 군집의 수(K)를 사전에 정하고, 각 개체를 가까운 초깃값에 할당해 군집을 형성하고 각 군집의 평균을 재계산하여 초깃값을 갱신하는 과정을 반복하여 K개의 최종 군집을 형성하는 방법

④ Apriori 알고리즘: 복잡한 계산량을 줄이기 위해 모든 항목 집합에서 최소 지지도 이상의 빈발 항목 집합만을 찾아내 연관규칙을 계산하는 기법

37 ③　　　　　　　　　　　　　　

유클리드 거리

피타고라스 정리를 통해 측정하며 두 점 간의 거리로 두 점을 잇는 가장 짧은 거리를 측정한다. 이는 두 점 간 차이를 제곱해 더한 값의 제곱근으로 구한다.

① 맨해튼(Manhattan) 거리: 블록 지도에서 출발지에서 도착지까지 가로지르지 않고 도착하는 가장 짧은 거리

② 자카드(Jaccard) 거리: 비교 대상인 두 집합 사이의 비유사도를 측정하는 지표

38 ①　　　　　　　　　　　　　　

가지치기(Pruning)

• 분류 오류를 크게 할 위험이 있거나 부적절한 추론 규칙을 갖고 있는 가지를 제거한다.

• 의사결정나무의 크기를 모형의 복잡도로 볼 수 있으며, 이는 과대 적합 또는 과소 적합을 발생시킬 수 있다.

② 정지 규칙(Stopping Rule): 더 이상 분리가 일어나지 않고 현재의 마디가 끝마디가 되도록 하는 규칙

③ 스테밍(Stemming): 어형이 변형된 단어로부터 접사 등을 제거하고 그 단어의 어간을 분리해 내는 것

④ 분리 기준(Splitting Criterion): 부모 마디로부터 자식 마디들을 분리할 때, 입력 변수의 선택이 이루어지는 기준

39 ②　　　　　　　　　　　　　　

군집의 수(K)를 사전에 정하고, 각 개체를 가까운 초깃값에 할당해 군집을 형성하고 각 군집의 평균을 재계산하여 초깃값을 갱신하는 과정을 반복하여 K개의 최종 군집을 형성한다.

40 ④　　　　　　　　　　　　　　

시계열의 구성 요소

추세 요인	관측값이 시간에 따라 지속적으로 증가하거나 감소하는 것
계절 요인	고정된 주기에 따라 자료가 변화할 경우
순환 요인	알려지지 않은 주기를 가지고 자료가 변화
불규칙 요인	시간과 무관하게 변화하는 변동성분, 잔차에 해당

41 ②　　　　　　　　　　　　　　

조건부 확률(Conditional probability)

• 사건 A가 일어났다는 가정하의 사건 B의 확률이다.

• $P(A) > 0$을 만족할 때, 사건 A가 주어진다면 조건부 확률은 $P(B \mid A)$이다.

$$\frac{P(\text{불량품} \mid A\text{공장})}{P(\text{불량품} \mid A\text{공장}) + P(\text{불량품} \mid B\text{공장})}$$

$$= \frac{0.1}{0.1 + 0.15}$$

$$= 0.4$$

42 ①　　　　　　　　　　　　　　

제1종 오류는 귀무가설이 참일 때 귀무가설을 기각하도록 결정하는 오류로, P-값(P-value)은 귀무가설이 사실임에도 불구하고 사실이 아니라고 판정할 때 실제 확률을 나타낸다.

② 신뢰수준: 신뢰구간에 실제 모수가 포함될 확률

③ 기각역: 귀무가설이 기각되고 대립가설이 채택되는 검정 통계량의 영역

④ 검정 통계량: 가설의 옳고 그름을 판단하는 기준이 되는 통계량

43 ② 난이도 중

보기에서 주어진 공식은 True로 예측한 관측치 중 실제값이 True인 정도를 나타내는 정밀도(Precision) 공식이다.

① 재현율(Recall): 실제 True인 것 중에서 모델이 True라고 예측한 것의 비율

$$\frac{TP}{TP+FN}$$

③ 특이도(Specificity): 실제값이 False인 관측치 중 예측치가 적중한 정도

$$\frac{TN}{TN+FP}$$

④ 민감도(Sensitivity): 실제값이 True인 경우 예측치가 적중한 정도

$$\frac{TP}{TP+FN}$$

44 ② 난이도 중

지지도(Support)

전체 거래 중 A와 B를 동시에 포함하는 거래의 비율

$$P(A \cap B) = \frac{A와 B가 \ 동시에 \ 포함된 \ 거래 \ 수}{전체 \ 거래 \ 수}$$

45 ① 난이도 중

객체의 좌표값이 존재하면 근접도 행렬을 계산할 수 있다.

46 ① 난이도 하

결측값의 종류

완전 무작위 결측 (MCAR)	• 데이터가 완전히 무작위로 누락된 경우 • 어떤 변수에서 발생한 결측값이 다른 변수들과 아무런 상관이 없는 경우
무작위 결측 (MAR)	• 누락 데이터의 발생 원인이 수집된 변수에 따라 설명될 수 있는 경우 • 어떤 변수의 누락 데이터가 특정 변수와 관련되어 일어나지만, 그 변수의 결과는 관계가 없는 경우
비무작위 결측 (NMAR)	• 데이터가 무작위가 아닌 상황에서 누락되는 경우 • 누락 데이터는 누락된 데이터의 특성과 관련됨

47 ② 난이도 상

as.integer(x)은 x가 실수면 소수점을 버린다.

48 ② 난이도 중

정상성의 조건

• 평균이 일정하다.
• 분산이 시점에 의존하지 않는다.
• 공분산은 시차에만 의존하고 시점 자체에는 의존하지 않는다.

49 ② 난이도 중

① 실루엣 계수: 같은 군집 내의 데이터와는 얼마나 가까운지, 타 군집의 데이터와는 얼마나 멀리 분포되어있는지를 나타내는 지표
③ ROC 곡선: 혼동행렬의 거짓 긍정률이 변할 때 민감도가 어떻게 변하는지 시각화한 곡선
④ 혼동행렬: 모델의 예측값이 실제 관측값을 정확히 예측했는지 보여주는 행렬

50 ③ 난이도 중

자기조직화 지도(SOM; Self Organizing Maps)는 하나의 전방 패스(Feed-forward Flow)를 사용하여 속도가 매우 빨라 실시간 학습 처리를 할 수 있는 모형이다.

01	02	03	04	05	06	07	08	09	10
②	③	②	①	②	③	②	④	③	④
11	12	13	14	15	16	17	18	19	20
②	③	①	①	④	②	④	①	③	②
21	22	23	24	25	26	27	28	29	30
①	②	④	④	④	④	③	③	④	②
31	32	33	34	35	36	37	38	39	40
③	④	②	②	②	②	③	③	③	②
41	42	43	44	45	46	47	48	49	50
①	④	①	②	③	②	④	①	②	①

01 ② `난이도` 하

정보란 데이터를 처리, 가공하여 데이터 간의 연관 관계와 의미가 도출된 요소를 말한다.

02 ③ `난이도` 중

SQL 명령어의 DML
- SELECT
- UPDATE
- INSERT
- DELETE

03 ② `난이도` 하

②는 데이터 마트에 대한 설명이다.

04 ① `난이도` 하

구글의 자동번역 시스템은 방대한 데이터로 인해 구축할 수 있던 시스템으로 빅데이터의 규모의 특징에 해당한다.

05 ② `난이도` 중

미래의 빅데이터 현상은 데이터 생산과 이를 다루는 기술, 그리고 인력 부분에서 크게 다른 모습으로 진행될 것이다.

06 ③ `난이도` 중

데이터 사이언티스트의 역량

HARD SKILL	• 빅데이터에 대한 이론적 지식 • 분석 기술에 대한 숙련
SOFT SKILL	• 통찰력 있는 분석 • 설득력 있는 전달 • 다분야 간 협력

07 ② `난이도` 중

- 1엑사바이트(EB)=1,024페타바이트(PB)
- 1제타바이트(ZB)=1,024엑사바이트(EB)
- 1요타바이트(YB)=1,024제타바이트(ZB)

08 ④ `난이도` 상

㉠ 예측에 따른 처벌은 무고한 피해자를 유발하므로 특정인의 '성향'에 따라 처벌하는 것이 아닌 '행동 결과'를 보고 처벌해야 한다.

㉢ 데이터의 오해석 및 과신으로 인한 잘못된 인사이트를 얻어 비즈니스에 적용할 경우 손실이 발생할 수 있으므로 알고리즘 접근권을 보장한다.

㉣ 개인정보가 포함된 데이터가 목적 외로 사용될 경우 사생활 침해를 넘어 사회·경제적 위험이 확대될 수 있으므로 사용 주체가 적극적인 보호 장치를 마련할 수 있도록 해야 한다.

09 ③ `난이도` 하

데이터의 유형

정형 데이터	사전에 정해진 형식과 구조에 따라 저장된 데이터이며, 스키마 구조로 DBMS에 저장할 수 있다. **예** CSV, Spreadsheet 등
반정형 데이터	구조에 따라 저장되지만 데이터의 형식과 구조가 변경될 수 있는 데이터이며, 메타정보가 포함된 구조이다. **예** XML, HTML, JSON
비정형 데이터	사전에 정해진 구조가 없이 저장된 데이터이며, 수집 데이터 각각 데이터 객체로 구분한다. **예** 문자, 이메일, 영상 등

10 ④

연관 분석
- 어떤 변인들 간에 주목할 만한 상관관계가 있는지를 찾아내는 방법
- 상관관계가 높은 상품을 함께 진열하거나 시스템 로그 데이터를 분석해 침입자나 유해 행위자 색출이 가능함

11 ②

조직분석 성숙도 단계

단계	부문	내용
도입 단계	조직 역량 부문	• 일부 부서에서 수행 • 담당자 역량에 의존
	비즈니스 부문	• 실적분석 및 통계 • 정기 보고
	IT 부문	• Data Warehouse • Data Mart • ETL/EAI • OLAP
활용 단계	조직 역량 부문	• 담당 부서에서 수행 • 분석 기법 도입
	비즈니스 부문	• 미래 결과 예측 • 시뮬레이션
	IT 부문	• 실시간 대시보드 • 통계분석 환경
확산 단계	조직 역량 부문	• 전사 모든 부서 시행 • 분석 전문가 조직 운영 • 데이터 사이언티스트 확보
	비즈니스 부문	• 전사 성과 실시간 분석 제공 • 분석규칙 및 이벤트 관리
	IT 부문	• 빅데이터 관리 환경 • 시뮬레이션 최적화 • 비주얼 분석 • 분석 전용 서버
최적화 단계	조직 역량 부문	• 데이터 사이언스 그룹 • 경영진 분석 활용 및 전략 연계
	비즈니스 부문	• 외부 환경분석 활용 • 최적화 업무 적용
	IT 부문	• 분석 협업 환경 • 분석 Sandbox

12 ③

통찰(Insight)
- 분석의 대상을 모르지만, 분석의 방법은 알고 있는 경우
- 기존 분석 방식을 활용해 새로운 지식인 통찰을 끌어 내 문제 도출 및 해결에 기여

13 ①

- 최적화(Optimization)
  - 해결해야 할 문제가 무엇인지를 알고, 이미 분석의 방법도 인지하는 경우
  - 최적화 작업을 통해 분석을 수행
- 솔루션(Solution)
  - 분석의 대상이 무엇인지 알지만, 분석의 방법을 모르는 경우 사용
  - 해당 분석 주제에 대한 솔루션을 찾아냄
- 통찰(Insight)
  - 분석의 대상을 모르지만, 분석의 방법은 알고 있는 경우
  - 기존 분석 방식을 활용해 새로운 지식인 통찰을 도출하여 문제 도출 및 해결에 기여
- 발견(Discovery)
  - 분석의 대상과 방법을 모르는 경우 사용
  - 분석의 대상 자체를 새롭게 도출함

14 ①

데이터 분석은 '문제 인식 → 연구 조사 → 모형화 → 데이터 수집 → 데이터 분석 → 분석 결과 제시' 순으로 이루어진다.

15 ④

빅데이터 분석 방법론 계층

단계 (Phase)	• 프로세스 그룹을 통해 단계별 산출물을 생성 • 각 단계는 기준선으로 설정 및 관리되며 버전관리 등을 통하여 통제
태스크 (Task)	• 단계를 구성하는 단위 활동 • 물리적 또는 논리적 단위로 품질 검토의 항목이 됨
스텝 (Step)	입력자료, 처리 및 도구, 출력자료로 구성된 단위 프로세스

16 ②

CRISP-DM 분석 방법론의 분석 절차
업무 이해 → 데이터 이해 → 데이터 준비 → 모델링 → 평가 → 전개

17 ④

디자인 사고(Design Thinking)는 확산적 사고와 수렴적 사고의 반복을 통해 과제를 발굴하는 상향식 접근 방법이다.

18 ①

분석과제의 5가지 주요 특성 관리 영역
- Data Size(데이터 크기)
- Data Complexity(데이터 복잡도)
- Speed(속도)
- Analytic Complexity(분석적 복잡도)
- Accuracy&Precision(정확도&정밀도)

19 ③

① 준비형–데이터, 인력, 조직, 분석 업무 등이 적용되어 있지 않아 사전 준비가 필요한 기업
② 정착형–준비도는 낮으나 조작 인력, 분석 업무, 분석 기법 등을 기업 내부에서 일부 사용하고 있어 일차적으로 정착이 필요한 기업
④ 확산형–기업의 데이터 분석에 필요한 9가지 분석 구성 요소를 갖춘 기업

20 ②

분산 구조
- 분석 조직 인력들을 현업 부서로 직접 배치해 분석 업무를 수행한다.
- 전사 차원의 우선순위를 수행한다.
- 분석 결과에 따른 신속한 피드백이 나오고 베스트 프랙티스(Best Practice) 공유를 활성화한다.
- 업무 과다와 이원화 가능성이 존재할 수 있어 부서 분석 업무와 역할 분담이 명확해야 한다.
- 다수의 데이터 분석 엔지니어가 필요하다.

21 ①

문자형 데이터는 덧셈할 수 없다. 실행결과는 다음과 같다.

```
[1] "1"    "2"    "3"    "potato" "bread" "apple"
```

22 ②

구분	데이터 프레임	리스트	배열
데이터 프레임	ddply	ldply	adply
리스트	dlply	llply	alply
배열	daply	laply	aaply

23 ④

데이터를 2행 3열의 행렬로 변환하는데, 아무런 문제가 없다. 이 코드는 주어진 벡터를 2행 3열의 행렬로 변환하고 다음과 같은 결과를 생성한다.

```
      [,1]    [,2]    [,3]
[1,]   1       3       5
[2,]   2       4       6
```

24 ④

층화 추출법
- 이질적인 원소들로 구성된 모집단에서 서로 유사한 것끼리 몇 개의 계층으로 나눈 후 각 계층을 골고루 대표하도록 표본을 추출하는 방법이다.
- 각 집단별 분석이 필요한 분석이나 모집단 전체에 대한 특성치의 추정이 필요한 경우 시행한다.
- 모집단의 각 계층에 대한 정확한 정보가 필요하다.

25 ④

스피어만 상관분석(Spearman Correlation Coefficient)
- 스피어만 상관계수를 활용한 분석이다.
- 스피어만 상관계수가 1에 가까울수록 두 변수는 양의 상관관계를 가지는 것이고, 0에 가까우면 상관성이 없는 것으로 판단할 수 있다.
- 서열척도인 두 변수의 순위 사이의 통계적 의존성을 측정하는 비모수적 척도이다.

26 ④

표본의 크기인 n의 크기가 클 경우에 T–분포는 정규분포를 따른다. 표본수가 적을 경우 평균을 추정할 수 있다.

27 ③

사분위수 범위는 아래 사분위수(Q1, 25%)와 위 사분위수(Q3, 75%)의 차이로 중앙 50%에 데이터의 흩어진 정도로 정의한다.

28 ③

오른쪽 꼬리가 긴 분포를 가진 왜도에서 분포의 크기는 '최빈수 < 중위수 < 평균값' 순이다.

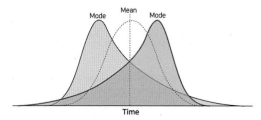

29 ④

정규분포성은 X와 Y의 분포가 정규분포를 이룬다는 것이다.

30 ②

정상성은 시점에 관계 없이 시계열의 특성이 일정해야 하며, 조건은 다음과 같다.
- 평균이 일정하다.
- 분산이 시점에 의존하지 않는다.
- 공분산은 시차에만 의존하고 시점 자체에는 의존하지 않는다.

31 ③

이상값 자료에 민감한 단점을 보완하기 위하여 평균 대신 중앙값을 사용하는 군집을 사용할 수 있다.

32 ④

렐루(ReLU: Rectified Linear Unit) 함수
- 입력값이 양수인 경우만 뉴런을 전달하는 함수
- 시그모이드 함수의 기울기 소실 문제를 해결

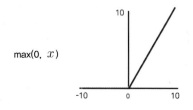

33 ②

부스팅(Boosting)
- 잘못 분류된 개체들에 가중치를 적용해서 새로운 분류 규칙을 만들고 이 과정을 반복해서 최종 모형을 만들면 오분류된 데이터에 더 많은 가중치를 주고 오류를 개선하면서 점진적으로 반복 학습한다.
- 다수의 약학습기를 결합하여 강학습기를 만든다.
- 초기에는 모든 데이터가 동일한 가중치를 가지만, 각 회차가 종료된 후 가중치와 중요도를 계산한다.
- 특정 케이스의 경우 높은 성능을 가지며 과대 적합 발생을 방지한다.

34 ②

① 합성곱 신경망(Convolutional Neural Networks): 시각적 영상을 분석하는 데 사용되는 다층의 피드-포워드적인 인공신경망의 한 종류
③ 유전자 알고리즘(Genetic Aalgorithm): 생물이 환경에 적응하며 진화해가는 모습을 모방하여 최적해를 찾아내는 최적화 방법
④ 딥러닝(Deep Learning): 인간의 두뇌를 모방해 데이터를 처리하도록 컴퓨터를 가르치는 인공지능(AI) 방식

35 ②

시그모이드 함수에 대한 내용이다.

36 ②

각 샘플들이 학습과 평가에 얼마나 많이 사용할 것인지 횟수를 제한하지 않아 특정 데이터만 학습되는 경우가 발생하는 것은 랜덤 서브샘플링 기법에 대한 설명이다.

37 ③

민코프스키 거리
m 차원의 민코프스키 공간에서의 거리이며, 1차원일 때는 맨해튼 거리와 같고 2차원일 경우는 유클리드 거리와 같다.

38 ③

난이도 중

맨해튼 거리 공식은 $d(x,y) = \sum_{i=1}^{p} |x_i - y_i|$ 이므로

$|180-155| + |70-45|$

$= 25 + 25$

$= 50$

39 ③

난이도 중

지지도

• 전체 거래 중 A와 B를 동시에 포함하는 거래의 비율

• $P(A \cap B) = \dfrac{A와\ B가\ 동시에\ 포함된\ 거래\ 수}{전체\ 거래\ 수}$

40 ②

난이도 중

민감도 $= \dfrac{TP}{TP + FN}$

$= \dfrac{30}{30 + 50}$

$= \dfrac{30}{80}$

$= \dfrac{3}{8}$

41 ①

난이도 중

자기조직화 지도(SOM)는 비지도 학습의 한 형태로, 데이터를 고차원에서 저차원으로 사상(Mapping)하여 데이터의 구조를 시각화하거나 분석하는 데 사용된다.

42 ④

난이도 중

신뢰도(Confidence)는 A상품(우유)을 샀을 때 B상품(빵)을 살 확률에 대한 척도이다.

$\dfrac{P(A \cap B)}{P(A)} = \dfrac{우유와\ 빵이\ 동시에\ 포함된\ 거래\ 수}{우유가\ 포함된\ 거래\ 수}$

$= \dfrac{10}{30}$

$= \dfrac{1}{3}$

43 ①

난이도 중

K-평균 군집의 수행 절차

단계	수행 절차
1단계	초기 군집 중심으로 K개의 임의의 객체를 선정한다.
2단계	• 각 자료를 가장 가까운 군집 중심에 할당한다. • 자료들의 군집의 중심점으로부터 오차제곱합이 최소가 되도록 각 자료를 할당하는 과정이다.
3단계	각 군집 내의 자료들의 평균을 계산해 군집의 중심을 갱신한다.
4단계	군집 중심의 변화가 거의 없을 때까지 2와 3단계를 반복한다.

44 ②

난이도 하

밀도 기반 군집 기법(DBSCAN 알고리즘)

• 밀도 기반 군집 분석으로 서로 인접한 데이터들은 같은 군집 내에 있다는 것을 가정한 알고리즘이다.

• 일정한 거리 안에 밀집된 데이터들끼리 그룹으로 묶어 클러스터를 형성하고, 낮은 밀도 영역에 존재하는 이상치들을 검출하는 방식으로 작동한다.

• 데이터 세트에 대한 사전 정보 없이도 적절한 클러스터링 결과를 도출할 수 있다.

• 노이즈가 포함된 데이터 세트에 대해서도 효과적으로 군집 형성이 가능하며, 초기 군집의 수를 설정할 필요가 없다.

45 ③

난이도 하

학습 데이터에서는 모델 성능이 높게 나타나지만, 새로운 데이터를 학습할 때는 수행능력이 저하되는 문제는 과대 적합이다.

46 ②

난이도 하

install.packages("패키지이름")
library(패키지이름)

47 ④

난이도 하

주성분의 개수를 선택하는 방법 중 평균 고윳값 방법은 고윳값들의 평균을 구한 다음 고윳값이 평균 이상이 되는 주성분을 선택한다.

48 ①　

스크리 산점도(Scree Plot)를 활용하여 기울기가 완만해지기 바로 전을 주성분 수로 결정한다.

49 ②　

잡음은 무작위적인 변동에 해당하므로 원인을 알 수 없다.

50 ①　

시계열 데이터 분석 절차

절차	내용
시간 그래프 작성	시간에 따라 인접한 관측값을 직선으로 연결한 그래프 작성
추세와 계절성 제거	시간그래프를 통해 나타난 추세와 계절성을 차분을 통해 제거하여 정상시계열로 변환
잔차 예측	잔차가 서로 상관이 없는지, 평균은 0인지 확인
잔차에 대한 모델 적합	잔차에 근거하여 모델 추정
미래 예측	추세와 계절성을 더하여 미래 예측